미래교육에 필요한 창의융합형 인재 양성

인성놀이의 이해와 실제

월별 인성놀이를 활용한 **학급 경영 가이드북**

신재한 · 이성미 · 백민아

박영story

머리말

놀이는 아동의 신체적, 언어적, 정서적, 사회적, 인지적 발달을 도모하기 때문에, 전인 교육을 실천하기에 매우 중요한 수단이 될 수 있다. 일반적으로 아동은 먼저 탐색을 실행한 후 놀이를 실시한다. 즉, 새롭고 신기한 자극을 접하고 탐색을 한 후, 물체와의 관계를 형성하고 자극에 익숙해지면 놀이를 하게 된다.

미래교육에서는 다양한 놀이를 통해 인지 역량과 사회정서 역량을 함양할 수 있다. 그 중에서도 인성놀이는 체험형 인성교육의 가장 좋은 도구가 될 수 있기 때문에, 미래교육에서 가장 필요하다고 볼 수 있다.

특히, 본 저서는 3월 신학기부터 12월 학기가 마무리할 때까지 월별로 적용할 수 있는 인성놀이 방법과 실제 사례를 소개하였다는 점에서 인성놀이 매뉴얼의 역할을 수행할 것으로 기대한다.

이에 본 저서는 1부 놀이의 이해, 2부 인성교육의 이해, 3부 인성놀이의 방법 및 사례 등 크게 세 가지 부분 구성되어 있다. 먼저 1부 놀이의 이해에서는 놀이의 개념, 놀이의 이론, 놀이의 유형, 놀이와 발달, 놀이 지도 등으로 구성되어 있고, 2부 인성교육의 이해에서는 4차 산업혁명시대와 미래교육, 인성교육 개념 및 인성 역량, 인성교육 원리 및 유형 등으로 구성되어 있으며 3부 월별 학급경영을 위한 인성놀이의 적용 방법 및 사례에서는 월별 인성놀이, 인성놀이 단계, 인성놀이 워크북, 월별 인성놀이를 활용한 학급경영 등으로 구성되어 있다.

특히, 본 저서는 영유아, 아동 및 청소년, 대학생 등을 대상으로 인성교육을 효과적으로 실천할 수 있는 놀이, 게임을 적용하기를 원하는 교사 및 강사는 누구든지 쉽게 활용할 수 있다. 또한, 본 저서는 월별 인성놀이를 활용한 학급 경영 방법 및 사례를 제공함으로써 인성교육을 실천할 수 있는 매뉴얼이 될 것으로 기대한다.

아무쪼록 본 저서가 인성놀이를 통해 효과적으로 인성교육을 실천할 수 있는 기본 지침서가 되기를 바라는 마음이다. 끝으로 본서 출판에 도움을 주신 박영사 가족 여러분께 감사를 드린다.

2020년 1월

신재한

목차

PART Ⅰ

놀이의 이해

목차

PART Ⅱ

인성교육의 이해

목차

PART Ⅲ

월별 학급경영을 위한 인성놀이 적용 방법 및 사례

PART

I 놀이의 이해

CHAPTER

1 놀이의 개념

01 놀이의 정의

놀이는 인간에게 보편적이고 필수적인 활동이다. 그 중에서도 아동은 놀이를 통해 다양한 경험을 하고 자연스럽게 학습을 할 수 있다. 또한, 놀이는 아동의 신체적, 언어적, 정서적, 사회적, 인지적 발달을 도모하기 때문에, 전인 교육을 실천하기에 매우 중요한 수단이 될 수 있다.

특히, 놀이에 대한 정의는 학자들마다 다양한데 <표 Ⅰ-1>과 같이 정리할 수 있다.

〈표 Ⅰ-1〉 놀이의 개념

학자	개념
Froebel	• 인간의 가장 순수하고 정신적인 활동 • 인간과 모든 사물에 내적으로 잠재된 인생
Isaacs	• 아동의 삶 자체 • 주변 세계를 이해하는 수단
Lazarus	• 자유롭고 목적이 없으며 즐겁고 재미있는 활동
Groos	• 진지한 의도가 결여된 본능적 연습
Dewey	• 아동의 신체, 언어, 인지, 사회, 정서 발달을 도모하는 수단
Bruner	• 문화적인 제약의 세계를 충동 작용으로 대처하는 매개 수단
Levy	• 인간의 삶을 긍정적으로 영위하는데 필요한 요소 • 개성을 계발시켜 주는 역동적인 활동
Schiller & Spencer	• 잉여 에너지의 발산
Rogers & Sawyers	• 유아의 생활

02 놀이와 유사한 개념

가. 놀이와 탐색

일반적으로 아동은 먼저 탐색을 실행한 후 놀이를 실시한다. 즉, 새롭고 신기한 자극을 접하고 탐색을 실시한 후, 물체와의 관계를 형성하고 자극에 익숙해지면 놀이를 하게 된다(채종옥·이경화·김소양, 2008). 이러한 놀이와 유사한 개념 중에서 가장 많이 사용하는 용어인 탐색(exploration)은 <표 Ⅰ-2>와 같이 구분할 수 있다.

〈표 Ⅰ-2〉 놀이와 탐색

구분	놀이	탐색
주도 행동	유기체	자극
행동 발생	아동의 요구와 흥미에 지배를 받고 행동 발생	탐색되는 대상의 자극적 특성에 지배받고 행동 발생
행동	즐겁고 다양하며 새로운 행동	진지하고 심각하며 조심스러운 정형화된 행동
시기	탐색 후	놀이 전
상황	낯익은 대상을 경험하는 경우	처음 대상을 경험하는 경우
목적	대상에 대한 자극 생성 및 창출	자극을 주는 대상에 대한 정보 획득 및 정보 수집
심장 박동	많은 변화	적은 변화

나. 놀이와 일

항상 자유롭게 선택하고 즐겁게 하는 놀이와 달리, 일은 자신의 목적을 달성하거나 지위 강화를 위해 노력하는 특성을 가지고 있다. 놀이와 일(work)의 개념을 비교해 보면 <표 Ⅰ-3>과 같이 정리할 수 있다.

〈표 Ⅰ-3〉 놀이와 일

구분	놀이	일
자발성	자발성	강요적
적극성	능동적	수동적
흥미	흥미있음	단조로움
목표	특정 목표 없음	특정한 외적 목표 있음
시작	스스로 시작	타인에 의한 시작
현실성	현실 초월	현실 제한
지향	즐거움	유용성

그러나, 놀이와 일의 많은 차이에도 불구하고 놀이와 일은 연속체이다. 놀이와 일을 한 연속선상의 양쪽 끝에 놓고 자유놀이, 안내된 놀이, 지시된 놀이, 놀이로 가장된 학습, 일로 구분하여 [그림 Ⅰ-1]과 같이 도식화할 수 있다(최석란·이경희·이상화·서원경, 2009). [그림 Ⅰ-1]에서도 알 수 있듯이, 자유놀이는 놀이 장소, 놀이 방법, 놀이 시기 등을 아동 스스로 자유롭게 선택할 수 있지만, 일은 자유롭게 선택할 수가 없다. 이러한 놀이와 일의 공통점은 참여자가 적극적으로 일과 놀이에 몰입해야 한다는 점이다.

[그림 Ⅰ-1] 놀이와 일의 연속체

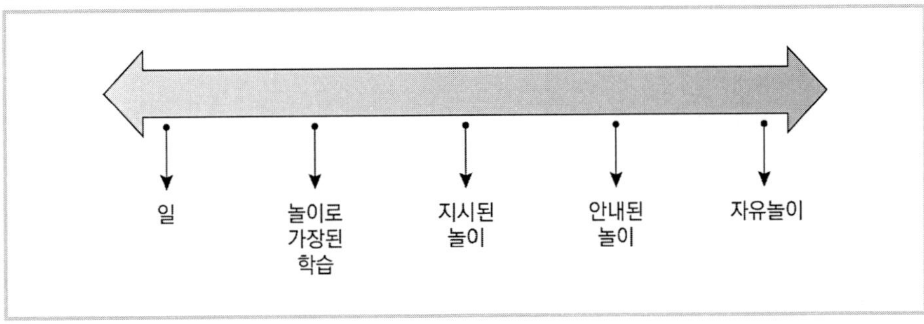

한편, 좀 더 구체적으로 놀이에서 일까지의 연속선을 각각 설명하면 <표 Ⅰ-4>와 같이 비교할 수 있다(Wing, 1995; Bergen, 1987).

〈표 Ⅰ-4〉 놀이에서 일까지 연속선상의 비교

구분	특성	예시
자유놀이	• 상황, 사건, 다른 아동에 대한 통제력 최대 • 자유로운 상호작용	• 역할놀이
안내된 놀이	• 외부에서 부과된 통제에 의존 • 사회적 규칙이 유동적인 환경에서 놀이	• 특정 수 만큼 아동 놀이 참여
지시된 놀이	• 성인은 놀이 요소 부과한 후 놀이 주도 • 아동은 놀이 실시 유무, 놀이 시기, 놀이 방법 비선택	• 집단 게임, 손유희, 지시된 이야기 재현 놀이
놀이로 가장된 학습	• 내적 통제력, 동기 부여, 현실성에 적합하면 지시나 지도를 받은 놀이 형태 전환	• ABC노래, 단어 게임 등 단순한 암기 활동
일	• 외부 동기, 외부 목적 달성 • 현실을 변형할 기회 미부여	• 워크시트, 학습지 등 목표지향 활동

다. 놀이와 비놀이행동

놀이는 내적 동기, 현실감 부재, 내적 통제 신념을 특징으로 하는 반면에, 놀이가 아닌 행동 즉, 비놀이행동은 외적 동기, 현실감, 외적 통제 신념을 특징으로 한다([그림 Ⅰ-2] 참조).

[그림 Ⅰ-2] 놀이와 비놀이행동의 비교

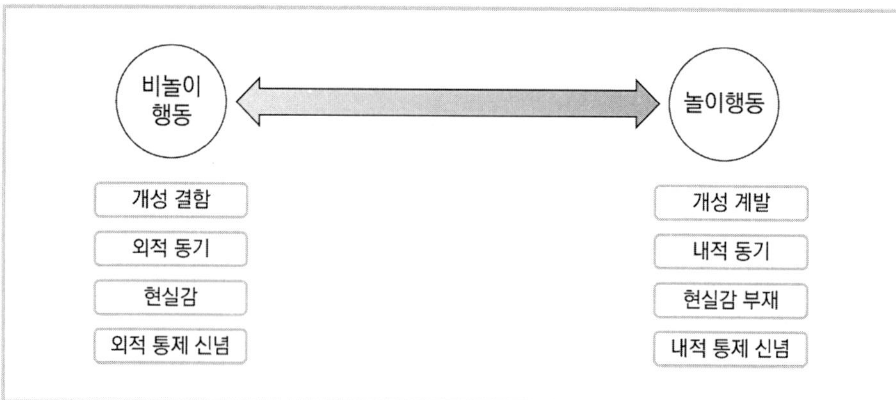

03 놀이의 특성

놀이의 특성은 학자들마다 다양하게 제시하고 있다(<표 Ⅰ-5> 참조).

〈표 Ⅰ-5〉 놀이의 특성

학자	특성
Rubin, Fein & Vandenberg (1983)	• 내적인 동기유발 • 과정 중시 • 비문자적 • 자유 선택 • 즐거움
Levy(1978)	• 내적 동기 • 현실 유보 • 내적 통제 신념
Garvey(1977)	• 내적 동기화 • 즐거움 • 융통성 • 외부로부터 자유로운 규칙 • 비현실성 • 언어적, 정신적, 신체적 활동 요구
이숙재(2008)	• 긍정적 정서 • 비사실적 • 내적 동기 • 자유 선택 • 과정 중심 • 내부에서 부여된 규칙
정금자(2001)	• 내적 동기 유발 • 과정 중시 • 비형식적 • 상징적 • 외적 규제 없이 자율 수행 • 자유로운 마음 • 활동성 • 적극성

학자	특성
채종옥·이경화·김소양 (2008)	• 과정 지향적 • 내재적 동기 • 비실제적 • 융통성 • 긍정적 정서
김수영·김수임· 김현아·정정희(2007)	• 긍정적 감정 • 비사실성 • 생래적 동기화 • 자유 선택
전국재·우영숙(2008)	• 자발적 행위 • 진지한 행위 • 절대적 규칙과 질서 • 장소의 격리성 • 시간의 한계성 • 지속 경향성
박찬옥·정남미·임경애 (2005)	• 내적 동기화 • 과정 중시 • 비사실적 행동 • 적극적 참여 • 긍정적 정서 • 외부 규칙으로부터의 자유 • 자유로운 선택 • 융통성
정진·성원경(2007)	• 자발적 행위 • 상대적으로 외적인 규칙의 자유로움 • 상상적 측면 • 행동 과정 자체가 목적인 행위 • 자유 선택 및 가변성 • 능동적 개입 요구 • 경쟁적 요소 내포
고문숙·임영심·황정숙 (2008)	• 과정 지향적 특성 • 내재적 동기 • 비실제성 • 규칙성 • 정신활동

04 놀이의 가치

놀이의 가치는 주변 세계 숙달, 정서적 적응, 창의력과 문제해결력, 사회성, 진단 등 <표 Ⅰ-6>과 같이 다양한 교육적 효과가 있다(전남련·최진원·권경미, 2007).

〈표 Ⅰ-6〉 놀이의 가치

구분	가치
주변 세계 숙달	• 학습활동을 통해 주변 세계 숙달 유도 • 아동의 인지, 정서, 사회, 언어, 신체 등 통합적 발달
정서적 적응	• 불안, 적대감, 공격성, 행복감, 만족감, 자신감 등 감정 경험 및 표현 • 긍정적 정서 전환 및 부정적 감정 치료
창의력 및 문제해결력	• 역할놀이, 블록놀이, 쌓기놀이, 물놀이, 모래놀이 등을 통한 창의력 증진 • 현실에서 시도할 수 없는 다양한 방법과 기술을 통한 문제해결력 향상
사회성 발달	• 자기중심적 사고에서 탈중심화 • 타인 수용
진단	• 아동의 발달단계 측정 준거 • 인지 발달 정도 진단

특히, 놀이의 가치는 학습 측면, 교육 측면, 평가 측면, 치료 측면으로 구분하여 <표 Ⅰ-7>과 같이 요약할 수 있다(전풍자, 1981; 이상금, 1987; 김광웅, 1975).

〈표 Ⅰ-7〉 놀이의 학습·교육·평가·치료 측면적 가치

구분	가치
학습 측면	• 학습자의 자발적 동기 • 학습자의 적극성 • 학습자의 구체적인 경험 • 자유로운 분위기 • 자율성, 융통성, 상징성 • 경험의 심화 및 확대

구분	가치
교육 측면	• 가장 즐기는 활동 • 자발적인 활동 • 체험적인 활동 • 다양한 경험 활동 • 반복적인 활동 • 탐구적인 활동 • 창의적인 활동
평가 측면	• 전반적 발달 수준 평가 • 정상적 발달 및 발달상의 문제점 진단 • 놀이 행동(놀이유형, 놀잇감, 놀이집단 구성, 상호작용, 놀이 지속시간 등) 자체 평가
치료 측면	• 놀이 행동에서 드러난 문제점 치료 • 욕구를 만족시켜 주는 매체 역할 • 억압된 감정의 배출구 역할 • 욕구와 감정을 표출하는 자연스러운 창구 역할

CHAPTER

2 놀이의 이론

01 고전적 놀이 이론

고전적 놀이 이론은 에너지 조절 수단으로 간주하는 관점인 잉여에너지이론 및 휴식이론, 인간 본능과 연관된 관점인 반복이론 및 연습이론으로 이원화할 수 있다.

가. 잉여에너지이론

19세 Spencer와 Schiller에 의하면 인간은 노동을 하고 난 후 에너지가 남으면 이것을 쓰기 위해 놀이를 한다. 따라서, 잉여에너지이론은 인간의 생존과 관련지어 놀이의 기능과 놀이를 연결시키려고 하였다. 즉, Spencer는 놀이를 '물이 끓으면서 발산되는 증기'로 비유하면서 '잉여에너지의 발산'이라고 주장하였고, Schiller는 '남는 에너지를 목적 없이 소비하는 것', '풍부한 에너지의 표현', '모든 예술의 근원'이라고 주장하였다. 이 외에도 Tolman은 인간이 성, 휴식, 음식 등 기본적인 욕구가 충족되면 활동 정지 상태에 이르고 이 상태가 지속되면 에너지가 과다해져 놀이 욕구가 발생하게 된다고 주장하였다.

특히, 아동이 어른보다 놀이를 더 많이 하는 원인을 잉여에너지이론의 관점에서 살펴보면 어른은 일상생활을 영위하고 아동을 돌보기 위해 사용해야 하는 에너지가 많기 때문에 잉여에너지가 아동보다 적고 놀이에 참여하는 시간도 적기 때문이다(최석락·이경희·이상화·서원경, 2009).

그러나, 잉여에너지이론은 아동의 경우 지치고 피곤한 상태에서도 놀이를 하는 경우 피로감을 잊고 놀이에 몰두할 수 있을 뿐만 아니라, 잉여에너지를 소모하는 외형적인 행동이 장난인지, 진지한 목표 달성을 위한 행동인지에 따라 놀이를 정의하는 것은 순환논법이라는 한계가 있다.

나. 휴식이론

Lazarus에 의하면 놀이는 일에서 소모한 에너지를 재충전하는 것으로서 일에 의해 소모한 에너지를 재저장하는 방법이다. 즉, 놀이는 소비한 에너지를 회복시키는 방법으로서 오락적 활동 또는 휴식의 필요에 의한 활동이기 때문에, 일과 반대되는 오락이론이라 할 수 있다. 따라서, 휴식이론은 아동의 일과 활동을 구조화된 놀이와 비구조화된 놀이를 균형적으로 조직하여 운영해야 한다는 것을 제안할 수 있다.

특히, Patrick은 인간이 정신적인 피로감을 풀고 휴식하고 싶을 때 놀이를 하기 때문에, 뛰기, 달리기, 던지기 등 다양한 운동이나 레크리에이션을 통해 피로를 쉽게 풀 수 있다. 즉, 인간은 일로 생긴 피로를 레크리에이션이나 스포츠, 게임 등과 같은 다른 정신적 활동을 즐김으로써 긴장감을 이완시키고 에너지를 회복할 수 있다(정진·성원경, 2007).

그러나, 휴식이론은 일을 하지 않는 아동들이 어른에 비해 더 많은 놀이를 하는 원인과 놀이를 하지 않고 일만 하는 어른에 대한 설명력이 부족하다는 한계를 가지고 있다.

다. 반복이론

Hall에 의하면 놀이는 인류의 진화 과정이 재현되어 나타나고 전 인류 역사가 반복적으로 나타나기 때문에, 놀이 과정은 인간의 진화 과정과 같은 순서를 따른다는 '문화의 반복'으로 설명하였다. 즉 반복이론은 놀이가 아동 성장에 있어서 정화작용을 한다는 정신분석이론에 영향을 미쳤다.

특히, Glick는 놀이에서 진화론적 원리가 나타나기 때문에 원시인의 행동을 재현한 것으로 놀이를 바라보았다. 즉, 아동은 놀이 속에서 인간의 발달 단계를 반복하고 특정한 놀이 속에서 인간의 진화 과정이 재현될 수 있다.

그러나, 현대의 다양한 놀이는 문화의 반복으로만 설명할 수 없고 놀이의 다양하고 복잡한 특성은 진화과정과 동일하다고 하기에는 문제점이 있다(이귀숙·이성한·하진희, 2009).

라. 연습이론

Gross는 놀이가 성인기의 생존에 필요한 기본적인 기술을 연습하기 위해 존재한다고 주장하였다. 즉, 놀이는 아동의 중요한 활동이고 미래 생활의 필수적인 본능이며 어른의 게임, 의식, 경쟁 등이 포함되어 있는 것이기 때문에, 어른이 되어 하는 활동이나 필요한 기술을 미리 연습하는 것이다. 따라서, 아동은 놀이를 통해서 미성숙한 행동을 연습하고 점차 정교하게 발달시켜 완전한 능력을 갖게 된다.

특히, Gross가 제안하는 연습 기능이 있는 두 가지 놀이는 감각적 및 운동적 연습을 포함하는 사물의 조작, 구성놀이 및 규칙이 있는 게임 등과 같은 놀이로 성인기에 필요한 자기 조절을 연습할 수 있는 실험놀이와 성인이 되었을 때 수행해야 하는 다양한 역할을 놀이를 통해 미리 연습하는 극적 놀이로 분류할 수 있다(Frost et al, 2005).

그러나, 놀이는 단순한 기술뿐만 아니라, 신체적 측면, 인지적 측면, 정서적 측면, 사회적 측면 등 전인적 발달에 영향을 미치기 때문에, 특정한 인간의 생존에 필요한 기술만을 연습한다고 보기에는 어려움이 많고 어른에게 필요한 기술을 연습하여 준비를 끝낸 후에도 놀이가 계속된다는 점은 놀이를 연습이론으로 설명하기에는 한계가 있다.

지금까지 살펴본 고전적 놀이 이론을 서로 비교하여 보면 <표 Ⅱ-1>과 같다.

〈표 Ⅱ-1〉 고전적 놀이 이론의 비교

구분	학자	놀이 목적	비고
잉여에너지이론	Schiller Spencer	잉여에너지 발산 및 소모	에너지 조절 수단
휴식이론	Patrick Lazarus	일할 때 소모된 에너지 재생	
연습이론	Gross	성인생활에 필요한 기술 연습	인간의 본능
반복이론	Hall Glick	본능 발산	

고전적 놀이 이론은 철학적인 측면에 기초를 두고 있어 여러 가지 한계점을 가지고 있지만, 오늘날 현대적 놀이 이론의 기초 및 토대를 마련하였을 뿐만 아니라, 놀이의 개념에 대한 역사적 동향을 보여 주고 현대인들의 놀이에 대한 개념 이해를 돕는다는 점에서 의의가 있다.

02 현대적 놀이 이론

현대적 놀이 이론은 억압된 감정을 표현하고 불쾌한 경험을 극복한다는 정신분석이론, 아동의 인지적 발달과 관련된 인지이론, 자극을 통해 적절한 각성수준을 유지하는 각성조절이론, 아동의 의사소통 방법으로 보는 의사소통이론 등 일반적으로 아동의 인지적, 사회적, 정서적 발달 등에 초점을 맞추고 있다.

가. 정신분석이론

Freud에 의하면 놀이가 아동의 성격과 정서 발달에 매우 중요한 역할을 하기 때문에, 아동 자신이 겪은 힘든 경험을 놀이를 통해서 표현한다고 밝히고 있다. 즉, 놀이는 육체적인 본능(id)과 초자아(superego)를 조정하는 자아(ego)의 기능을 하고 자아(ego)의 기능을 수행함으로써 안정과 평형의 상태로 복귀하려고 노력한다. 따라서, 아동은 놀이를 통해 자신의 감정을 공개적으로 표현하고 어려운 문제를 능동적으로 해결하여 정서적 안정과 원만한 성격을 형성할 수 있게 된다.

특히, Erikson은 놀이를 통해 아동의 자기존중감을 증진시키는 신체적, 사회적 기술을 발달시킨다고 주장하였다. 즉, Erikson은 놀이의 발달 단계를 자기 세계적 놀이 단계, 미시 세계적 놀이 단계, 거시 세계적 놀이 단계 등 세 단계로 <표 Ⅱ-2>와 같이 구분하고 있다(정진·성원경, 2007).

〈표 Ⅱ-2〉 Erikson의 놀이 발달 단계

단계	특징
자기 세계적 놀이 단계	• 자기 신체를 가지고 놀이하는 시기 • 자신의 감각기관을 이용하거나 운동능력을 반복적으로 시도하는 놀이 • 자신의 세계를 탐색한 후 주변의 세계로 이동하는 시기
미시 세계적 놀이 단계	• 자기 자신의 세계에서 놀잇감이나 사물이 놀이 대상이 되는 시기 • 놀잇감이나 주변 사물을 통해 소우주 속에 살게 되고 사물의 일정한 법칙 이해 가능 • 조작 가능한 놀잇감을 가지고 혼자 놀이를 하면서 놀잇감에 익숙해지고 놀이를 통한 즐거움 획득
거시 세계적 놀이 단계	• 다른 사람과 함께 놀이를 하는 시기 • 자아를 조절하면서 현실 세계에 적응하는 방법 획득 • 어른들의 세계를 이해하는데 목적을 둔 극놀이 형태

나. 인지발달이론

Piaget에 의하면 놀이는 아동의 인지적 성장을 촉진시키고 자신을 둘러싸고 있는 주변 세계와 상호작용을 하면서 발달해 나간다. 이러한 놀이는 동화와 조절 간의 평형 상태를 이루어 아동의 인지 발달과 학습을 촉진시킬 수 있게 된다. 따라서, 아동의 인지 발달 단계에 따라 놀이 형태가 <표 Ⅱ-3>과 같이 변할 수 있다.

〈표 Ⅱ-3〉 Piaget의 놀이 발달 단계

인지 발달 단계	놀이형태	특징
감각운동기 (0-2세)	연습놀이	• 아동은 전에 경험해 본 행동을 반복하면서 즐거움을 느낌 • 반복적인 단순한 놀이 행동 • 모빌을 건드렸더니 흔들리며 소리가 나니까 계속적으로 모빌을 흔드는 행동
전조작기 (2-7세)	상징놀이	• 자기중심적 사고를 보이면서 주변 사물을 이용하거나 사물 없이도 전에 있었던 중요한 일을 재연하거나 흉내내는 놀이 • 아동들이 사물, 행동, 역할 등을 실제와 다르게 가작화하여 -인 체, -인척하며 놀이 • 빈 컵에 물이 있는 것처럼 마시는 행동, 인형을 재우거나 씻겨 주는 행동

인지 발달 단계	놀이형태	특징
구체적 조작기 (7-11세)	규칙있는 게임	• 사회적 기술 적용 • 정해진 규칙 내에서 자신의 감정과 행동을 조절하는 방법과 다른 사람의 의견을 수용하고 집단에서 필요한 사회적 기술을 익히는 게임 • 자신의 행동 및 반응을 조절하는 방법 습득 및 일상생활의 규율과 질서 유지를 습득하는 계기 • 운동장에서 하는 게임, 게임 도구나 게임판 이용하는 게임, 카드 게임, 술래잡기 등

특히, Vygotsky에 의하면 놀이는 아동 자신의 정신세계를 표현하기 때문에, 인지 발달에 직접적인 역할을 수행한다. 즉, 놀이는 행동과 대상물로부터 사고의 분리를 촉진시켜 추상적인 사고를 발달시키는 역할을 수행하고, 아동에게 근접발달영역(Zone of Proximal Development)에 있는 경험을 제공하며 아동 스스로 비계(scaffolding)를 설정하고 잠재적으로 가지고 있는 새로운 능력을 개발하게 된다(이숙재, 2008). 그 중에서도 상상놀이는 추상적인 사고 발달에 결정적인 역할을 하고, 주의 집중, 기억, 언어 사용, 사회적 협동 등을 보다 많이 나타낼 수 있게 한다.

한편, Bruner와 Sutton-Smith는 놀이가 아동의 창의성과 사고의 융통성을 발달시키는 역할을 수행한다고 주장하였다. 먼저 Bruner는 놀이에서 결과보다 과정을, 목적보다 수단을 중요시 여겼기 때문에, 놀이를 통해 새로운 연합적 행동을 탐색한 후 일상생활 문제해결도 그러한 행동을 활용할 수 있는 사고의 융통성이 발달된다고 주장하였다. Sutton-Smith에 의하면 역할놀이에서 발생하는 상징적 전환은 아동의 정신적 융통성에 영향을 미치고, 기존의 사고방식에서 벗어나 새롭고 독특한 사고방식을 유도하여 창의성을 증진시키는 것으로 밝히고 있다.

다. 각성조절이론

Berlyne에 의하면 인간은 각성을 최적의 수준으로 유지하기 위해 놀이를 하기 때문에, 놀이를 최적의 각성 상태로 유지하는 중추신경조직의 활동으로 보았다. 또한, Ellis는 놀이를 최적의 각성 수준으로 유도하는 '자극 추구 활동'으로 간주하고, 새롭고 독특한 방법으로 사물을 사용하고 행동을 하면 자극이 증가되기 때문에, 놀이를 '자극 생산 활동', '다양한 탐색 활동'으로 보았다. 이 외에도 Fein에 의하면 놀이를 통해서 유기체가 필요로 하는 다양한 자극을 제공하기 때문에, 처음에는 새로운 상황의 불확실성을 감지하지만 놀이는 점차 감소될 불확실하고 호기심을 유발시키는 '새로운 상황을 창조하는 활동'이라 할 수 있다.

라. 의사소통이론

Bateson의 의사소통이론은 놀이의 여러 가지 상황, 행동, 사물 등을 놀이 친구에게 이해시키고 설명해 주기 위한 의사소통으로서, 놀이를 통해서 아동 자신이 맡은 역할에 알맞은 능력을 촉진시킬 수 있다. 또한, Garvey에 의하면 놀이 중에 문제가 발생하면 아동은 놀이의 틀(frame)을 깨고 문제를 해결하기 위해 현실 세계로 돌아와서 문제를 해결한다. 즉, 아동은 놀이를 통해서 상위 의사소통을 경험함으로써 자신이 담당한 역할의 개념에 대해 배우고 그에 적합한 능력을 발달시켜 나갈 수 있다. 따라서, 아동은 놀이를 통해 역할과 상황에 적합하도록 구성하는 능력이 향상될 수 있다.

특히, 의사소통이론은 가장놀이, 역할놀이, 극놀이 등에 집중하여 자신의 역할을 수행하면서 동시에, 실제 정체성을 인식할 수 있게 된다.

마. 각본이론

각본이론(script)에 의하면 놀이는 아동의 개인적 경험에 대한 지식이 나타나기 때문에, 경험에 대한 아동의 해석이 놀이 내용으로 표현될 수 있다. 즉, 각본이론에서 놀이는 아동이 재구성한 자신의 지식과 정, 경험으로 보고 있기 때문에, 자신이 본 것, 들은 것, 직접 체험한 것들을 다시 놀이 장면에서 재구성함으로써 다양한 각본을 구성할 수 있다. 따라서, 놀이의 내용은 아동의 경험에 대한 지식의 이해 정도를 나타내고 각본은 기억으로부터 활성화된 지식 구조로 볼 수 있다(Nelson & Seidman, 1984).

특히, 아동의 극놀이를 각본으로 간주할 수 있는데, 놀이 중에서 표현되는 이야기 조직의 수준을 <표 Ⅱ-4>와 같이 세 가지 수준으로 구분할 수 있다(Wolf & Grollman, 1982).

〈표 Ⅱ-4〉 각본 이야기 조직의 수준

구분	특징	예시
스키마 수준	한 가지 소규모 사건에 관련되는 단순한 행동	인형을 침대에 눕히기
사건 각본 수준	하나의 목적 달성을 위해 두 가지 이상 스키마 행동	인형을 목욕시키고 침대에 눕히기
에피소드 수준	하나의 목적 달성을 위해 두 가지 이상 사건 각본 행동	케이크를 만들어서 친구에게 대접하기

지금까지 살펴본 현대적 놀이 이론을 서로 비교하여 보면 <표 Ⅱ-5>와 같다.

〈표 Ⅱ-5〉 현대적 놀이 이론의 비교

구분	학자	놀이 목적
정신분석이론	Freud Erikson	• 정화 효과 • 자아 기능 강화
인지발달이론	Piaget Vygotksy Bruner Sutton-Smith	• 지적 성장 촉진 • 추상적 사고력 발달 • 융통성 및 창의성 촉진
각성조절이론	Berlyne Ellis	• 최적의 각성 수준 유지
의사소통이론	Bateson Garvey	• 의미의 다각적 수준 이해 능력 촉진 • 정체성 인식
각본이론	Wolf Grollman	• 개인적 경험에 대한 지식 발현 • 개인 경험을 의미 있게 하려는 시도

03 포스트모던 놀이 이론

발달적 관점에서 놀이를 바라본 현대 놀이 이론과는 달리 포스트모던 놀이 이론은 권력을 가진 사람과 가지지 못한 사람의 입장에서 바라보는 사회문화이론, 비평적 교육이론, 혼돈이론으로 분류된다.

가. 사회문화이론

Bronfenbrenner에 의하면 사회문화이론은 놀이를 다른 학문들과 관련된 사고와 연구를 요구하는 해석으로 바라보는 관점으로서, 놀이 행동은 경제적, 사회적, 정치적 요인이 문화 속에서 작용함으로써 만들어지고 사회적 맥락 안에서 행동으로 연구되어야 한다고 보고 있다.

나. 비평적 교육이론

비평적 교육이론에 의하면 권력에 기초한 사회 불평등은 학교에서 불평등으로 이어지기 때문에, 놀이 행동을 바라볼 때 권력의 위치에 초점을 두어야 한다. 교실 활동에서는 아동 권력이 권력을 선택할 수 있고 통제할 수 없는 활동과 교사 권력이 통제하는 활동을 놀이로 간주한다. King에 의하면 교사가 보이지 않는 장소에서 발생하는 금지된 놀이는 아동들에게 자율감을 제공하여 교사 주도적 상황을 통제하게 해 준다.

다. 혼돈이론

혼돈이론은 세상을 복잡하고 상호의존적이며 비직선적, 비예언적, 혼돈스러운 관점으로 보고 있다. 이러한 혼돈이론을 반영하는 놀이의 특성은 어떤 것을 다른 것으로 대체하는 상징성, 다양한 경험의 요인을 연결하는 의미 만들기, 끊임없는 변화를 수용하는 역동성, 주제, 상황, 사람을 연결하는 연결주의, 확산적 사고를 개발하고 반영하는 창조성 등이 대표적이다(Vadner Ven, 1998).

지금까지 살펴본 포스트모던 놀이 이론을 서로 비교하여 보면 <표 Ⅱ－6>과 같다.

〈표 Ⅱ-6〉 포스트모던 놀이 이론의 비교

구분	학자	놀이 목적
사회문화이론	Bronfenbrenner	암시된 문화적 가치 인식
비평적 교육이론	King	교실 활동에서 권력-선택, 통제-제공
혼돈이론	Vadner Ven	급격하게 변화하는 사회에 도전할 수 있는 준비

CHAPTER

3 놀이의 유형

01 조작놀이

조작놀이는 일반적으로 개별활동과 소집단활동에서 많이 일어나는 것으로 퍼즐, 구슬꿰기 등 아동이 손과 손가락 등 소근육을 이용해서 놀잇감 맞추기, 분리하기, 재배열하기 등 정적이고 탐색적인 활동을 수행할 수 있다. 이러한 조작놀이의 교육적 효과 및 구체적인 예시를 소개하면 <표 Ⅲ－1>과 같다.

〈표 Ⅲ-1〉 조작놀이의 교육적 효과 및 예시

교육적 효과	예시	교사 역할
• 손목, 손가락 등 소근육운동 능력 향상 • 눈, 손 협응력 발달 • 형태, 크기, 무게, 질감 등 개념 습득 • 분류, 연속, 수 개념 발달 • 다양한 어휘 학습 • 글자의 형태, 의미 학습 • 탐구력 증진 • 관찰습관 획득 • 목표 달성을 위한 계획 수립, 시도, 조작하는 방법 학습 • 자신감 및 성취감 획득 • 다른 친구 감정 존중 및 이해하는 태도 습득	투명공 굴리기, 거울집놀이, 마라카스놀이, 컵블록 쌓기, 구슬 끼우기, 모양과 순서대로 분류하기, 패턴놀이, 과자봉지 퍼즐놀이, 그룹게임자료, 퍼즐끼워 맞추기, 도미노놀이	단순하고 쉬운 놀이에서 복잡하고 어려운 놀이로 전환

02 쌓기놀이

쌓기놀이는 블록을 쌓고 무너뜨리는 활동을 통해서 창조에 대한 개인적인 기쁨을 가질 수 있고, 국어, 수학, 과학 등 교과 발달 능력을 향상시킬 수 있다. 이러한 쌓기놀이의 교육적 효과 및 구체적인 예시를 소개하면 <표 Ⅲ-2>와 같다.

〈표 Ⅲ-2〉 쌓기놀이의 교육적 효과 및 예시

교육적 효과	예시	교사 역할
• 공격성, 공포, 질투 등 부정적 감정 해소 및 긴장감 완화 • 아동의 정서, 사회성 발달 • 긍정적 자아개념 형성 • 신체 발달 • 수학적 개념 학습 도움 • 관찰, 비교, 분류, 예측 등 과학적 탐구 과정 도움 • 인간관계 형성 • 인지 능력, 형태 변별력 발달 • 조형 능력 발달 • 입체 구성력 향상 • 눈과 손의 협응력 발달 • 손과 손가락 조작능력 발달 • 대근육 운동 촉진	기차 만들기, 블록찾기, 사진블록놀이, 탑쌓기, 블록운반하기, 길 만들기, 알아맞히기, 우주선 만들기, 주차장놀이, 건물 짓기, 동물원꾸미기, 우체국 만들기, 고속도로 만들기, 풀장 만들기, 슈퍼마켓 꾸미기, 철길 만들기	파괴적인 목적보다 건설적인 목적으로 쌓기놀이 유도

03 역할놀이

역할놀이는 주변의 다양한 세계에 대해 자신이 알고 있는 지식을 실제로 놀이를 통해서 표현해 보는 활동으로서, 상징놀이, 모방놀이, 사회극놀이, 주제극놀이로 발전해 나갈 수 있다. 이러한 역할놀이의 교육적 효과 및 구체적인 예시를 소개하면 <표 Ⅲ-3>과 같다.

〈표 Ⅲ-3〉 역할놀이의 교육적 효과 및 예시

교육적 효과	예시	교사 역할
• 사회화 기술 증진 • 지적 발달 촉진 • 정서 발달 촉진 • 긍정적 자아개념 획득 • 창의력 발달 • 언어적 표현력 증진 • 추상적 사고력 촉진	전화놀이, 아기인형 우유먹이기, 인형머리 빗겨주기, 인형옷 입히기, 버스타기, 세탁소놀이, 미용실놀이, 박물관놀이, 결혼식놀이, 가족놀이, 가게놀이, 병원놀이, 소방관놀이, 우체국놀이, 음식점놀이, 우주선놀이	역할놀이 주제, 역할 분담, 역할놀이 영역 등의 선정 및 계획 수립

한편, 역할놀이와 유사한 상징놀이, 극놀이, 사회극놀이, 주제극놀이의 개념을 서로 비교해 보면 <표 Ⅲ-4>와 같이 정리할 수 있다(이귀숙·이성한·하진희, 2009).

〈표 Ⅲ-4〉 역할놀이와 유사한 용어

구분	특징
상징놀이	• 상상놀이 • 가상놀이 • 환상놀이 • 눈에 보이지 않는 대상을 표상하거나 사물이나 상황을 실제와 다르게 변형시켜 표상하는 놀이 • 가작화요소가 포함된 놀이
극놀이	• 아동의 창의력 능력 발달 • 자발적이고 자연스러운 놀이 • 현실적인 주제나 사건이 포함되는 놀이
사회극놀이	• 상징놀이가 발전된 놀이 • 한 명 이상의 친구와 함께 참여하는 극놀이 • 일상 내용, 경험, 상상한 내용 등을 놀이한 것 • 현실적 요소와 비현실적 요소 혼재
주제극놀이	• 동화 주인공이 되어 이야기 내용을 가작화하는 놀이 • 현실세계와 일치하지 않는 가작화요소를 포함하는 집단놀이

04 조형놀이

조형놀이는 물적 재료를 가지고 공간적으로 형성하거나 형체를 이루어 만드는 놀이이다. 이러한 조형놀이의 교육적 효과 및 구체적인 예시를 소개하면 <표 Ⅲ-5>와 같다.

〈표 Ⅲ-5〉 조형놀이의 교육적 효과 및 예시

교육적 효과	예시	교사 역할
• 다양한 자료의 특성 이해 • 자료 활용의 기회 제공 • 창의성 향상	피자 만들기, 절편 만들기, 얼굴 만들기, 지형 만들기, 케이크 만들기, 사람 만들기, 아이스크림 만들기, 바다속 만들기	다양한 자료를 활용하여 공감적 감각의 기초 형성

05 물놀이

물놀이는 물을 이용해서 물과 관련된 신체 활동, 지적 발달, 정서적 활동 등 다양한 활동이 가능하다. 이러한 물놀이의 교육적 효과 및 구체적인 예시를 소개하면 <표 Ⅲ-6>과 같다.

〈표 Ⅲ-6〉 물놀이의 교육적 효과 및 예시

교육적 효과	예시	교사 역할
• 투명성, 유동성, 증발 및 수압 등 물의 특성 파악 • 양의 보존개념 및 측정능력 증진 • 호기심 및 탐구력 향상 • 문제해결력 촉진 • 인지 발달 촉진 • 다양한 어휘 학습 • 정서 발달 • 심리적 안정감 • 사회 적응력 향상	인형 목욕시키기, 비누방울 따라잡기, 물속 조개 잡기, 공 띄우기놀이, 샤워기 탐색하기, 물호수놀이, 튜브타고 반환점 돌기, 바구니에 탱탱볼 넣기	앞치마를 입고 옷 소매를 걷거나 수영복을 입고 자유롭게 물놀이에 참여할 수 있도록 유도

• 대근육 및 소근육 운동을 통한 신체 발달 • 청각 변별력 발달		

06 모래놀이

모래놀이는 다양한 활동을 할 수 있는 장점에도 불구하고 날씨 및 상황에 따른 적합한 모래놀이 환경을 조성해 주어야 한다는 점에서 많은 고려가 있어야 한다. 이러한 모래놀이의 교육적 효과 및 구체적인 예시를 소개하면 <표 Ⅲ-7>과 같다.

〈표 Ⅲ-7〉 모래놀이의 교육적 효과 및 예시

교육적 효과	예시	교사 역할
• 수학적 개념 습득 • 과학적 지식 습득 • 창의력 및 문제해결력 촉진 • 언어 발달 • 정서 발달 • 사회성 발달 • 신체 발달	모래케이크 만들기, 모래언덕 만들기, 탐색놀이, 모래길 만들기, 발자국놀이, 모양놀이, 깃발 넘어뜨리기, 채로 걸러내기, 모래그림 그리기, 물길 만들기	생활 주제나 아동의 요구에 따라 적당한 종류와 수량의 모래놀이용품 제공

07 목공놀이

목공놀이는 아동이 나무토막, 못, 망치, 톱 등 실제 목공기구를 이용해 나무를 자르고 못질하며 사포로 매끈하게 하는 활동을 통해 자신이 원하는 물건을 만들어 보는 놀이이다. 이러한 목공놀이의 교육적 효과 및 구체적인 예시를 소개하면 <표 Ⅲ-8>과 같다.

〈표 Ⅲ-8〉 목공놀이의 교육적 효과 및 예시

교육적 효과	예시	교사 역할
• 나무 무게, 질감, 부피, 길이, 넓이 등 인지 발달 • 수 세기, 크기 비교, 길이 측정 등을 통한 수 개념 발달 • 대근육 및 소근육 발달, 눈과 손 협응력 촉진 • 정서 안정, 긍정적 자아개념 등 정서 발달 • 다른 아동 개성 이해 및 존중 • 집단의 질서 및 사회성 발달	압축스폰지 목공놀이, 나무조각 탐색하기, 나무조각 구성하기, 나무조각 두드리기, 볼트와 너트 끼우기, 나무조각을 활용한 구성놀이, 선따라 못질하기, 송곳으로 구멍뚫기, 스티로폼 톱질하기, 나무의 표시된 곳에 못박기	목공 도구의 올바른 사용법을 지도하고 아동의 안전교육에 유의

08 운동놀이

운동놀이는 아동의 몸을 단련하거나 건강을 위해 몸을 움직이는 놀이이다. 이러한 운동놀이의 교육적 효과 및 구체적인 예시를 소개하면 <표 Ⅲ-9>와 같다.

〈표 Ⅲ-9〉 운동놀이의 교육적 효과 및 예시

교육적 효과	예시	교사 역할
• 신체 각 부분의 조화로운 발달 • 순환, 배설, 호흡 등 기관 기능 향상 • 바른 자세 형성 • 균형, 협응력, 민첩성, 유연성 등 운동 능력 증진 • 걷기, 뛰기, 점프하기, 구부리기, 밀고 당기기, 비틀기 등 운동 능력 계발 • 아동의 안전 능력 향상 • 사회성 발달 촉진 • 지적 발달 촉진 • 아동의 건전한 자아개념 형성	리본막대 흔들기, 북소리에 맞춰 걷기, 깡총놀이, 타이어 징검다리 건너기, 공운반하기, 손뼉치기, 축구놀이, 후프굴리기, 리듬막대놀이, 낙하산놀이, 고무줄로 춤추기, 풍선치기, 자동차처럼 움직이기	아동의 연령, 발달수준에 적합한 운동놀이용품을 제공하여 단계적인 지도

09 전통놀이

전통놀이는 옛날부터 민간에 의해 전해져 오는 다양한 놀이로서, 전통성, 역사성, 고유성, 지속성 등을 지닌 놀이이다. 이러한 전통놀이의 교육적 효과 및 구체적인 예시를 소개하면 <표 Ⅲ-10>과 같다.

〈표 Ⅲ-10〉 전통놀이의 교육적 효과 및 예시

교육적 효과	예시	교사 역할
• 조화롭고 원만한 인격 형성 • 사회성 발달 • 밝고 명랑한 성격 형성 • 스트레스 해소 • 신체적 건강 및 운동 능력 향상 • 자아존중감 발달 • 인지 및 언어 발달 • 전통문화에 관심 증가 • 우리 전통 가락 습득 • 공동체의식 함양	도리도리, 잼잼, 짝짜쿵, 곤지곤지, 걸음마, 뚱딴지 사이소, 공기돌잡기, 대문놀이, 북청 사자놀이, 절하기, 이거리 저거리 각거리, 어디까지 왔나	아동의 연령이나 발달 수준, 흥미에 적합한 전통놀이를 유도하고 가정과 연계된 지도

10 게임

게임은 아동을 몇 개의 팀으로 구분하여 목표를 달성하려는 과정 속에서 즐거움을 느끼고 일정한 규칙에 따라 참여자들이 서로 상반되거나 상호의존, 협력적인 역할을 수행하고, 일정한 기준에 따라 승패를 결정하는 놀이이다. 이러한 게임의 교육적 효과 및 구체적인 예시를 소개하면 <표 Ⅲ-11>과 같다.

〈표 Ⅲ-11〉 게임의 교육적 효과 및 예시

교육적 효과	예시	교사 역할
• 아동의 사회적, 도덕적, 정치적, 인지적, 정서적 발달 • 타인 존중, 사회적 합의 기술 함양 • 타인에 대한 배려, 감정이입, 조망수용능력, 친교성, 협동심 고취 • 목표달성을 위한 행동 조절 • 사회적 대처 기술 습득 • 지적 자율성 획득 • 탈중심화 사고 가능 • 다양한 문제해결 기회 제공	목적물 맞추기 게임, 경주 게임, 알아맞히기 게임, 쫓기 게임, 숨기기 게임, 지시 게임, 카드 게임, 판 게임	규칙을 활용하여 게임활동에 참여하는 것이 일반적이기 때문에 교사의 적극적인 지원 및 비계 설정이 필요

CHAPTER

4 놀이와 발달

01 신체 발달

놀이와 신체 발달 측면의 관계를 살펴보면 <표 Ⅳ-1>과 같이 요약할 수 있다.

〈표 Ⅳ-1〉 놀이와 신체 발달의 관계

구분	놀이와 신체 발달의 관계
영아(0-2세)	• 감각을 이용한 간단한 신체놀이 • 다양한 탐색활동을 통한 신체놀이 • 밀고 끄는 놀잇감, 두드리는 놀잇감, 같은 모양의 사물을 맞추어 구멍에 넣기, 대근육 및 소근육을 발달시키는 놀이
유아(3-5세)	• 달리기, 매달리기, 미끄러지기, 손으로 조작하기 등 다양한 놀이를 통한 신체 성장 • 심장, 혈압, 배설, 수면 등 생리 기능 발달 • 바른 자세 형성 • 기본 운동 능력 증진 • 쓰기와 그리기 놀잇감, 동화책 만들기, 그림 그리기, 작품에 이름 쓰기, 굴속 기어가기, 시소타기, 평균대 걷기

특히, 놀이를 통해서 기대할 수 있는 신체 발달의 효과를 정리하면 <표 Ⅳ-2>와 같다.

〈표 Ⅳ-2〉 놀이의 신체 발달 효과

구분	신체 발달 효과
Hurlock (1978)	• 기어오르기, 뛰기, 던지기, 매달리기, 기어가기 등 대근육 운동 능력 발달 • 한 발 뛰기, 다른 발 뛰기 등을 통한 단순한 즐거움으로 같은 행동 반복
Isenberg & Quisenberry (1988)	• 뜀뛰기 능력을 게임에 활용 • 자기 신체에 대한 자신감 획득
Majure (1995)	• 아동 류머티즘 관절염, 동맥경화 등 질병 예방 • 신체 유연성 및 근육 강화
이귀숙·이성한·하진희(2009)	• 신체적 자극을 통한 신체 성장 촉진 • 다양한 놀이 동작을 통한 신체 운동 능력 및 체력 증진 • 신체의 긴장 해소 • 바른 자세 형성 • 위험 상황에 대처할 수 있는 문제해결력 및 순발력 증진
이숙재 (2008)	• 신장, 체중 등 신체 성장 촉진 • 혈액 순환, 배설, 수면 등 생리 기능 증진 • 뛰기, 던지기, 매달리기 등 기본 운동 능력 향상 • 강인한 체력 배양 • 다양한 탐색활동을 통한 감각 및 지각 능력 발달 • 일상 생활에서 부딪히는 사고 예방 • 위험 상황에 대처하는 능력 향상

02 사회성 발달

놀이와 사회성 발달 측면의 관계를 살펴보면 <표 Ⅳ-3>과 같이 요약할 수 있다.

〈표 Ⅳ-3〉 놀이와 사회성 발달의 관계

구분	놀이와 사회성 발달의 관계
영아(0-2세)	• 성인-영아놀이를 통해 현실과 가상 세계의 경계 이해 및 긴장감 유발시키는 상황 숙달 • 성인에 대한 애착이 생성되어 원만한 대인관계 형성 및 사회성 발달 • 전화놀이, 까꿍놀이
유아(3-5세)	• 사회극놀이, 역할놀이, 주제극놀이 등을 통한 사회성 발달 촉진 • 신체놀이를 통한 또래 간 우정 강화 • 사회적 기술 및 지식 습득 • 조망수용능력 향상

특히, 놀이를 통해서 기대할 수 있는 사회성 발달의 효과를 정리하면 <표 Ⅳ-4>와 같다.

〈표 Ⅳ-4〉 놀이의 사회성 발달 효과

구분	사회성 발달 효과
Erikson (1950)	• 가상놀이를 통해 사회적 세계 이해 및 사회적 기술 숙달
Bruner & Sherwood (1976)	• 양육자와 사회적 게임을 통한 사회적 규칙 연습 및 획득 • 순서 지키기, 역할 반복, 양자 포함 등 학습 • 양육자와 아동 간 애착 형성 가능
이귀숙·이성한·하진희 (2009)	• 상호의존적 놀이를 통한 사회적 기술 및 지식 획득의 장 마련 • 부모와의 놀이를 통한 사회성 발달 • 순서 지키기, 공유하기, 협동하기 등 친사회적 행동 발달 • 조망수용능력 발달
이숙재 (2008)	• 부모와의 놀이를 통한 부모에 대한 친밀감 및 애착 관계 형성 • 또래와의 놀이를 통한 질서 지키기, 협동하기, 놀잇감 공유하기 등 사회적 능력 함양 • 주변 사회에 대한 관심, 이해, 지식 증진

구분	사회성 발달 효과
전남련·최진원·권경미 (2007)	• 사회기술 발달 증진 • 타인의 조망수용능력 발달 • 부모와의 친밀감 및 애착 형성 • 사회적 놀이를 통한 친사회적 행동 증진

03 인지 발달

놀이와 인지 발달 측면의 관계를 살펴보면 <표 Ⅳ-5>와 같이 요약할 수 있다.

〈표 Ⅳ-5〉 놀이와 인지 발달의 관계

구분	놀이와 인지 발달의 관계
영아(0-2세)	• 감각운동기 동안 연습놀이 및 기능놀이의 발달 • 가상을 조성하는 놀잇감 및 자료를 제공하여 가상놀이 환경 제공
유아(3-5세)	• 놀이 중 탐색활동을 통해 사물에 대한 이해력 증진 및 문제해결력 발달 • 놀이 행동에 대한 융통성 반영을 통한 효과적인 문제 해결 • 구체적인 사고에서 추상적인 사고로 전환 용이

특히, 놀이를 통해서 기대할 수 있는 인지 발달의 효과를 정리하면 <표 Ⅳ-6>과 같다.

〈표 Ⅳ-6〉 놀이의 인지 발달 효과

구분	인지 발달 효과
Vytotsky (1978)	• 가장놀이를 통한 추리 인지 활동 발달
Piaget (1962)	• 수, 분류, 서열화, 공간, 시간, 보존 개념 등 획득 • 새로운 사물 및 상황 탐색을 통한 다양한 문제 해결 • 사물이나 상황에 상징적 의미를 부여하는 놀이를 통한 추상적 사고력 증진

구분	인지 발달 효과
채종옥·이경화·김소양 (2008)	• 사회극놀이를 통한 개념 및 상위인지 발달 • 아동의 인지 기술 및 지능 발달 • 탈중심화와 가역성 등 인지적 조작을 통한 보존 개념 발달 • 사물놀이와 가상놀이를 통한 창의적 사고 촉진
이귀숙·이성한·하진희 (2009)	• 사회극놀이를 통한 표상적 사고와 추상적 사고 증진 • 놀이의 실험적이고 융통적 속성은 확산적 사고 및 문제해결력 증진
이숙재 (2008)	• 놀이를 통한 다양한 정보 획득
전남련·최진원·권경미 (2007)	• 놀이를 통한 기억력, 논리력, 추리력 등 지능 발달

CHAPTER

5 놀이 지도

01 놀이 지도의 교육적 의의

아동의 놀이 지도는 아동 놀이에 대한 인정, 교사와의 유대감 형성, 인지적 수준 및 사회적 수준 향상, 놀이 지속 시간 증가, 또래와의 상호작용 증가, 놀이의 풍부화, 비계 설정을 통한 활동 수준 향상 등 <표 Ⅴ-1>과 같은 교육적 의의를 지닌다(Johnson et al, 1999).

〈표 Ⅴ-1〉 놀이 지도의 교육적 의의

구분	교육적 의의
아동놀이에 대한 인정	• 교사가 아동이 선택한 놀이에 참여하여 긍정적인 상호작용을 하면 가치있는 활동으로 수용
교사와의 유대감 형성	• 교사와의 긍정적인 상호작용 경험을 통한 친밀한 관계 및 유대감 형성
인지적 수준 및 사회적 수준 향상	• 또래 아동 간의 상호작용을 통해 인지적, 사회적 수준 향상
놀이 지속 시간 증가	• 교사가 아동의 놀이 지도에 참가하면 아동은 놀이에 더욱 집중하여 주의 집중 시간과 놀이 지속 시간 증가
또래 간 상호작용 증가	• 또래 간 상호작용을 통해 사회성 발달, 교사와의 친밀감, 또래 간 상호작용 활발
놀이의 풍부화	• 교사가 아동에게 새로운 의견이나 기술을 제공해 줌으로써 놀이 범위의 양적, 질적 확대
비계 설정을 통한 활동 수준 향상	• 교사가 촉진자, 조력자로 참여하여 아동 혼자하기 어려운 활동의 비계 설정을 함으로써 활동 수준 향상

02 놀이 지도를 위한 사전 준비

놀이 지도를 하기 전 교사가 고려해야 할 사항은 시간, 공간, 놀잇감, 사전 경험, 능동적 관찰 등 <표 V-2>와 같다(Griffing, 1983).

〈표 V-2〉 놀이 지도를 위한 사전 준비

구분	사전 준비
시간	• 자유놀이시간은 50분 정도 적합 • 수준 높은 단계의 사회적, 인지적 놀이는 충분한 시간 제공
공간	• 구성놀이는 쌓기놀이 영역 공간 제공 • 사회극놀이는 역할놀이 영역 공간 제공
놀잇감	• 사회적, 인지적 놀이는 구성놀이, 역할놀이, 집단놀이, 규칙있는 게임 등을 조장할 수 있는 놀잇감 제공
사전 경험	• 견학, 전문가 초빙, 동화 등 다양한 활동을 제공하는 사전 경험 제공
능동적 관찰	• 교사가 적극적으로 관찰하여 정보를 획득하는 동시에 아동 놀이 확장 가능

03 놀이 지도시 교사의 역할

놀이 지도에 있어서 교사의 역할은 관찰자, 계획자, 상호작용자, 감독자, 평가자 등 <표 V-3>과 같이 다섯 가지로 정리할 수 있다.

〈표 V-3〉 놀이 지도에서 교사의 역할

구분	교사 역할
관찰자	• 아동의 놀이를 주의 깊게 관찰해 언어, 인지, 사회, 정서, 신체 발달 수준 파악 • 아동의 놀이를 확장하는데 필요한 정보 수집
계획자	• 아동의 발달과 수준에 적합한 놀이환경을 사전에 계획 • 생활 주제, 교육목표, 환경 등을 고려한 계획 수립
상호작용자	• 놀이집단의 참여자가 되어 직접 참여하여 놀이 진행을 도와주거나 조언 • 놀이에 참여하지 못하거나 특정한 놀이만 하는 아동과 개별적 상호작용

구분	교사 역할
감독자	• 놀잇감의 위험성, 비위생적인 요소, 놀이공간의 적합성, 정리정돈 상태 등 확인 및 감독
평가자	• 다양한 관찰 평가 방법을 숙지하여 아동의 놀이 행동 평가

04 놀이 단계별 지도

놀이 과정은 놀이 계획, 놀이 진행, 놀이 정리 및 평가 단계 등 <표 V-4>와 같이 세 단계를 거친다.

〈표 V-4〉 놀이 단계별 지도

구분	지도 방법
놀이 계획 단계	• 교사는 아동이 놀이를 선택한 이유, 놀이 진행 방법, 놀이 시간, 놀이 친구 등을 계획할 수 있도록 격려 • 대, 소집단 활동을 이용한 자신의 계획 발표 유도 • 흥미 영역별로 필요한 자료 준비 • 생활주제, 계절 등과 관련된 자료 비치 • 부족한 놀이공간 확대, 불필요한 공간 축소 등 놀이공간 계획
놀이 진행 단계	• 개별적으로 계획한 놀이가 잘 수행되고 있는지, 상호작용은 어떠한지, 발생한 문제는 잘 해결되고 있는지 관찰 • 다양한 형태의 놀이 동료로서 역할 수행 • 공동놀이자로 참여 • 놀이에 적극적 개입을 통해 놀이 규칙 선정 등에 도움 제공
놀이 정리 및 평가 단계	• 놀잇감을 정리하고 주변 정리할 수 있도록 유도 • 계획한 놀이가 잘 진행되었는지, 무엇이 가장 재미있었는지 등에 대한 발표

05 놀이 지도의 원리

아동이 효과적으로 놀이를 하기 위해서는 <표 V −5>와 같은 놀이 지도의 원리가 필요하다(정금자, 2001).

〈표 V-5〉 놀이 지도의 원리

구분		지도 원리
아동의 즐거움 중시	호기심과 새로움	• 놀이의 즐거움에는 새로운 체험에 도전하는 모험심 작용
	발상의 참신성	• 놀이의 즐거움에는 독창적 발상 존재
	상상과 자신감	• 놀이에 몰두하여 자신감을 가질 때 즐거움
	계획과 조건	• 놀이 도구, 재료, 놀이공간, 시간 등 구체적인 계획 수립
	자료의 사용	• 놀이 활동에 필요한 다양한 재료와 용구 준비
	놀이의 기쁨	• 스스로 구상해서 또래와 놀이 활동에 참가하는 기쁨
충분한 놀이 활동 환경 조성	시간 여유	• 여유있는 시간 마련
	소극적 지도	• 아동 주도적인 놀이 활동
	다양성 중시	• 규칙보다 다양하고 융통성 있는 놀이 활동
놀이의 문제점 보완		• 놀이에서 나온 문제점의 수정 및 보완
개인차 · 개성 존중	능력 차이	• 아동 스스로 긍정적인 평가하고 의식하도록 보조
	성격 차이	• 성격 차이에 유의하여 지도
	경험 차이	• 놀이 사전 경험 및 생활 경험 유의하여 지도
	성 차이	• 성 차이에 유의하여 지도
생활 적응 기본 태도 함양	상상력	• 즐겁게 상상력 발휘하도록 유도
	집중력	• 주의 집중력을 향상시킬 수 있도록 유도
	준비 및 마무리	• 놀이를 하기 위한 준비, 놀이 종료 후 마무리

특히, Waite−Stupiansky(1997)는 놀이를 통한 학습을 위한 교수 원리를 다음과 같이 제시하였다.

첫째, 아동에게 놀이를 위한 상황, 놀잇감, 시간을 제공해야 한다.

둘째, 교사 자신이 놀이를 좋아하는 태도를 가지고 아동이 놀도록 지도해야 한다.

셋째, 놀이를 통해 교육과정을 통합해야 한다.

넷째, 놀이를 통해 아동의 사고를 확장시켜야 한다.

다섯째, 아동의 놀이에 너무 많은 규칙과 강제를 부과시켜서는 안 된다.

여섯째, 아동의 놀이 가치에 대해 부모 등의 관계자와 의사소통을 해야 한다.

일곱째, 아동의 사회적, 인지적, 정서적, 신체적 발달을 평가하고 기록하여 놀이를 해야 한다.

06 놀이 지도의 방법

아동에게 놀이를 지도하는 방법은 <표 Ⅴ-6>과 같이 정리할 수 있다(Johnson et al, 1999).

〈표 Ⅴ-6〉 놀이 지도 방법

구분		지도 방법
지지적 역할	관찰자	• 관찰하는 동안 아동의 놀이에 교사는 반응적으로 대해야 함 • 관찰을 통해 교사는 제공하는 놀이 자료, 개입 시기, 아동의 현재 흥미와 요구 등을 파악 • 아동의 언어적, 비언어적 행동 기록을 통한 아동 발달에 적합한 프로그램 계획
	무대관리자	• 놀이에 개입하지 않고 놀이를 위한 준비를 돕고 놀이 배경을 꾸미는데 도움 제공
	병행놀이자	• 교사가 아동의 곁에서 동일한 놀잇감을 가지고 놀지만, 아동과 직접적인 상호작용은 하지 않음
	공동놀이자	• 교사가 아동의 놀이에 동등한 파트너로 참가
	놀이 리더	• 교사가 아동의 놀이에 적극적으로 참여 • 교사의 의도적인 개입, 새로운 놀이 주제 제안 • 극적인 요소와 소품 첨가
지시적 역할	지시자	• 교사가 아동의 놀이 통제 및 놀이 전개 지시 • 아동에게 무엇을 할지 지시하여 역할 지정
	교수자	• 교사가 질문을 통해 학습을 위한 매개체로 활용 • 놀이 잠시 중단 후 아동에게 학습과 관련된 현실지향적 질문 제시

PART

Ⅱ 인성교육의 이해

CHAPTER

1 제4차 산업혁명시대와 미래교육

01 제4차 산업혁명시대의 개념

현재 전 세계는 인공지능이 중심이 되는 '제4차 산업혁명시대'를 맞아 정치, 경제, 사회, 문화 등 다양한 분야에서 변화의 움직임이 대두되고 있다. 4차 산업혁명은 18세기 증기기관에 기초한 기계화혁명인 1차 산업혁명, 19세기에서 20세기 초 전기에너지에 기초한 대량생산혁명인 2차 산업혁명, 20세기 후반 컴퓨터와 인터넷 기반의 지식정보혁명인 3차 산업혁명과는 달리, 인공지능을 기반으로 한 사람, 사물, 공간을 초연결, 초지능화한 만물초지능 혁명이다(한경호, 2016). 결론적으로 말하자면 4차 산업혁명은 인공지능, 빅데이터, 사물인터넷, 클라우드, 3D 프린팅, 자율주행 자동차 등과 같이 소프트웨어와 데이터 기반의 지능 디지털 기술변환(intelligent digital technology transformation)에 의한 혁명이라 할 수 있다(Schwab, 2016).

특히, 4차 산업혁명시대는 과학기술 간의 경계, 실재와 가상현실의 경계, 기계와 생명의 경계가 희미해지는 시대로서(조현국, 2017), 이전의 그 어떤 혁명보다도 가장 큰 변화를 가져올 것으로 예상할 수 있다. 즉, 기존의 현재 시장을 유지하면서 이뤄지는 현재 지향적인 형태의 지속적 혁신(substaining innovation)과는 달리, 기존의 시장을 완전히 대체하는 미래 지향적 형태의 파괴적 혁신이라 할 수 있다(Downes & Nunes, 2014). 이러한 4차 산업혁명으로 인해 세계 각국은 빈부격차 심화로 인한 국가 간 불평등과 불균형 심화, 저출산 및 고령화로 인한 경제적 위기, 기존의 직업의 변화로 실업률 증가, 인간성 상실의 위기 등 많은 위기가 노출될 수 있다(박남기, 2017; 한은미, 2016; 조현국, 2017).

따라서, 4차 산업혁명시대를 적극적으로 준비하고 대응할 수 있는 미래교육의 목적과 방향 탐색, 교수-학습 방법 개선, 미래 사회에 길러야 할 인재 역량 등 다방면으로 모색할 필요가 있다. 또한, 4차 산업혁명시대는 현재 인간이 수행하고 있는 거의 대부분의 기능이 인공지능으로 대체될 것을 감안하면, 미래교육의 방향도 "두뇌(brain)"의 기능을 밝히는 신경과학, 뇌과학, 인지과학을 토대로 획기적인 패러다임 전환을 가져올 필요가 있다. 즉, 기존의 뇌과학, 심리학, 교육학 등을 융합한 형태로 새롭게 등장하는 교육신경과학(educational neuroscience)은 뇌과학적 지식인 뇌의 인지기능 및 구조를 이해하고, 다양한 실험 상황에서 발견된 연구결과와 일치하는 교육적 원리와 전략을 마련하여 그것을 실제 교육 현장에 적용함으로써, 모든 학습자들이 자신의 뇌기능을 활용하여 주도적으로 학습을 계획, 수행할 수 있도록 하는데 목표를 둔 새로운 교육 패러다임이라 할 수 있다(Jensen, 2007; Ki, 2006).

2016년 다보스포럼에서 Schwab(2016)은 1차, 2차, 3차 산업혁명을 거쳐 제4차 산업혁명의 도래를 주장하였다. 먼저 1차 산업혁명을 통해서 증기기관의 발명으로 수송 수단, 물과 증기를 이용한 생산 기계들을 사용하여 산업의 발전을 가져왔고, 2차 산업혁명을 통해 대량 생산을 가능하게 한 자동화를 가져왔다. 또한, 3차 산업혁명은 정보기술의 발달로 컴퓨터를 통한 자동생산 시스템을 구축하였다.

특히, 4차 산업혁명은 컴퓨팅과 통신의 대상이 사람과 사람을 넘어 사람, 사물, 공간으로 퍼져가는 수평적 네트워킹 확장인 '초연결성(hyper connectivity)', 인터넷과 모바일 플랫폼을 기반으로 사이버물리복합시시스템(cyber physical system)과 인공지능을 주축으로 사회 시스템 간의 상호작용이 심화되는 수직적 네트워킹 확장인 '초지능성(hyper intelligence)' 등 [그림 Ⅰ-1]과 같은 방향성을 가지고 있다.

[그림 Ⅰ-1] 제4차 산업혁명시대의 방향성

초연결성(hyper connectivity)	초지능성(hyper intelligence)
컴퓨팅과 통신의 대상이 사람과 사람을 넘어 사람·사물·공간으로 퍼져가는 **네트워킹의 수평적 관점**에 주목하는 개념	초연결성을 지닌 인터넷과 모바일 플랫폼을 기반으로 CPS(Cyber Physical System: 사이버 물리복합시스템)와 인공지능을 기축으로 하는 사회 시스템 간의 상호작용이 한층 심화되는 **네트워킹의 수직적 확장**에 비중을 두는 개념

02 제4차 산업혁명시대의 특징

4차 산업혁명의 특징을 1차, 2차, 3차 산업혁명과 비교해 보면 <표 Ⅰ-1>과 같이 정리할 수 있다(성태제, 2017; 한동승, 2016).

〈표 Ⅰ-1〉 1,2,3,4차 산업혁명의 비교 분석

구분	시기	에너지원	기술	주요 특징
1차 산업혁명	18세기	석탄, 물	증기기관	기계에 의한 생산
2차 산업혁명	19-20세기 초	석유, 전기	내연 연소기관, 전기에너지	자동화에 의한 대량생산
3차 산업혁명	20세기 후반	핵에너지, 천연가스	컴퓨터, 로봇	반도체, PC, 인터넷, IT
4차 산업혁명	2015년 이후	친환경에너지	인공지능, 사물인터넷, 3D프린터, 유전공학	빅데이터, 융복합

특히, 세계경제포럼(world economic forum)의 창립자인 Schwab(2016)은 1차 산업혁명은 기계화, 2차 산업혁명은 전기화, 3차 산업혁명은 정보화, 4차 산업혁명은 인공지능화, 디지털과 물리세계와의 결합, 바이오 분야의 혁신 등 <표 Ⅰ-3>과 같이 구분하고 있다. 즉, 제4차 산업혁명은 인공지능, 로봇공학, 사물인터넷, 자율주행 자동차, 3D 프린팅, 나노기술, 생명공학, 재료공학, 에너지 저장기술, 퀀텀 컴퓨팅(quantum computing)의 발달 등 과학기술의 혁명적인 진보가 이루어지는 시대라고 볼 수 있다(임종헌·유경훈·김병찬, 2017).

〈표 Ⅰ-3〉 1,2,3,4차 산업혁명의 핵심 기술 및 내용

구분	핵심 기술	내용
1차 산업혁명	물, 증기 (water and steam power)	물과 증기를 이용한 증기기관을 활용하여 생산성 향상
2차 산업혁명	전기 (electric power)	전기 에너지 이용을 통한 대량생산 체제 구축
3차 산업혁명	전자, 정보 기술(electronics, information technology)	전자와 정보 기술을 이용한 자동화 및 디지털화
4차 산업혁명	디지털, 물리학, 생물학 (digital, physical, biological)	디지털 기술을 바탕으로 물리학, 생물학 결합

또한, Schwab(2016)은 제4차 산업혁명시대의 특징을 속도, 범위와 깊이, 체제 변화 등 세 가지 측면에서 <표 Ⅰ-4>와 같이 설명하고 있다.

〈표 Ⅰ-4〉 제4차 산업혁명의 특징

구분	특징
속도 (velocity)	• 과학기술을 포함한 인간 삶의 변화 속도가 기하급수적 증가 • 각 분야들 간의 연계 및 융합 가속화
범위와 깊이 (breadth & depth)	• 디지털혁명을 기반으로 한 과학기술의 변화 주도적 • 사회, 경제, 문화, 교육 등 사회 전반의 광범위한 변화로 연결 • 인간의 정체성에 대한 철학적 사유 및 논의까지 요구하는 변화
체제 변화 (systems impact)	• 시스템 및 체제의 변화, 패러다임 변화 • 개인적인 삶, 국가 체제, 세계 체제 등 변화까지 연결

지금까지 살펴본 산업혁명의 변화 과정과 특징을 정리하면 [그림 Ⅰ-1]과 같이 도식화할 수 있다(안종배, 2017).

[그림 Ⅰ-1] 산업혁명의 변화 과정과 특징

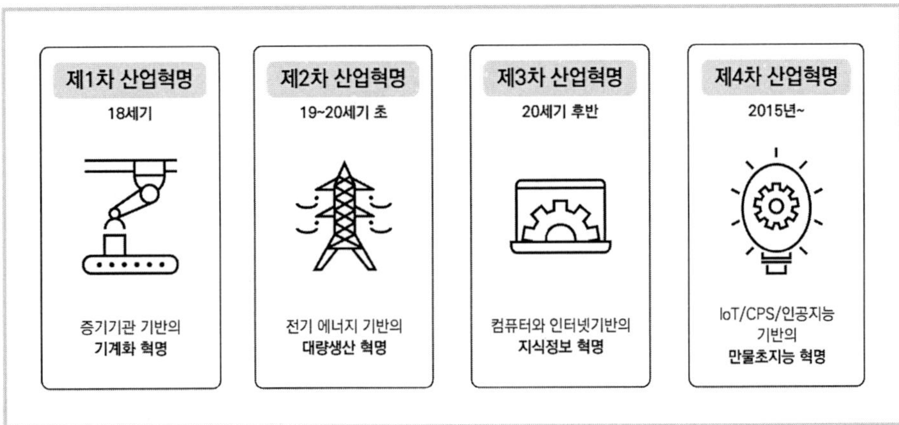

출처: 안종배, 2017.

03 제4차 산업혁명시대의 미래 직업의 변화

4차 산업혁명시대의 가장 큰 변화는 미래사회에서의 직업에 대한 전망이다. WEF(2016)는 직업미래보고서에서 인공지능 기술 개발로 인해 202만개의 새로운 직업을 창출하지만, 710만개의 직업은 줄어들 것이라고 발표하고, 구체적인 직업군별 채용 증감 추이를 비교하면 <표 Ⅰ-5>와 같다. <표 Ⅰ-5>에서도 알 수 있듯이, 단순 반복적인 직업은 로봇이나 인공 지능이 대체하지만, 인성, 감성, 창의성을 요구하는 직업은 오히려 증가할 것으로 예상할 수 있다.

〈표 Ⅰ-5〉 제4차 산업혁명시대에 따른 직업군별 채용 증감 추이 비교

(2015년-2020년, 단위: 천개)

감소 직업군	직업수	증가 직업군	직업수
사무, 관리	-4,759	마케팅, 금융	+492
제조, 생산	-1,609	경영	+416
건설, 채굴	-497	컴퓨터, 수학	+405

또한, 제4차 산업혁명시대에 고용의 변화를 상위 주요 직업과 하위 주요 직업을 비교해 보면 [그림 Ⅰ-2]과 같이 정리할 수 있다.

[그림 Ⅰ-2] 제4차 산업혁명시대에 따른 고용의 변화

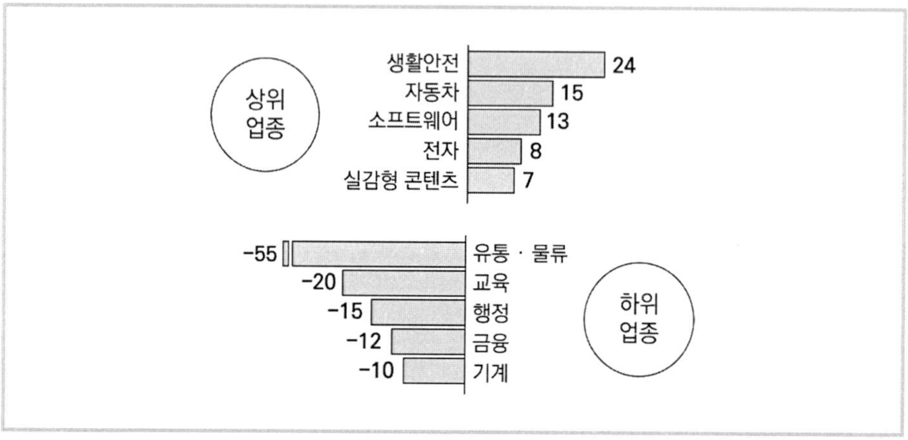

* 상위 업종은 최상의 시나리오, 하위 업종은 최악의 시나리오 기준. 자료=딜로이트컨설팅

특히, 영국 BBC에서 제4차 산업혁명시대에 사라질 위험이 높은 직업으로 텔레마케터, 컴퓨터 입력요원, 법률비서, 경리, 분류업무, 검표원 등 <표 Ⅰ-6>과 같이 제시하고 있다. 또한, 제4차 산업혁명시대의 직업별 인공지능 대체 비율을 살펴보면 청소원, 주방보조원, 매표원 및 복권 판매원 등의 순으로 가장 높고, 조사 전문가, 세무사, 큐레이터 및 문화재 보조원 등의 순으로 가장 높은 것으로 나타났다(<표 Ⅰ-7>).

〈표 Ⅰ-6〉 제4차 산업혁명시대 사라질 위험이 높은 직업(영국 BBC)

단위: 명

순위	직업	Job Title	위험성	종사자 수
1	텔레마케터	Telephone Salesperson	99.0%	43,000
2	(컴퓨터)입력요원	Typist or related keyboard worker	98.5%	51,000
3	법률비서	Legal secretaries	98.0%	44,000
4	경리	Financial accounts manager	97.6%	132,000
5	분류업무	Weigher, garder or sorter	97.6%	22,000

순위	직업	Job Title	위험성	종사자 수
6	검표원	Routine inspector and tester	97.6%	63,000
7	판매원	Sales administrator	97.2%	70,000
8	회계 관리사	Book-keeper, payroll manager or worker	97.0%	436,000
9	회계사	Finance officer	97.0%	35,000
10	보험사	Pensions and insurance clerk	97.0%	77,000
11	은행원	Bank or post office clerk	96.8%	146,000
12	기타 회계 관리자	Financial administrative worker	96.8%	175,000
13	NGO 사무직	Non-governmental Organisation	96.8%	60,000
14	지역 공무원	Local government administrative worker	96.8%	147,000
15	도서관 사서 보조	Library clerk	96.7%	26,000
				총 종사자 수 1,527,000

〈표 Ⅰ-7〉 제4차 산업혁명시대 직업별 인공지능 대체 비율

순위	대체 비율 높은 직업	대체 비율	대체 비율 낮은 직업	대체 비율
1	청소원	1.000	회계사	0.210
2	주방보조원	1.000	항공기조종사	0.239
3	매표원 및 복권판매원	0.963	투자 및 신용분석가	0.253
4	낙농업 관련 종사원	0.945	자산운용가	0.287
5	주차 관리원 및 안내원	0.944	변호사	0.296
6	건설 및 광어 단순 종사원	0.943	증권 및 외환 딜러	0.302
7	금속가공기계조작원	0.943	변리사	0.302
8	청원경찰	0.928	컴퓨터하드웨어 기술자 및 연구원	0.323
9	경량철골공	0.920	기업고위임원	0.324
10	주유원	0.908	컴퓨터시스템 및 네트워크 보안 전문가	0.338
11	펄프 및 종이 생산직(기계조작)	0.905	보건위생 및 환경 검사원	0.345
12	세탁원 및 다림질원	0.902	기계시험원	0.349
13	화학물 가공 및 생산직(기계조작)	0.902	보험 및 금융 상품개발자	0.354
14	곡식작물재배원	0.900	식품공학 기술자 및 연구원	0.367
15	건축도장공	0.899	대학교수	0.380

순위	대체 비율 높은 직업	대체 비율	대체 비율 낮은 직업	대체 비율
16	양식원	0.898	농림어업시험원	0.371
17	콘크리트공	0.897	전기·가스 및 수도 관련 관리자	0.375
18	패스트푸드원	0.890	큐레이터 및 문화재 보존원	0.379
19	음식 배달원	0.888	세무사	0.379
20	가사도우미	0.897	조사 전문가	0.381

한편, 제4차 산업혁명시대 10년－20년 후까지 남는 직업 25개는 레크리에이션 치료사, 정비설치수리 일선 감독자, 위기관리 책임자, 정신건강 약물 관련 사회복지사, 청각 훈련사 등이 있고, 사라질 직업 25개는 전화 판매원, 부동산 등기의 심사조사, 손바느질 재단사, 컴퓨터 이용한 데이터 수집 가공 분석, 보험업자 등 <표 Ⅰ－8>과 같다.

〈표 Ⅰ-8〉 제4차 산업혁명시대 남는 직업과 사라질 직업

순위	10~20년 후까지 남는 직업 상위 25	순위	10~20년 후에 사라지는 직업 상위 25
1	레크리에이션 치료사	1	전화 판매원(텔레마케터)
2	정비설치수리 일선 감독자	2	부동산 등기의 심사조사
3	위기관리 책임자	3	손바느질 재단사
4	정신건강 약물 관련 사회복지사	4	컴퓨터 이용한 데이터 수집 가공 분석
5	청각 훈련사	5	보험업자
6	작업 치료사	6	시계수리공
7	치과교정사의치 기공사	7	화물 취급인
8	의료사회복지사	8	세무신고 대행자
9	구강외과	9	필름사진 현상 기술자
10	소방방재의 제일선 감독자	10	은행 신규계좌 개설 담당자
11	영양사	11	사서 보조원
12	숙박시설의 지배인	12	데이터 입력 작업원
13	안무가	13	시계 조립조정 공학
14	영업 엔지니어	14	보험 청구 및 보험 계약 대행자
15	내과외과	15	증권회사의 일반 사무원
16	교육 코디네이터	16	수주계
17	심리학자	17	대출 담당자
18	경찰형사의 제일선 감독자	18	자동차 보험 감정인

순위	10~20년 후까지 남는 직업 상위 25	순위	10~20년 후에 사라지는 직업 상위 25
19	치과의사	19	스포츠 심판
20	초등학교 교사(특수교육 제외)	20	은행 창구계
21	의학자(역학자 제외)	21	금속목재고무의 에칭 판화 업체
22	초중학교의 교육 관리자	22	포장기계·기계필링 운영자
23	다리(발) 관련 의사	23	구매 담당자
24	임상심리사상담사학교 카운슬러	24	화물 배송 수신계
25	정신건강 상담	25	금속 · 플라스틱 가공용 기계 조작원

출처: 칼프레이 베네딕트·마이클 오스본. 고용의 미래.

04 제4차 산업혁명시대의 유망 직업

한편, 우리나라에서도 정부 선정 대한민국 4차 산업혁명시대 8대 유망 직업으로 [그림 Ⅰ-3]과 같이 제시하고 있고 이러한 8대 유망 직업의 공통점은 [그림 Ⅰ-4]와 같이 정보보안, 사물인터넷, 빅데이터, 스마트 제조 등 ICT라는 점이다.

[그림 Ⅰ-3] 제4차 산업혁명시대 대한민국 8대 유망 직업

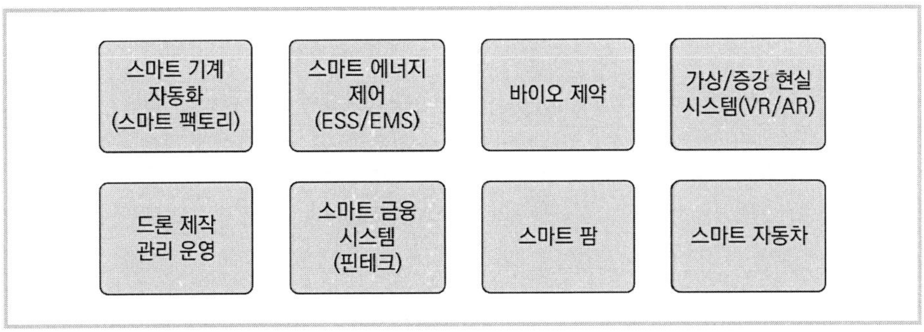

[그림 Ⅰ-4] 제4차 산업혁명시대 대한민국 8대 유망 직업의 공통점

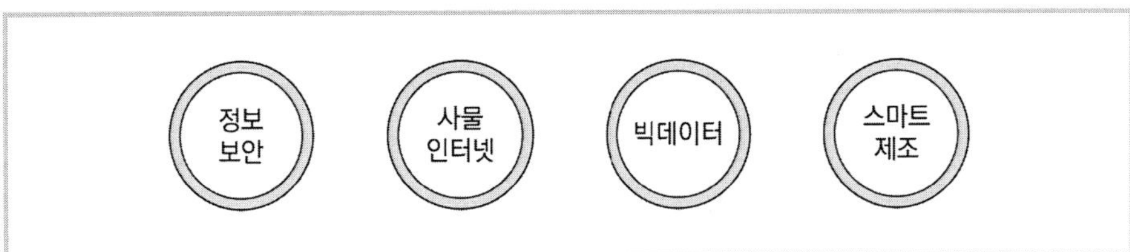

05 제4차 산업혁명시대 미래교육의 방향

제4차 산업혁명시대를 대비하여 미국, 영국, 프랑스, 일본 등 세계 각국의 교육정책 현황을 소개하면 <표 Ⅰ-9>와 같다(서혜숙, 2017).

〈표 Ⅰ-9〉 제4차 산업혁명시대 세계 각국의 교육정책 현황

국가	SW교육	디지털교과서(교수학습) 관련 정책	교육환경(인프라)정책	개인맞춤형 서비스
 (미국)	• 모든 학생을 위한 컴퓨터 과학 교육 정책 추진 발표('16.1월)	• 디지털교과서 활용 가이드라인('15)에 따라 주단위의 디지털교과서 확산 중	• 학교 인터넷 개선, 디지털 학습 강화를 위해 민간과 협력하여 ConnectED('13) 추진, 학교 무선망 확충 • 학생용 기기(아이패드, 구글 크롬북 등) 보급 확대	• 사립학교의 24%가 맞춤학습 시스템 이미 사용 또는 사용 예정
 (영국)	•.'14년 9월부터 초중등학교 모든 학령에서 SW교육 필수화	• 케임브리지, 옥스퍼드 등 민간 출판사 주도 디지털교과서 개발 활용 확산	• (런던)2,500개 학교에 고속 보안네트워크, 문서작성 및 스토리지, 화상회의 시스템 제공	• 영국학교는 edu-tech에 매년 900만 파운드 이상 투자
 (프랑스)	• '16년 9월 신학기부터 SW를 중학교 정규 과목화	• 연구학교 시범적용('09~'11)을 거쳐 디지털교과서 활용 확산 중	• 디지털학교 프로젝트로 '20년까지 교사 100% 초 중학생 70%에 기기(PC, 스마트패드) 보급 계획	• 정부보조금으로 초등학교에 맞춤 학습 솔루션 보급
 (일본)	• '12년부터 중학교, '20년부터 초등학교 SW교육 필수화	• '20년부터 디지털 교과서 전면 도입 계획	• '14년부터 초중고인프라 개선사업 추진, '20년 모든 학교 무선망 완비 목표(교육정보화 비전)·	• 일본 총무성은 교육클라우드 정책을 추진하여 학습 분석 관리

출처: 서혜숙, 2017.

특히, 제3차 산업혁명시대 특징인 표준화, 규격화, 정형화된 교육의 방향을 탈피하여 제4차 산업혁명시대에는 다양성, 창의성, 유연성을 강화하는 방향으로 교육이 변화해야 한다. 이러한 변화를 위해서는 미래교육 콘텐츠, 미래교육 시스템, 미래학교, 미래교육 거버넌스 등 교육 관련 모든 체계가 총체적으로 상호 협력하여 [그림 Ⅰ-5]와 같은 교육 혁신 프레임워크를 설계해야 한다(안종배, 2017).

[그림 Ⅰ-5] 제4차 산업혁명시대 미래교육 혁신 프레임워크

출처: 안종배, 2017.

한편, 제4차 산업혁명시대 미래교육의 혁신 방안은 제도, 학교, 사회, 기술 측면에서 교육과정, 학습평가, 교수학습 영역 등 [그림 Ⅰ-6]과 같이 도식화할 수 있다(김진숙, 2017).

[그림 Ⅰ-6] 제4차 산업혁명시대 미래교육의 혁신 방안

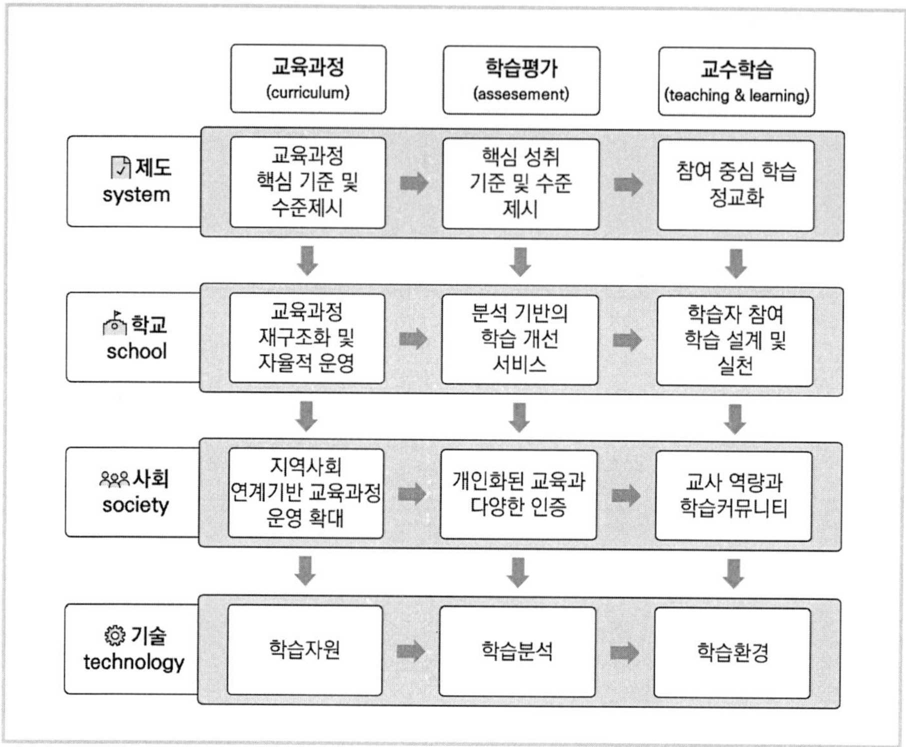

출처: 김진숙, 2017.

안종배(2017)는 제4차 산업혁명시대를 주도할 미래창의혁신 인재의 양성을 미래교육의 비전으로 제시하였고 글로벌 경쟁력을 갖춘 미래 창의혁신 인재를 양성하는 교육, 개인의 창의성과 다양성이 존중되고 행복한 삶과 건강한 사회의 지속 발전에 기여하는 교육을 미래교육의 목표로 제안하였다. 4차 산업혁명시대의 미래교육의 비전, 목표를 토대로 미래교육의 혁신 방향을 정리하면 [그림 Ⅰ-7]과 같이 도식화할 수 있다.

[그림 Ⅰ-7] 제4차 산업혁명시대의 미래교육 방향

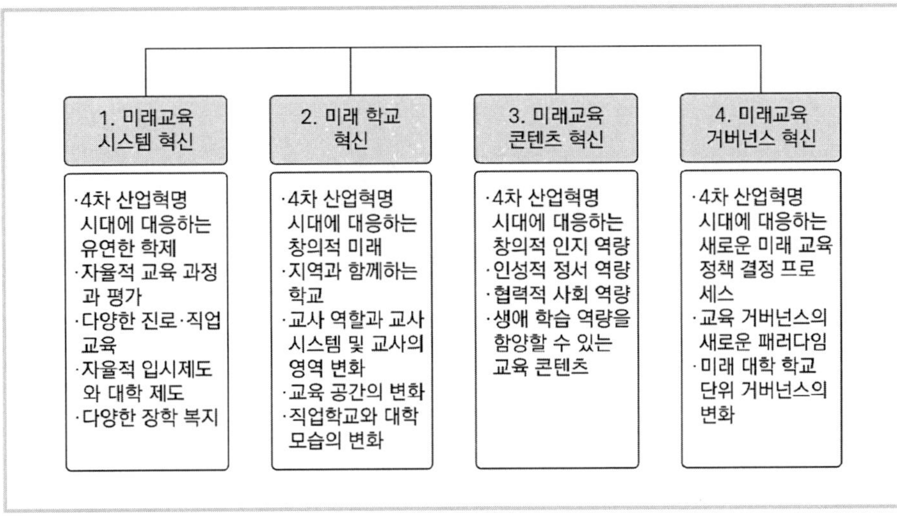

출처: 안종배, 2017.

특히, 제4차 산업혁명시대를 준비하기 위해서는 현재 학생들이 현재에 잘 적응하는 교육 방향을 설정하기 보다는 현재 학생들이 10년, 20년 이후 미래에 잘 적응할 수 있는 역량을 길러주는 교육 방향을 설정할 필요가 있다. 즉, 기존의 선다형 평가 위주의 교육 방법, 단순 암기식 수업 형태, 정답 위주의 입시 체제 등은 미래에 존재하지도 않을 지식을 가르치기 위해 오히려 '시간과 노력의 낭비'라는 결과만 초래할 수 있기 때문에, 4차 산업혁명시대에 필요한 미래교육의 패러다임을 전환할 필요가 있다. 이에 우리나라 교육부에서는 제4차 산업혁명시대의 미래를 전망하고 현재 우리나라 현실을 감안하여 미래교육의 방향을 유연화, 자율화, 개별화, 전문화, 인간화 등 [그림 Ⅰ-8]과 같이 5가지를 제시하였다.

[그림 Ⅰ-8] 제4차 산업혁명시대의 미래교육 방향

미래전망	우리현실		미래교육방향
• 인성·감성·창조적 업무분야 우세 • 문제해결력, 비판적 사고, 창의성 중시 • 에듀테크 산업 발전, 맞춤형 교육 • 지능정보기술 분야 인력수요 증가 • 사회양극화 심화, 인간소외	• 학년제 경직성, 선택 과목 다양성 부족 • 강의식·암기식 수업, 경쟁중심 평가 • 기술을 활용한 개별 맞춤형 교육 미흡 • SW 전문인력 공급 부족, 인력유출 • 교육격차 심화, 정보 취약계층 정보격차	➡	유연화 자율화 개별화 전문화 인간화

출처: 교육부, 2016.

또한, 4차 산업혁명시대에 적합한 미래교육의 목적을 '창의융합 인재 강국 만들기'로 제시하고 구체적인 미래교육의 방향과 추진 전략을 [그림 Ⅰ-9]와 같이 발표하였다(교육부, 2016).

[그림 Ⅰ-9] 제4차 산업혁명시대의 미래교육 추진 전략

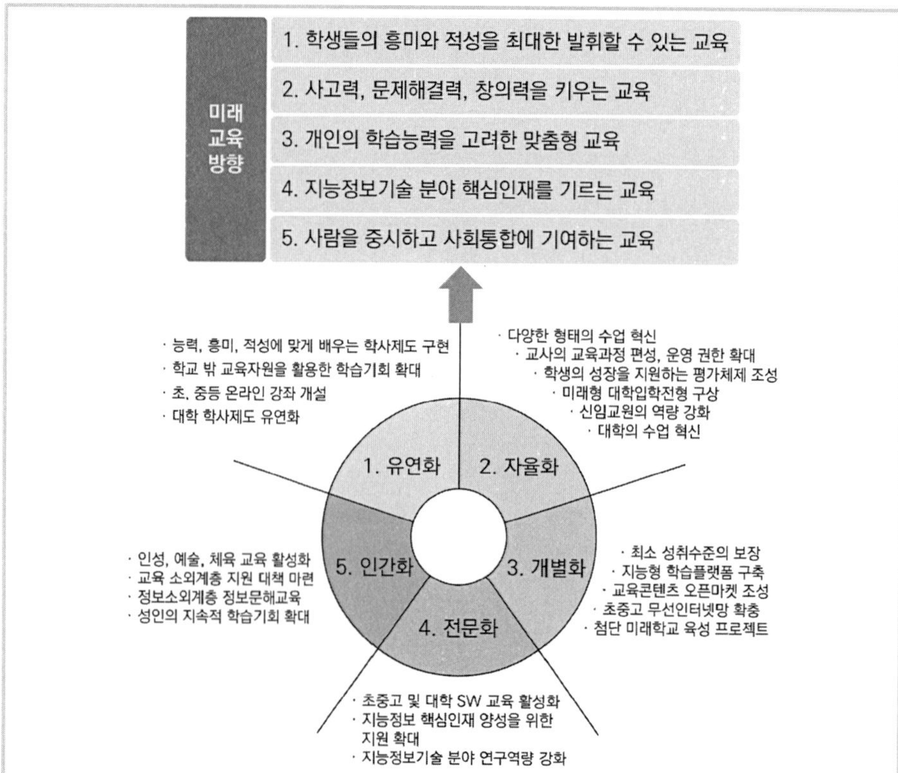

출처: 교육부, 2016.

한편, 제4차 산업혁명시대가 도래함에 따라 불확실한 미래 변화에 빠르게 적응하여 가치있고, 생산성 높고, 유의미한 아이디어와 산출물을 개발할 수 있는 창의인성을 갖춘 인재상을 요구한다. 이러한 21세기 미래인재는 정보통신기술의 발달에 따라 진화하는 지식 기반 사회에 유연하고 탄력 있게 대처할 수 있는 역량이 구비되어야 한다. 따라서 이러한 인재 양성을 위해서는 기존의 표준화된 내용으로 순차적 지식 암기 및 습득을 중요시하는 기존의 교육 패러다임이 아니라, [그림 Ⅰ-10]과 같이 교과 및 체험활동이 융합된 다양하고 특성화된 내용으로 창의적 사고 역량에 중점을 두는 새로운 교육 패러다임이 필요하다(계보경 외, 2016).

[그림 Ⅰ-10] 제4차 산업혁명시대 미래교육의 변화 방향

	교육목표/내용	교육방법/매체/서비스	교수자	학습자
기존의 교육 패러다임	· 선형적, 순차적, 정형화, 표준화된 지식 습득 · 이론 중심 내용 · 짜여진 과도한 분량 · 위계적, 수렴적 사고 · 암기지식 측정 중심의 평가 · 인지적 영역에 초점	· 오프라인교육 · 강의식 수업(교수자 중심 교육방법) · 교과서(텍스트) 중심의 획일적 교육 · 면대면 상호작용	· 지식전달자	· 수동적 학생 · 외재동기 또는 내재동기 · 단선형 인간 · 학력중심 · 학습일 분리 · 개인학습중심
새로운 교육 패러다임	· 다차원적, 비선형적, 비표준화된, 비구조화된 지식 습득 및 활용 · 현장 중심 내용(멀티태스킹) · 유연하고 수준별 적절한 분량 · 창의적, 발산적 사고 · 수행 과정 및 결과에 대한 종합적 평가 · 인지적, 사회적, 정의적 영역 고루 포함	· 온오프라인교육 (Blended Learning) · 토론식/문제기반 수업 (학습자 중심 교육방법) · 교과와 체험활동이 창의융합된 다양하고 특성화된 교육 · ICT 및 멀티미디어 기반 쌍방향 상호작용	· 지식조력자 · 촉진자 · 코치 · 카운셀러	·능동적 학생 ·자기결정성 동기 ·창의·융합형 인간 ·역량중심 ·학습일 병행 ·학습공동체

출처: 계보경 외, 2016.

이 외에도 제4차 산업혁명시대 대학 교육은 교양과 전공 교육과정을 구분하는 이원적인 교육과정이 아니라, 통합적인 교육과정 설계가 필요하다. 제4차 산업혁명시대는 직업 생태계의 변화, 소비 중심에서 공유 중심의 경제 체제 전환, 탈도시화 및 분산화 체제, 인간성 상실의 위기 등 <표 Ⅰ-10>와 같은 다양한 사회 변화가 일어나기 때문에, 대학의 교양교육도 변화하지 않을 수 없다(조헌국, 2017).

〈표 Ⅰ-10〉 제4차 산업혁명시대 대학교육의 변화 및 해결방안

미래사회의 변화	• 직업 생태계의 변화	• 소비 중심에서 공유중심으로의 전환	• 탈도시화, 분산형 체제	• 인간성 상실의 위기
대학의 변화	• 사회변화 적응을 위한 유연한 전공 • 창업 교육 강화	• 학습 자원의 공유	• 인공지능 기반 학습 및 가상 캠퍼스 개발	• 포스트휴머니즘에 따른 인간-기계 상호작용
교양교육의 과제	• 미래사회 핵심역량 진단 및 분석 • 기업가정신 교육 • 자기주도적 전공설계	• 개방형 플랫폼 개발	• 가상현실 시스템 활용 • 글로벌 시민 교육	• 디지털 인문학의 강조 • 인성교육 강화
해결방안	• 유기체적 교양·전공 통합 교육과정 설계 • 중핵 교육과정 고도화 • 융복합 심화 교과목 개발	• 기초학문중심 개방형 교과목 개발	• 학습 진단 도구개발 • 블렌디드 러닝 활성화 • 지역학 교과목 편성	• 협동학습 중심의 교육 및 평가 체계 구축 • 공동체 학습 경험

CHAPTER

2 인성교육의 개념 및 인성 역량

01 인성 및 인성교육 개념

가. 인성(人性)의 개념

인성이란 무엇일까? 인품, 인격, 성품, 성격, 인간성, 도덕성, 심성 등 유사한 말들이 너무나도 많이 있다. '인성'에 대한 사전적 의미는 "사람의 성품이나 개인이 가지고 있는 사고와 태도 및 행동 특성"이다. 그리고 일반적으로 통용되는 '인성'의 의미로는 '사회적으로 인정되는 바람직한 인간적 특성 또는 사람됨'을 말하기도 한다.

우리는 이러한 개념들을 모두 분류하여 규정할 수 있을까? 오랜 시간동안 우리는 이러한 모호한 인성의 개념을 가지고 혼용해 왔다. 그것은 누구의 탓으로 돌릴 문제가 아니라 우리 역사 및 전통과 관련이 깊다고 할 수 있다. 인성의 개념이 우리나라에서 오랜 유학의 전통 속에서 강조되며 명확한 정의를 내리려는 노력 없이 사용되어져 왔기 때문에 다양한 의미를 포괄하는 추상적인 개념으로 자리 잡았다고 분석하였다(장성모, 1996; 조연순, 2007). 또한 우리 사회는 역사적으로 인성의 본질에 대한 이해와 탐구보다 개인적·사회적 덕으로서 포괄적인 개념을 갖춘 인간상을 추구해 왔기 때문이기도 하다. 그러나 인성교육의 구체적 실행과 교육 결과에 대한 평가 등을 위해 인성이 무엇인지에 대한 명확한 개념 규명이 필요하다.

그렇다면 오늘날 인성의 개념은 어떻게 정의되고 있을까? 여러 연구에서 제시되고 있는 인성의 개념은 개별적 성격이나 기질로 이해되거나 인간관계나 감정을 지칭하는 것으로 생각되기도 한다. 또는 여러 개념들을 포괄하는 상위개념으로 설명되기도 한다(박성미, 허승희 2012; 박민서, 2015).

인성은 그 개념 자체가 매우 포괄적이기 때문에 연구자의 관점에 따라 인성을 성격, 인격, 인간의 성품 등으로 다양하게 정의하고 있다. 최근의 많은 연구들에서는 인성의 개념을 인간의 정의적 행동, 책임감, 인내심, 타인이해, 좌절극복, 불안감 극복, 행동하기 전에 생각하기 등 보다 포괄적으로, 구체화되어 제시되고 있다(곽정환, 2003; 김경숙, 2007). 인성의 사전적 의미는 "사람의 성품"이며, 성품은 성격과 품격을 의미한다. 즉, '인성'이란 사람의 성품으로서 "각 개인이 가지고 있는 사고와 태도 및 행동 특성"을 의미한다. 한편, 영어에서 인성에 해당되는 개념으로는 personality와 character를 들 수 있다. 우리는 일반적으로 personality를 심리학적 용어로 이해하면서 도덕성과 다른 중립적인 특성을 지닌 '성격'이라는 의미로 해석하며, character를 인격교육(character education) 개념과 연결하여 도덕적 품성, 도덕적 자질 등을 내포하는 '인격'이라는 의미로 해석한다. 어원적으로, personality는 고대 그리스 시대의 연극 무대에서 배우가 쓰던 가면(persona)에서 유래된 것으로서 사람의 외양적, 행동적, 역할적 특성을 나타내는 데 주로 사용한다. 또한 성격은 정신적인 바탕 혹은 본디부터 지니고 있는 독특한 바탕으로 정의되며, 품격은 물건의 좋고 나쁨의 정도, 혹은 품위, 기품이라고 정의된다(민중 실용국어사전, 2010). 따라서 인성이란 개인의 독특한 특성을 바탕으로 길러지는 그 사람의 사람됨이라고 정의할 수 있다(교육부, 2011). 이러한 인성의 개념은 타고난 기질적 특성이 아니라 후천적으로 획득 가능한 특성으로 볼 수 있다(지은림 외, 2013). 따라서, 인성은 의도적인 학습이나 반복 연습 및 피드백을 통해 습득시킬 수 있는 심성, 특히 학교교육의 맥락에서 학생들에게 함양시켜줄 수 있는 바람직한 성품이라 할 수 있다(조난심, 2004).

한편, 인성을 인격(character), 성격(personality), 도덕(morality), 인간 본성, 인간의 본연이나 인간다운 품성으로 본다면 인성의 의미는 더욱 확대될 수 있다. 다양한 인성에 대한 정의에는 '우리 인간이 지향하고 성취해야 하는 인간다운 면모, 성질, 자질, 품성'이라는 의미가 부분적 또는 전체적으로 내포되어 있다(강성보 외, 2008). 이와 더불어, 오늘날 '인성' 개념은 동서양의 이상적인 인간상을 지향하면서 사회적으로 인정받고 칭찬받을만한 성격적 특성과 도덕 판단 능력, 도덕적 실천 능력, 도덕적 반성 능력 등 도덕적 역량 및 건전한 사회성, 민주적

시민성 등 시민적 역량을 포괄하는 넓은 의미의 도덕성 개념을 포함하여 인간 본연의 사람됨, 인간다운 품성, 도덕적 자질, 덕성, 인격 등을 포괄하는 것이라고 이해된다(유병열 외, 2012).

국내·외 연구에서 언급되어지고 있는 인성의 다양한 정의는 ＜표 Ⅱ－1＞과 같이 정리할 수 있다.

〈표 Ⅱ-1〉 인성의 개념

학자	인성의 개념
서울대학교 교육연구소 편, 『교육학 용어사전』(1994)	• 인간의 지속적 동기의 경향이나 행동 성향의 조직으로서, 이는 인지적 사고나 가치 그리고 신체적 특성을 포함하는 개념 • 감정적이거나 의지적 특성과 같은 정의적 측면을 가리키며, 개인의 독특하거나 두드러진 행위와 생각을 결정한다고 간주되는 심리학적 복합이나 무의식적이거나 내현된 행동 성향
박영태 (2002)	한 개인이 자신을 둘러싸고 있는 대상과의 특정한 형태의 상호 작용으로 표출되는 내면적 특성
심미향 (2004)	유전 및 생물학적 경향성, 사회 경험, 그리고 변화하는 환경과 같은 다양한 내적 그리고 외적 영향력에 따라 변화하는 진화적 과정
강선보 외 (2008)	인간이 도달해야 하는 이상적인 인간다운 성품, 인간 본연의 모습
정희태 (2011)	인간의 마음과 사람됨이라는 두 요소
교육부 (2014)	자신의 내면을 바르고 건전하게 가꾸고, 타인·공동체·자연과 더불어 살아가는데 필요한 인간다운 성품과 역량
황응연(1992)	환경에 대응함으로써 나타나게 되는 행동 및 태도, 동기, 경향성, 인생관과 정서들의 총합을 뜻하며, 사람들에게 있어 시간과 상황에 걸쳐 지속되는 독특한 구조
문용린(1997)	개인의 심리적이거나 행위적인 성향
임승권(1994)	성격적 특성에 따라 고유하고 일관된 반응 양식을 보이는 것으로 대인관계에서 나타나는 개인의 인상
서울시교육연구원 (1994)	여러 가지 환경에 대하여 제각기 나름대로 반응하는 일관적인 행동의 구조와 역동의 특성
울산광역시교육청 (1998)	그 사람의 가치관, 도덕적 성숙, 정신적 수양 등을 포괄하는 개념으로서, 사람의 삶의 방향과 도덕적 행위의 질적 수준을 결정
한국교육연구원 (1997)	개인의 정신 능력, 흥미, 태도, 기질 등과 그 외의 사고와 감정, 행동에서의 개인차의 총합

학자	인성의 개념
조연순(2007)	자신의 내면적 요구와 사회 환경적 필요를 지혜롭게 잘 조화시킴으로써 세상에 유익함을 미치는 인간의 특성
조난심(2004)	태어나면서 지니고 있는 성격이나 특질의 개념의 아니라, 의도적 교육이나 학습에 의해 습득하거나 변화가 가능한 인간의 성품을 지칭
이근철(1996)	좁게는 도덕성, 사회성 및 정서(감정) 등을 의미하지만, 넓게 보면, 지·덕·체 또는 지·정·의를 모두 골고루 갖춘 전인성을 의미
이윤옥(1998)	다른 사람에게 주는 그 사람의 전체적인 인상으로 성품, 기질, 개성, 인격 등 가치개념의 의미를 내포
미교육부(2007)	존중, 공정성, 보살핌 등의 도덕적, 윤리적 가치와 책임감, 신뢰, 시민성 등을 망라하는 개념이며, 이러한 가치들을 행동하고 추론하며, 정서 속에서 증명하는 것
미교육부(2008)	개인 또는 집단의 정서적, 지적, 도덕적 자질은 물론 이러한 자질들이 친사회적 행동으로 발현되는 것
교육부(2002)	도덕성, 사회성, 정서를 포함한 바람직한 인간으로서의 성품을 기르는 교육
한국교육개발원(2004)	덕성을 바탕으로 교양과 능력을 겸비한 인간으로 기르는 교육
남궁달화(2003)	마음의 발달을 도모하고, 자아실현을 가능하게 하며, 더불어 살기 위해 알아야 할 것을 가르치는 것
김동위(1993)	현대적인 휴머니즘의 핵심적인 요인들을 기초로 하여 인격을 깨우쳐 주는 교육이거나 또는 현대사회의 비인간화 현상을 극복하고자 하는 교육의 목표, 내용, 방법 등의 총칭
조난심(1997)	인간다운 인간을 기르기 위하여 인간다운 품성을 함양시키는 교육
미교육부(2007)	사람들이 가족, 친구, 이웃, 지역사회, 국가의 일원으로 함께 살아가고 일하는 데 도움을 주는 바람직한 사고와 행동의 습관화를 위한 일련의 교육
미교육부(2008)	사람들로 하여금 가족, 친구, 이웃, 지역사회, 국가의 일원으로 함께 살고 일하도록 하는데 도움을 주는 사고와 행동의 습관을 가르치는 것
Hoge(2002)	바람직한 인간의 자질과 특성 개발에 영향을 주는 의식적, 외현적 노력

특히, 학자들이 언급한 인성의 개념은 자기와 타인 2가지 측면에서 분류해 보면 <표 Ⅱ-2>와 같이 정리할 수 있다.

〈표 Ⅱ-2〉 인성에 대한 학자들의 개념 및 영역

구분 학자	인성의 정의	영역	
		자기	타인
김용래 (1990)	시간과 상황에 걸쳐 지속되며, 사람들을 구별해 주는 특징적인 사고, 감정, 행동의 양식	지속적인 사고, 감정	타인과 관련된 행동의 양식
남궁달화 (1999)	한 사람의 마음의 바탕과 사람됨의 바탕	마음	사람됨
이근철 (1996)	사람이 지니는 총체적인 성질을 표현하는 것으로 인격, 성격, 성질, 품격 등의 의미를 총괄적으로 내포	총체적 성질	총체적 성질
이성호 (1996)	좁게는 도덕성, 사회성 및 정서(감정)등을 의미하지만 그것을 좀 넓게 보면 인성은 지·덕·체 또는 지·정·의를 모두 골고루 갖춘 전인성을 의미	도덕성, 정서(감정)	사회성
이윤옥 (1998)	다른 사람에게 주는 그 사람의 전체적인 인상으로, 성품, 기질, 개성, 인격 등 가치개념의 의미를 내포	기질, 개성, 인격	타인에게 주는 인상
윤운성 (1998)	지·정·의를 포함하는 마음과 가치 지향적인 행동을 포함하는 특정한 반응양식의 개념	가치 지향적인 행동	특정한 반응양식
한국 교육 학회 (1998)	사람의 마음의 바탕이 어떠하며, 사람된 모습이 어떠하다는 것을 말하는 개념으로 사람의 '마음'과 '사람됨'이라는 두 가지 요소로 이루어짐(특정적인 반응양식 내지 행동양식)	마음과 사람됨 (행동양식)	타인 속에서의 사람됨 (반응양식)
황의연 (1992)	환경에 대응하면서 나타나게 되는 행동 등의 총합	개인이 환경에 적응	환경 속에 타인이 포함
Sullivan (1968)	인간생활을 특징짓는 재현적, 인간 상호적 장면의 지속적 유형	재현적	인간상호적
Guilford (1969)	인성을 대단히 광범위한 용어로 사용하면서 인간의 모든 개인적 특성 즉 개인의 신체적 특성, 지적 특성, 흥미들을 모두 포함	개인적 특성	
Rogers (1977)	인성을 우리 모든 경험의 중심이 되는 자아 즉 조직된, 항구적인 그리고 주관적으로 지각된 실체(entity)	자아, 주관적 실체	
Gordon (1981)	한 개인의 진짜 모습 즉, 그의 활동을 지시하고 이끌어가는 내부에 있는 그 어떤 것	내부의 어떤 것	

학자 \ 구분	인성의 정의	영역	
		자기	타인
Erikson (1965)	인간은 일생 동안 여러 단계의 심리 사회적 위기를 당면한다고 보고, 인성이란 그에 따른 결과로서 기능을 하는 것	심리적 위기 극복	사회적 위기 극복
Kelly (1974)	개인이 자기의 생활 경험으로부터 스스로 의미를 만들어가는 자기 나름의 독특한 방법	자기의 독특한 방법	경험 속에서 타인과의 관계

지금까지 살펴본 바와 같이, 인성의 개념은 윤리학적 접근, 심리학적 접근, 교육학적 접근 등 3가지 관점에서 바라볼 수 있다(유병열 외, 2012). 따라서, 인성교육에 대한 (도덕)교육학적 접근은 심리학적 차원의 성격(personality)으로서 인성 개념과 윤리학적 차원의 인격(character)으로서 인성 개념과 긴밀한 상관관계를 유지하면서 도덕성(morality)으로서 인성 개념을 발전시킨다. 즉, 인성교육에 대한 (도덕)교육학적 접근에서 인성 개념은 건전한 사회성, 순화된 정서, 원만한 자아 개념 등 다양한 요소들과 관련을 맺으면서 행위 주체의 도덕적 품성과 자질, 그리고 도덕적 역량 및 시민적 역량의 계발을 강조한다.

[그림 II-1] 인성의 개념

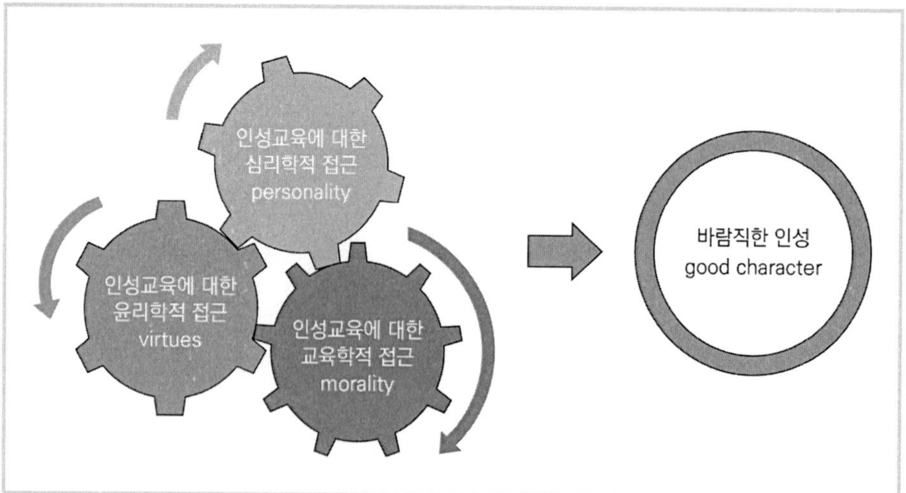

나. 인성교육의 개념

인성의 개념은 오랜 세월 다양한 의미로 사용되어 왔고 그 범위 또한 광대하다. 하지만 인성의 의미를 어떻게 파악하더라도 우리 인간이 지향하고 성취해야 하는 인간다운 면모, 성질, 자질, 성품, 덕성이라는 의미가 부분적 또는 전체적으로 내포되어 있다. 또한 인성이란 부분적으로는 선천적으로 타고나는 기질임과 동시에 후천적인 노력에 의해서 만들어지거나 변화할 수 있다. 그리고 이러한 후천적 변화를 위한 노력을 교육이라 부르고 있다. 따라서 인성을 대상으로 그 변화를 위해 제공되는 일련의 교육이 바로 '인성교육'이다. 하지만 인성의 개념과 범위가 광범위한 것과 마찬가지로 인성교육에 대한 개념도 시대의 흐름이나 연구자의 관점 등에 따라 다양하다. 인성교육의 개념은 정리하면 <표 Ⅱ-3>과 같다.

〈표 Ⅱ-3〉 인성교육의 개념

학자	인성교육의 개념
교육부(2002)	도덕성, 사회성, 정서를 포함한 바람직한 인간으로서의 성품을 기르는 교육
한국교육개발원(2004)	덕성을 바탕으로 교양과 능력을 겸비한 인간으로 기르는 교육
남궁달화(2003)	마음의 발달을 도모하고, 자아실현을 가능하게 하며, 더불어 살기 위해 알아야 할 것을 가르치는 것
김동위(1993)	현대적인 휴머니즘의 핵심적인 요인들을 기초로 하여 인격을 깨우쳐 주는 교육이거나 또는 현대사회의 비인간화 현상을 극복하고자 하는 교육의 목표, 내용, 방법 등의 총칭
조난심(1997)	인간다운 인간을 기르기 위하여 인간다운 품성을 함양시키는 교육
미교육부(2007)	사람들이 가족, 친구, 이웃, 지역사회, 국가의 일원으로 함께 살아가고 일하는 데 도움을 주는 바람직한 사고와 행동의 습관화를 위한 일련의 교육
미교육부(2008)	사람들로 하여금 가족, 친구, 이웃, 지역사회, 국가의 일원으로 함께 살고 일하도록 하는데 도움을 주는 사고와 행동의 습관을 가르치는 것
Hoge(2002)	바람직한 인간의 자질과 특성 개발에 영향을 주는 의식적, 외현적 노력

출처: 정창우(2015). 인성교육의 이해와 실천. 교육과학사.

위와 같은 연구자들의 정의를 바탕으로 인성교육의 개념을 정리하자면 인성교육이란 '인간으로서 필요한 올바른 덕성을 바탕으로 타인과 사회 속에서 함께 어울리며 살아갈 수 있는 사고와 행동의 습관을 가르치는 교육'으로 정리할 수 있다.

지금까지 살펴본 바와 같이 인성교육은 자신의 내면은 바르고 건전하게 가꾸고 타인, 공동체, 자연과 더불어 살아가는데 필요한 인간다운 성품과 역량을 길러주는 일이라 할 수 있다(정창우 외, 2013). 이러한 인성교육의 개념을 [그림 Ⅱ-2]와 같이 도식화할 수 있다.

[그림 Ⅱ-2] 인성교육의 개념

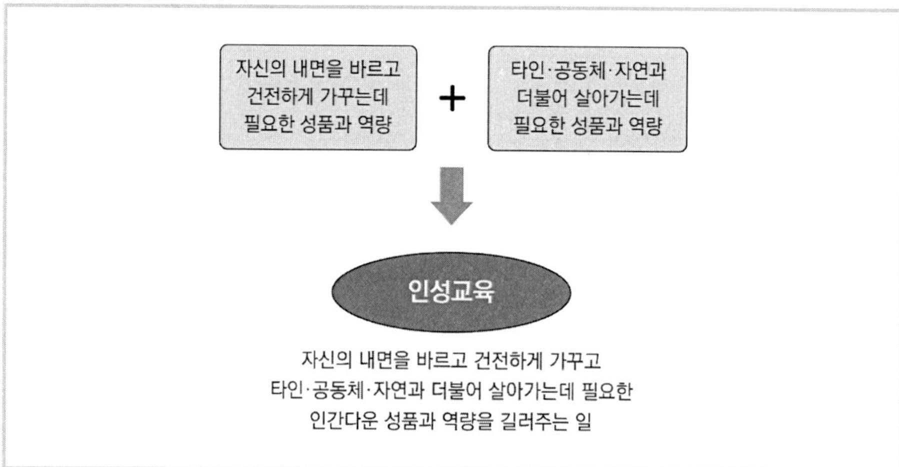

출처: 정창우·손경원·김남준·신호재·한혜민(2013). 학교급별 인성교육 실태 및 활성화 방안. 2013년 정책연구개발사업 보고서.

02 인성 역량 및 덕목

가. 인성의 구성요소

학자들이 제시한 인성 덕목은 <표 Ⅱ -4>와 같이 요약 정리할 수 있다. 또한, 학자들이 제시한 인성의 범주는 <표 Ⅱ -5>와 같이 요약 정리할 수 있다.

〈표 Ⅱ-4〉 학자들이 제시한 인성 덕목

학자	주요 덕목
Lickona(2004)	지혜, 정의, 불굴성(fortitude), 자기통제, 사랑, 긍정적 태도, 근면, 성실, 감사, 겸손
Seligman(2002)	지혜와 지식, 용기, 인간애(humanity), 정의, 절제, 초월성
Borba(2004)	공감, 분별력, 자기통제, 존중, 친절, 관용, 공정성
유병열(2008)	도덕적 지혜(도덕적 사고·판단력), 자주(자아존중감), 성실(정직, 근면), 절제, 효도, 예절, 준법, 배려, 책임, 협동, 정의, 애국애족, 인류애
한국국민윤리학회(1993)	경천사상, 조화정신, 생명존중사상, 평화애호정신, 선비정신, 장인정신, 공동체의식, 경로효친 사상, 풍류정신
천세영 외(2012)	정직, 책임, 공감, 소통, 긍정, 자율
지은림 외(2012)	정직, 책임, 윤리, 배려(봉사), 공감, 긍정적 자기이해, 자기조절
현주 외(2014)	자기존중, 성실, 배려·소통, (사회적) 책임, 예의, 자기조절, 정직·용기, 지혜, 정의, 시민성
정창우 외(2014)	지혜, 절제, 용기, 성실, 효도, 예절, 존중, 배려, 책임, 협동, 준법, 정의

출처: 현주 외(2014). 초·중등 학생 인성수준 조사 및 검사도구의 현장 활용도 제고 방안 연구. 한국교육개발원 수탁 연구.

〈표 Ⅱ-5〉 인성의 범주

학자	인성의 범주
Partick Kariuki 외(2006)	• 도덕적 행동(약물사용, 음주, 성적행동 등에 대한 학생의 행동과 관련된 문항) • 책임감(학문적 수행, 숙제와 과제를 제시간에 처리하기, 방과후활동이나 가정에서의 책임감 있는 행동 등) • 정직 • 윤리
Nucci L. (2008)	• 덕목, 도덕적 원리, 보살핌의 윤리, 사회적 관습, 개인적 목표와 자기충만
교육개혁위원회 (1995)	• 예절, 기초 질서(교통 질서), 공동체 의식 교육[유치원~초3] • 민주 시민 교육(인간 존중, 공공법 질서, 합리적 의사결정 등)[초4~중학교] • 세계 시민 교육(타문화의 올바른 이해, 평화 교육, 외국여행 에티켓 등)[고등학교]
한국교육개발원 (1994)	• 기본 생활 습관(규칙적인 생활, 정리 정돈, 청결 위생, 물자 절약) • 자아 확립(정직, 근면, 성실, 자주) • 효도·경애(기본 예절, 효도, 경애) • 공동체 의식(질서, 협동, 준법, 타인 존중, 책임, 봉사, 정의감)
이명준(2011)	• 신뢰성, 존경, 책임, 공정성, 배려, 시민의식, 심미성
김정우(2011)	• 신뢰성, 존경, 책임, 공정성, 배려, 시민의식
조난심(2004)	• 도덕과 교육과정의 개인적 인성 요소(생명존중, 성실, 정직, 자주, 절제, 경애, 효도) • 도덕과 교육과정의 사회적 인성 요소(예절, 협동, 준법, 책임, 타인배려, 정의, 공동체 의식, 민족애, 인류애) • 21세기에 필요한 개인적 인성 요소(자기 주도성, 관용, 사고의 유연성) • 21세기에 필요한 사회적 인성 요소(타문화 이해)
강선보(2008)	• 관계성(상호 관계적 삶을 추구하는 공생인) • 도덕성(도덕적 통합성을 추구하는 인격인) • 전일성(인간의 모든 측면이 조화롭게 발달한 전인) • 영성(초월적인 것을 체험하는 영성인) • 생명성(인간의 모든 측면이 조화롭게 발달한 전인) • 창의성(삶과 상황을 재창조하는 창의인) • 민주시민성(공동체에 참여하는 민주시민)
이돈휘(2002)	• 경로효친, 정직, 절제, 근면과 성실, 생명존중, 타인배려, 평등과 인권존중, 공정성, 신의, 용기, 책임·협동, 민주성, 애국·애족, 인류애, 공동체의식, 환경보호, 성윤리, 정보윤리

학자	인성의 범주
안병희(2005)	• 신용, 존중, 책임감, 공정, 배려, 시민의식(유치원·초등학교) • 신용, 타인존중, 책임감, 공정과 정의, 배려, 시민의식, 정직, 용기, 성실(중·고등학교)
문용린 외(2011)	• 인간관계 중심 덕목(정직, 약속, 용서, 배려, 책임, 소유) • 인성의 판단능력(도덕적 예민성, 도덕적 판단력, 의사결정능력, 행동실천력)

인성은 매우 포괄적인 개념을 내포하고 있기 때문에 다양한 관점으로 정의될 수 있다. 위의 여러 연구자들이 말하고 있는 인성의 정의는 다소 차이를 보이고 있지만 그 공통점을 살펴보면, 인성을 개인적 특성이며 지적, 정의적, 행동적 영역을 총체적으로 지칭하고 있다는 것을 알 수 있다. 그리고 인성은 선천적으로 가지고 태어나는 것이 아니라 후천적 노력과 환경에 의해 변할 수 있는 것이며 특히 인성의 범위를 개인적 영역뿐만 아니라 시공간적인 타인과 관계를 통해 단계적으로 성숙해 나가는 것으로 정의하고 있다. 지은림 외(2014)는 인성 영역 중 개인적 차원을 다시 개인 내, 개인 간으로 구분하여 개인적 차원, 대인관계적 차원, 사회(세계)적 차원의 3단계로 세분화하여 <표 Ⅱ-6>와 같이 제시하고 있다.

〈표 Ⅱ-6〉 상황 수준별에 따른 인성 구성 요소

구분	개인적 차원	대인관계적 차원	사회(세계)적 차원
정범모 (1992)	• 높은 지력 • 예민한 인간적 감수성 • 투철한 가치관 • 굳센 의연성		• 넓은 국제시야와 미래 전망
Lickona (1993)	• 도덕적 자각, 도덕적 가치 인식, 도덕적 추론, 의사결정, 자아에 대한 지식, 양심 • 선을 사랑하는 마음 • 자아통제 및 겸손	• 관점의 조망 • 감정이입 • 의사소통, 경청, 협동 • 자신의 의사를 표현하는 능력	

구분	개인적 차원	대인관계적 차원	사회(세계)적 차원
조연순 외 (1993)	• 자신감 • 자아수용 • 자기표현 • 자기통제	• 권위의 존중과 수용 • 예의범절 • 효/사랑/배려 • 정직/신뢰 • 준법정신/봉사정신 • 협동정신	• 책임감 • 정의감 • 애국심 • 환경보호의식
Pearson & Nicholson (2000)	• 책임 • 자제 • 용기 • 자아존중	• 정직 • 존중 • 친절 • 감정이입	• 공정성 • 정의 • 시민의 덕
조난심 외 (2004)	• 성실 • 정직 • 자주 • 절제 • 자기주도성 • 사고의 유연성	• 예절 • 협동/준법/책임 • 타인배려 • 효도/경애 • 관용(개방성)	• 정의 • 공동체 의식 • 민족애 • 인류애 • 타문화 이해 • 생명존중
강선보 외 (2008)	• 도덕성 • 전일성 • 영성 • 창의성	• 관계성	• 민주시민성 • 생명성
박성미, 허승희 (2012)	• 긍정적인 생활태도 • 심리적 소양 • 도덕적 판단력	• 타인에 대한 존중 • 타인에 대한 용서와 관용	• 사회구성원으로서의 역할과 책임 • 세계시민의식

출처: 지은림·이윤선·도승이(2014). 인성측정도구 개발 및 타당화. 윤리교육연구, 35, 151-174.

이렇듯 인성의 구성요소들은 우리가 말하는 도덕, 덕목, 역량 등의 용어와 매우 유사함을 알 수 있다. 앞서 말했듯이 여전히 인성의 개념을 명확히 하기란 쉽지 않다. 하지만 위의 인성 구성요소에서 볼 수 있듯이 인성이란 인간이 타고난 성질만을 의미하는 것이 아니라, 나를 넘어 타인 그리고 사회 속에서 살아가기 위해서 갖추어야 할 중요한 인간의 기본적 자질이라 할 수 있다.

나. 인성 역량

인성교육에서 길러야 할 핵심 역량은 공간적 범위의 확대에 따라 <표 Ⅱ-7>

과 같이 제시할 수 있다.

〈표 Ⅱ-7〉 인성 핵심 역량과 지적, 도덕적, 시민적 덕성

영역	인성 핵심 역량	관련 덕성
도덕적 주체로서의 나	자기성찰 능력	지혜, 성실
	창의력	지혜, 자주
	문제 및 갈등해결 능력	지혜, 협동
	자기관리 능력	절제, 성실
	긍정적 태도	존중, 자주
우리·타인과의 관계	공감과 수용 능력	배려, 정의
	대화와 소통 능력	협동, 존중
	대인관계 능력	존중, 배려
사회·국가·지구 공동체와의 관계	시민적 참여 능력	책임, 정의
	다문화 시민성	정의, 배려
자연·초월적 존재와의 관계	자연친화 능력	배려, 책임

출처: 유병열(2015). 인성교육의 덕교육적 접근과 실천 원리에 관한 연구. 한국초등교육, 26(1), 309.

특히, 천세영 외(2012)의 연구와 교육부(2012)의 <학교폭력근절종합대책>에서 발표된 3영역, 6역량, 6핵심 덕목의 모델을 바탕으로 하고 있다. 즉, 미래 사회의 핵심역량으로서 요구되고 있는 사회성과 감성 능력을 기르는데 초점을 맞추고 여기에 실제적 삶 속에서 겪게 되는 옳고 그름에 대한 윤리적 판단 능력과 책임있는 의사결정을 기를 수 있는 핵심 윤리적 가치·덕목을 인성의 구성 요인으로 하였다. 이에 따라 인성을 도덕성, 사회성, 감성의 3영역으로 분류하고([그림 Ⅱ-3])3영역에 따른 6개의 역량인 핵심가치 인식, 책임있는 의사결정, 사회적 인식, 대인관계, 자기인식, 자기관리와 6개의 핵심 덕목인 정직, 책임, 공감, 소통, 긍정, 자율을 제시하였다(<표 Ⅱ-8> 참조).

[그림 Ⅱ-3] 인성의 3차원과 핵심역량

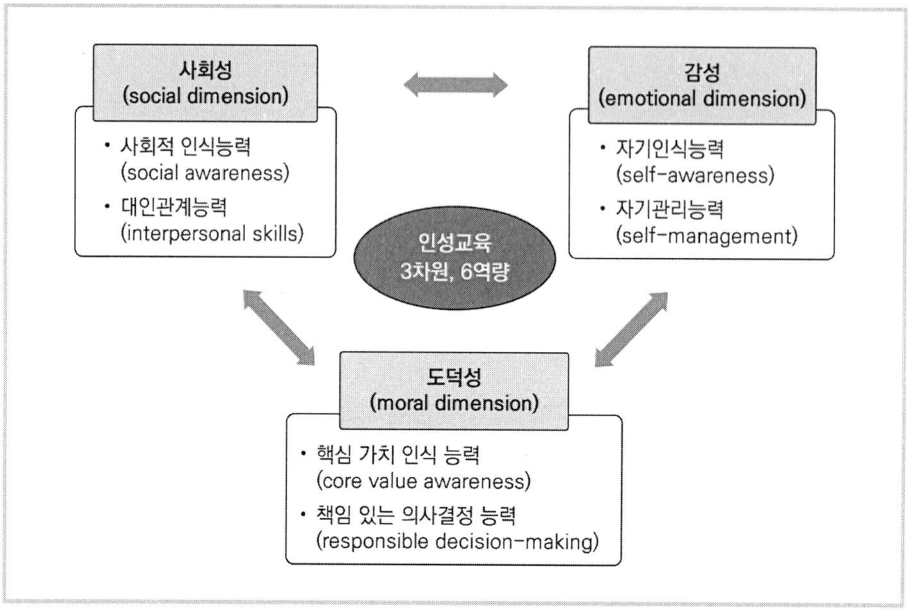

출처: 차성현(2012). 인성교육 개념의 재구조화, 제6회 청람교육포럼 겸 제53차 KEDI 교육정책포럼 발표자료.

〈표 Ⅱ-8〉 인성의 3가지 차원과 핵심역량

차원	역량	핵심덕목	주요 내용
도덕성	• 핵심가치인식 • 책임 있는 의사결정	• 정직 • 책임	다양한 윤리적 상황에서 중요한 핵심가치가 무엇인지를 인식하고 판단하는 능력과 책임 있는 의사결정을 하는 능력
사회성	• 사회적 인식 • 대인관계	• 공감 • 소통	다양한 상황과 장소에서 타인의 생각, 감정, 관점을 이해·파악하고, 타인과 긍정적인 관계를 형성·유지하고 소통하는 능력
감성	• 자기인식 • 자기관리	• 긍정 • 자율	자신의 강점, 약점, 흥미, 능력 등을 파악하며, 개인적 목표를 설정하고 목표달성을 위해 자신의 생각과 행동을 조절·실행하는 능력

다. 인성 덕목

학교 인성교육을 위한 주요 인성덕목을 소개하면 <표 Ⅱ-9>와 같이 정리할 수 있다(유병열 외, 2012). 지혜, 용기, 성실, 절제, 효도, 예절, 존중, 배려, 책임, 협동, 준법, 정의를 포함하여 12개의 주요 덕목들은 삶의 상황에서 윤리적 판단이나 의사결정을 안내하는 역할을 하고, 학생들이 함양해야 하는 덕성의 필수 요소이자 덕성을 떠받치는 기둥 역할을 한다. 각 덕목의 의미와 특성 및 하위 덕목과의 관계를 제시하면 [그림 Ⅱ-4]와 같다.

[그림 II-4] 인성교육을 위한 덕목 구성

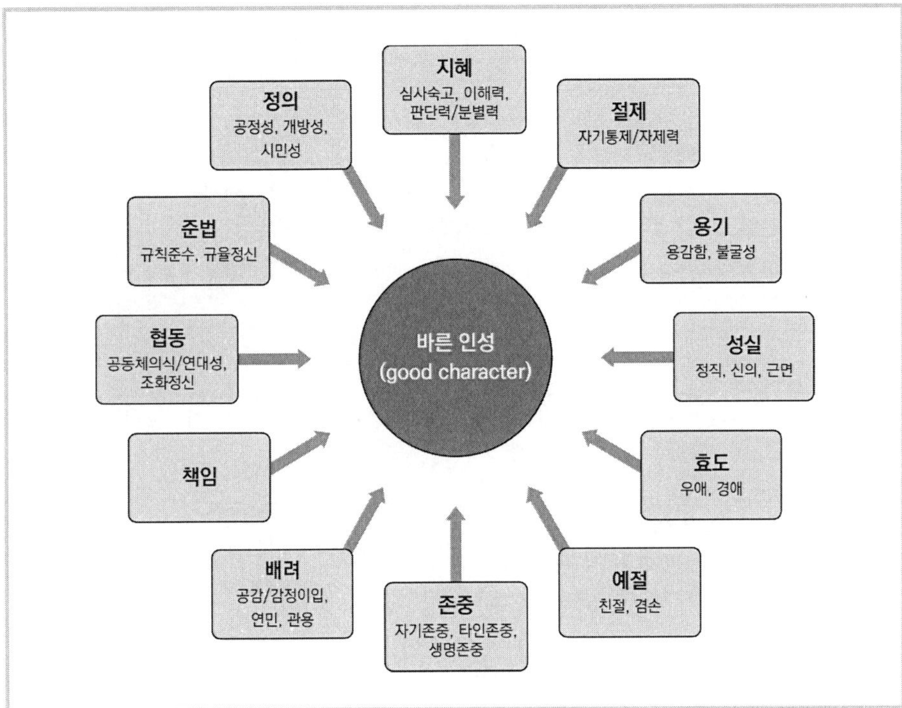

〈표 II-9〉 학교 인성교육을 위해 추구해야 할 주요 덕목

주요 덕목	의미 및 도덕적 기능	관련(하위) 덕목·인격특질	교육적 기대 효과	
			자기·타인	사회·자연
지혜 (wisdom)	• 훌륭한 판단으로서 모든 덕을 지도하는 것 • 다른 덕들을 어떻게 실행해야 하는가를 말해줌 • 서로 다른 덕들 간에 어떻게 균형을 취해야 하는지를 말해줌 • 올바른 사려분별을 하게 해주어 삶에서 중요한 것의 우선순위를 깨닫게 해줌	• 심사숙고 (deliberation) • 이해력 (understanding) • 판단력/분별력 (judgment)	• 전체 덕목 간에 조화와 균형을 찾아감으로써 '좋은 삶'과 '행복한 삶'의 실현을 위해 핵심적 역할	

주요 덕목	의미 및 도덕적 기능	관련(하위) 덕목·인격특질	교육적 기대 효과	
			자기·타인	사회·자연
용기 (courage)	• 자신이 옳다고 믿는 것을 옹호하고 실천하려는 의지와 능력 • 난관에 직면했을 때에도 자신이 설정한 목표를 성취하기 위해 강한 의지력을 발휘하는 정서적인 힘	• 용감함(bravery) • 불굴성 (fortitude/perseverance)	• 도덕적 양심과 행동의 일치 • 타인에게 도움 제공(헌신)	• 공동체의 존속 및 발전에 참여
성실 (integrity)	• 도덕원리(moral principles)를 준수하고 도덕적 양심에 충실하여 자기가 한 말을 실행하고 자기가 믿는 것을 지켜 나가는 것 • 성실성을 가진다는 것은 '전체성(wholeness)', 즉 전체적으로 일관성을 지니는 것 • 자기 자신과 다른 사람에게 진실을 말하는 것	• 정직(honesty) • 신의 (faithfulness) • 근면(diligence)	• 진실한 삶 • 성찰하는 삶 • 지행일치	• 애국(충성) • 자연보전
절제 (temperance)	• 우리 스스로를 다스릴 수 있는 능력. 과도(excess)에 맞설 수 있는 힘 • 유혹에 저항할 수 있는 힘이자 만족을 지연시킬 수 있는 능력 • 기분을 조절하고 육체적 욕구와 결정을 규율하며 정당한 쾌락도 적절하게 추구하게 해줌	• 자기통제/자제력 (self-control)	• 개인적 욕구 및 분노조절 • 타인과의 조화로운 삶	• 사회의 건전성 • 자연보전
효도 (filial Piety)	• 모든 행위의 근원이며 동시에 인을 행하는 근본 • 부모님을 정신적으로 편안하고 기쁘게 해드리는 것(養志)과 부모님을 육체적·물질적으로 봉양하는 것을 말함(養口體)	• 우애(友愛) • 경애(敬愛)	• 효도하고 우애 있는 삶	• 웃어른을 공경하는 풍토 조성
예절 (etiquette)	• 예의에 관한 모든 절차나 질서를 준수하려는 마음가짐과 태도 • 일정한 격식을 갖춘 행동으로 나타남	• 친절(kindness) • 겸손(humility)	• 공손 • 친절한 삶	• 공중도덕준수 • 글로벌 에티켓 준수

주요 덕목	의미 및 도덕적 기능	관련(하위) 덕목·인격특질	교육적 기대 효과	
			자기·타인	사회·자연
존중 (respect)	• 사람이나 사물을 기본적으로 그들의 존재만으로 존중할 가치가 있다를 인식하고, 그 가치에 대하여 소중히 여기는 것 • 인간이 스스로를 존중하는 것으로부터 시작해서 나아가 모든 사람과 생명체, 사물은 그들만의 가치가 있으며 그 가치를 인정하고 소중히 하고자 하는 기본 윤리에 해당	• 자기존중(self-respect) • 타인존중(respect for others) • 생명존중(respect for life)	• 자신과 타인을 존중하는 삶	• 타문화존중 • 생명존중 (인류애·자연애)
배려 (caring)	• 정의를 넘어서는 것으로서 공정함에 머무르기보다는 그 이상의 필요한 것을 주는 것 • 공감, 연민, 관대, 봉사, 용서 등으로 구성 • 필요를 헤아리고 요구에 반응하는 덕. • "네 이웃을 네 몸과 같이 사랑하라."를 진지하게 고려해야 함	• 공감/감정이입 (empathy) • 연민(com-passion) • 관용(tolerance)	• 자기인식을 바탕으로 한 자기배려 • 타인배려 • 봉사하는 삶	• 동식물에 대한 배려
책임 (responsibility)	• 맡아서 해야 할 역할과 의무에 대한 의식과 헌신 • 자기 자신, 가족, 지역공동체, 국가, 지구공동체에 대한 역할과 의무를 인식하면서 사랑과 헌신으로 이러한 역할과 의무를 수행하려는 것 • 자신의 행위 혹은 행위결과에 대한 책임 & 자기 존재의 미래에 대한 미래지향적인 책임		• 개인의 행위책임 중시 • 자신의 미래에 대한 책임 중시 • 타인에 대한 책임 중시	• 집단행위에 대한 공동책임 중시 • 국가에 대한 책임 중시 • 동식물에 대한 책임 중시
협동 (Cooperation)	• 사회의 공동선을 창출하고 증진하기 위해 구성원들이 힘과 뜻을 모아 노력하는 것 • 공동의 목표를 성취하기 위해 구성원들의 힘과 능력을 집약시키는 것 • 공동체가 발전하고 번영하기 위한 필요조건	• 공동체의식/연대성(community spirit & solidarity) • 조화정신 (harmony)	• 상호 신뢰형성	• 사회의 공동선 증진을 위해 노력

교육부에서는 2013년 8월에 교육기본법, 국가 교육과정 등에 제시된 주요 인성을 바탕으로 미래 인재에게 요구되는 친사회적 인성을 7대 핵심 덕목으로 선정하고, 학생들이 이 덕목들을 학교급별로 학년 수준에 맞게 체계적으로 갖출 수 있도록 종합적인 인성교육을 추진하였다. 당시 교육부에서 제시한 기본인성 덕목은 정직, 책임, 존중, 배려, 공감, 소통, 협동의 7가지이며, 이들을 도식화하면 다음과 같다.

[그림 Ⅱ-5] 교육부 인성교육 7대 핵심덕목

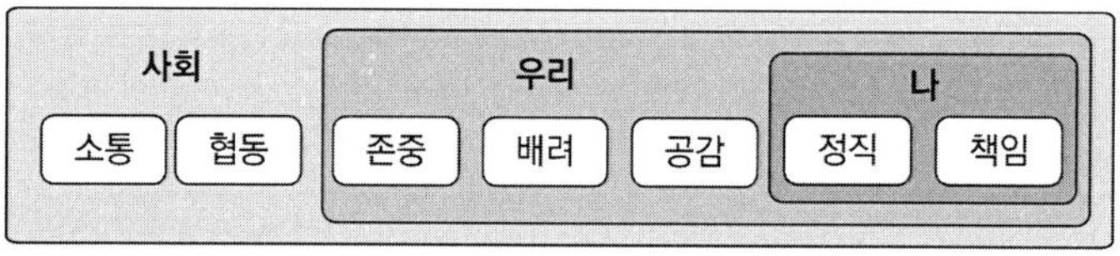

출처: 교육부, 2013: 5.

이 외에도 미국 인격교육의 이론적 토대를 구축하고 실천적 지침을 제공해 온 리코나는 지혜, 정의, 불굴성, 자기통제, 사랑, 긍정적 태도, 근면, 성실, 감사, 겸손이라는 10개의 덕목을 강조하고 있으며(Lickona, 2004), 인격교육 및 인격심리학 연구자인 버코위츠(M. Berkowitz)는 자기통제, 감정이입, 사회적응, 자존감, 사회적 기술, 순종, 양심, 도덕추론, 정직, 이타심을 강조한 바 있다(Berkowitz & Grych, 2000: 55－72). 또한 미국의 대표적인 인성교육 기관인 조셉슨 연구소(Josephson Institute)[1]에서는 '여섯 주요 덕목(6 pillar virtues)'을 제시한 바 있다.

1) 조셉슨 연구소는 1980년대 초 미국 인성교육이 다시 활성화되는 초기에 설립된 서부 기반 인성교육 기관이고 학생을 위한 인성교육 기관으로서는 미국에서 가장 선도적이다.

〈표 Ⅱ-10〉 조셉슨 연구소의 '여섯 주요(6 pillars)덕목(josephsoninstitute.org)'

주요 덕목	하위 덕목	포함 요소
진실성 (trustworthiness)	①정직하기, ②속이거나 훔치지 말기, ③믿을만한-약속 지키기, ④옳은 일을 할 수 있는 용기 갖기, ⑤좋은 평판 다지기, ⑥가족, 친구, 국가에 대하여 충성하기	• 용기 • 충성
존중 (respect)	①타인을 존중하기(황금률을 따라), ②차이를 관용하고 수용하기, ③예의를 갖추고 나쁜 말을 쓰지 말기, ④다른 사람의 감정을 고려하기, ⑤위협하거나 때리거나 상처 입히지 말기, ⑥화냄, 모욕, 반대에 평화롭게 대처하기	• 관용 • 인내
책임 (responsibility	①할 일을 하기, ②미리 계획하기, ③끈기 있게 해보기, ④항상 최선을 다하기, ⑤자기 통제, ⑥자기 수양, ⑦결과를 생각하고 행동하기, ⑧책임 있는 말과 행동, 태도를 가지기, ⑨좋은 모범이 되기	• 인내 • 절제 • 신중함
공정성 (justice)	①규칙대로 놀기, ②차례를 지키고 공유하기, ③열린 마음과 경청하기, ④다른 사람을 이용하지 말기, ⑤다른 사람을 마구 비난하지 말기, ⑥모든 사람을 공정하게 대하기	• 수용성 • 진실성
배려 (caring)	①친절하기, ②공감을 갖고 배려를 보여주기, ③감사를 표하기, ④용서하기, ⑤도움이 필요한 사람을 돕기	
시민의식 (citizenship)	①학교와 지역사회의 개선을 위해 동참하기, ②협력, ③지역 사회의 일에 참여하기, ④사회 소식에 관심을 가지고 투표하기, ⑤좋은 이웃이 되기, ⑥법과 규칙을 지키기, ⑦권위를 존중하기, ⑧환경을 보호하기, ⑨ 자원봉사 하기	•자연사랑

출처: 한국교육과정평가원(2011). 교과교육과 창의적 체험활동을 통한 인성교육 활성화 방안, p.26에서 재인용.

한편, 인성교육의 덕목을 개인적 차원과 관계적 차원으로 구분해 보면 <표 Ⅱ-11>과 같이 정리할 수 있다.

〈표 II-11〉 인성의 차원 및 덕목

차원	덕목	정의
개인적 차원	지혜	어떤 상황에서 취해야 할 것이 무엇이고, 버려야 할 것이 무엇인지를 분별하는 것
	용기	자신이 옳다고 믿는 것을 지지하고 옹호할 수 있는 능력과 의지
	성실	거짓됨이 없이 자기가 하는 일에 정성을 다하는 자세
	절제	스스로의 욕구, 감정 등을 잘 통제하고 다스리는 것
관계적 차원 (타인·공동체·자연과의 관계 차원)	효도	인(仁)을 행하는 근본이 되는 것으로서 부모의 은혜에 감사하고 이에 보답하고자 하는 것
	예절	사람이 만든 질서에 따라 나와 남을 구분하고 그 구분에 따라 알맞게 표현하는 것
	존중	정중하고 사려 깊은 방식으로 다른 사람들을 대함으로써 그들이 존엄성을 가진 가치 있는 존재라는 것을 보여주는 것
	배려	다른 사람의 행복이나 복지 등에 관심을 가지면서 그들의 필요나 요구에 민감하게 반응을 보이는 것
	책임	공동선의 실현을 위해 각 구성원들에게 부여된 역할과 의무를 충실히 이행하는 것
	협동	사회의 공동선(common good)을 창출하고 증진하기 위해 구성원들이 힘과 뜻을 모아 노력하는 것
	준법	기본생활규칙과 공중도덕, 법 그리고 기타의 사회적 약속과 의무 등을 준수하고 실천하는 성향
	정의	각자에게 그의 정당한 몫을 주고자하는 항상적이고 영속적인 의지

또한, 정창우(2015)는 인성 개념을 '개인적 차원'과 '관계 차원'에서의 인간다운 성품과 역량 개념으로 이해하고, 인성교육은 이러한 성품과 역량을 지니고 살아갈 수 있도록 도와주는 일로 규정하였다. 이를 바탕으로 선정한 핵심 인성 역량은 다음과 같다.

〈표 II-12〉 인성교육을 위한 핵심 인성 역량

차원	덕목	정의
개인적 차원	도덕적 문제해결능력	어떤 문제를 윤리적 관점에서 합당하게 해결하는 능력(도덕적 의사결정능력, 도덕적 상상력 및 추론 능력 포함)
	긍정적 태도	삶에 대해 낙관적이고 긍정적인 관점을 지니고, 난관에 직면했을 때 꿋꿋하게 되튀어 오르는 능력(회복탄력성 포함)

차원		덕목	정의
		도덕적 자기관리능력	자신에 대한 참된 이해를 바탕으로 바람직한 자아정체성을 형성하고, 자신의 행동과 정서를 도덕적으로 관리하고 개발하는 능력
		도덕적 자기성찰능력	자신이 행한 경험적 사실을 도덕적 관점에서 반추하면서 어떻게 살아갈 것인가에 대해 사색하는 능력
관계 차원	타인과의 관계 영역	도덕적 의사소통능력	다른 사람의 입장을 경청하고 그들과 합리적으로 소통하며 균형잡힌 관점과 이해를 공유할 수 있는 능력
		도덕적 대인관계능력	다른 사람을 존중·배려하고, 갈등을 관리하며, 다른 사람과 도덕적으로 원만한 관계를 유지하고 협력하는 능력
	공동체와의 관계 영역	공동체의식	자신의 역할과 행동에 책임을 지며, 인권을 존중하고 법을 준수하는 바람직한 공동체의 실현에 참여하고 공헌하는 능력
		다문화·세계시민의식	세계화·다문화 사회에서 문화적 다양성을 존중하고 바람직한 국가 정체성을 형성하며, 지구적 문제 해결을 위해 참여하고 실천하는 능력
	자연과의 관계 영역	환경윤리의식	인간과 자연과의 관계를 올바로 이해하고, 생태의식과 환경에 대한 규범적인 노력을 토대로 인간과 자연의 건강한 미래를 설계하는 능력

출처: 정창우(2015). 인성교육의 이해와 실천. 교육과학사. p.126.

우리나라에서는 역량을 창의력, 문제해결력, 의사소통능력, 정보처리능력, 대인관계능력, 자기관리능력, 시민의식, 다문화이해능력, 신체적 건강·체력, 진로관련 능력의 10개로 구분하고 있는데, 핵심역량과 관련지어 최종적으로 확정된 기본인성덕목을 제시하면 다음과 같다(박창언 외, 2013).

〈표 II-13〉 핵심역량과 기본인성덕목

차원	역량	기본인성덕목	주요내용	하위 요소 예시
개인	핵심가치 인식	정직	다양하고 복잡한 상황에서 핵심가치가 무엇인지를 인식하고 판단하는 능력, 이러한 판단에 따른 책임과 의무를 결정하고 실천하는 능력	공정한 판단, 절약하는 생활, 성실한 생활, 권리와 의무·책임. 올바른 마음, 양심, 용기, 의지, 정의감 등
	책임 있는 의사결정	책임		약속, 규칙, 차례, 정숙, 안전. 책임감, 절제심, 준법정신, 인내, 성실, 의지 등

차원	역량	기본인 성덕목	주요내용	하위 요소 예시
	자기인식	긍정	자신의 과거, 현재, 미래의 모습에 대한 비판적 성찰을 통하여 자신의 특성을 파악하고 긍정적인 자아상을 도출하는 능력, 자신이 설정한 목표 달성을 위하여 자신의 생각과 행동을 조절하고 실행하는 능력	열정, 자부심, 자기존중, 자기표현, 자발성, 자신감, 자아수용, 자위, 자율, 자조, 자존심, 자주 등
	자기관리	자율		성실, 인내, 자기통제, 절약정신, 절제심, 정리정돈, 청결, 일관성, 근면, 단정, 의지, 시간계획, 과업계획 등
	문화적 소양	예절	우리의 예법과 공동체에 대한 이해 능력, 타문화 집단에 대한 지식과 이해를 기반으로 다원적 가치를 존중하는 능력	감사, 인사, 공중도덕, 단정, 애교, 애향, 애국, 평화, 통일, 독도교육, 국토순례, 의식행사, 정체성 확립활동, 공동체 의식, 연대, 예의범절, 우애, 우정, 의리, 연민, 이타심, 자비심, 자선, 자애, 조화, 허용 등
		존중		이질성 · 다양성 가치, 타문화에 대한 지식과 이해, 상이성에 대한 존중, 다원화적 가치 지향성. 인류애, 인도, 관용, 박애, 허용 등
사회	사회적 인식	공감	다양한 상황에서 타인의 관점과 감정을 이해·파악하고, 타인과 긍정적인 관계를 유지하고 소통하는 능력, 그리고 공동의 문제를 위하여 합력할 수 있는 능력	불우이웃돕기, 일손돕기, 나눔, 봉사, 반성과 마무리, 용서, 공감, 공정, 봉사정신, 선의, 연민, 연대, 이타심, 인도, 자비심, 자선, 자애, 참여, 평등의식 등
	대인관계	소통		적응, 사제동행, 서로돕는 생활, 문화간 어울림(다문화 교육), 장애이해, 자기이해, 국제이해, 민주시민, 역할활동, 여가활용교육, 자살예방, 학교폭력예방, 유괴방지, 안전예방교육, 타인권리침해 예방교육, 편견극복, 정보통신윤리교육, 재난 및 재해예방, 난민구호, 인권보호, 성교육 등
	민주시민 의식	시민 의식	애국심을 기반으로 하면서도, 폐쇄적인 국수주의를 극복하고 인류 공통의 문제해결에 협력할 수 있는 세계시민적 사고 능력	권위의 존중과 수용, 평등, 양심, 표현의 자유, 정의의 자유, 관용, 애국심, 용기, 충성, 애향심 등
		공존		청결, 정리정돈, 자연보호, 위생, 저탄소 생활습관, 녹생성장, 분리수거, 문화재 보호활동, 난민구호, 인권보호, 환경보전의식, 박애, 인도, 인류애, 시민성, 공정, 관용 등

[그림 Ⅱ-6]에서 위쪽은 개인적 차원과 사회적 차원을 나타내고, 왼쪽은 핵심역량을 나타내는 것이다. 그리고 아래쪽은 기본인성덕목을 나타내고 있다(박창언 외, 2013). 이와 같은 3차원 모형은 기본인성덕목과 개인적 차원 및 사회적 차원, 그리고 핵심역량과의 관계를 이해하는데 도움이 된다.

[그림 Ⅱ-6] 기본인성덕목과 그 차원 및 핵심역량의 관계

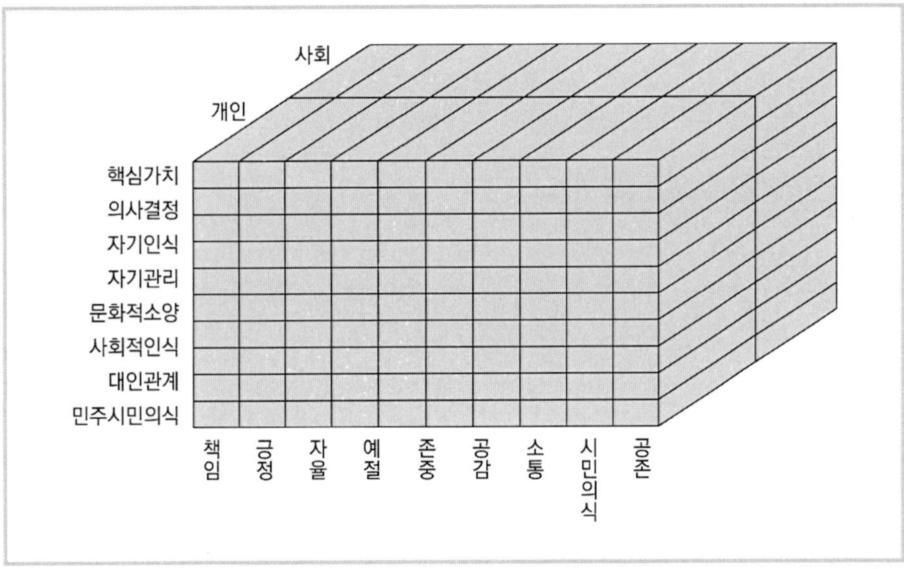

CHAPTER

3 인성교육의 원리 및 유형

01 인성교육의 원리

인성교육의 중요성이 부각되어짐에 따라 다각적인 인성교육방법이 새롭게 대두되고 있다. 이와 관련해 인성교육이 이루어지는 원리를 정리하면 다음 <표 Ⅲ－1>과 같다.

〈표 Ⅲ-1〉 인성교육의 원리

원리	내용
교과 통합의 원리	• 학교 활동은 지적활동과 도덕적 성장을 목표로 하는 활동, 즉 생활지도로 이루어짐 • 지적 활동인 교과 활동에서도 인성교육은 함께 이루어져야 하며 모든 교과 활동은 인성교육의 요소를 포함하고 있음 • 따라서 도덕과를 비롯한 모든 교과에서 통합적인 인성교육이 실시되어야 함 • 인성과 관련된 요소, 예를 들어 도덕성이나 사회성, 정서 등을 함양할 수 있는 인성교육의 내용들은 정규교과 전체에서 교육이 이뤄져야 함 • 또한 교과 시간에 이루어지는 지식 교육을 바탕으로 인성교육의 결과가 생활의 장에서 실천될 수 있어야 함
가치 통합의 원리	• 여기서 말하는 가치의 통합이란 인성교육이 일어나는 공간의 통합을 뜻함 • 인성교육은 학교뿐 아니라 모든 삶의 터전, 즉 가정, 사회에서도 일관성있게 이루어져야함 • 가정과 사회에서 담당하는 인성교육의 역할이 예전에 비해 제 기능을 다하지 못함으로써 학교에 대한 기대와 중요성이 매우 높아짐 • 인성교육은 학교에서뿐 아니라 가정, 사회가 모두 연계하여 이루어져야 함

원리	내용
지속성의 원리	• 인성교육은 공간의 통합뿐 아니라 모든 시간, 즉 시간의 통합 역시 이루어져야 함 • 모든 시간에 걸쳐 인성교육이 끊임없이 실시되어야 한다는 의미임 • 특히 어린 학습자의 경우 인성교육을 통해 바람직한 행동 양식을 학습하였다 하더라도 꾸준히 실천하여 습관화, 내면화해야 함 • 인성 관련 덕목을 매일매일 학교와 사회, 가정에서 꾸준히 실천해야 함 • 하나의 덕목을 내면화하기 위해서는 충분한 기간 동안 습관적으로 실천해야 하기 때문에 인성교육 프로그램을 계획할 때는 장기적인 안목과 전망을 가지는 것이 중요함 • 학교에서는 특히 학년이 바뀌어도 지속적이고 유기적인 인성교육이 이루어질 수 있도록 해야함
관계성의 원리	• 인성교육의 기본 바탕은 관계 형성에 있음 • 인성교육은 학생과 학생뿐 아니라 교사와 학생, 교사와 학부모, 교사와 교사 등 모든 관계 속에서 실시되어야 함 • 대상과의 바람직한 관계 형성이 전제되어야 인성교육이 성공적으로 이루어질 수 있음을 의미함 • 특히 학교에서 인성교육이 성공적으로 이루어지기 위해서는 교사와 학생 사이의 관계 형성이 제대로 이루어져야 하며 그러기 위해서 교사는 학생들에게 모범이 되고 친절한 생활 안내자이자, 도덕적 문제 발생 시 학생과 함께 고민하고 해결할 수 있는 자질을 가져야 함
자율성의 원리	• 학생들의 인성이 바르게 형성되기 위해서 무엇보다 중요한 것이 학생의 자율성에 바탕을 두어야 함 • 이는 궁극적으로 인성교육이 학생 스스로 바른 도덕적 의식을 가지고 이를 실천해 가야하기 때문이며, 최종적으로 학생 스스로에게 책임이 있기 때문임 • 또한 일상생활에서 당면하는 문제를 자율적으로 해결하려는 경험이 매우 중요하기 때문에 학교에서의 인성교육은 학생들이 본인의 자율성을 바탕으로 도덕적 문제를 해결해가는 실천적 경험 기회를 제공해야 함 • 저학년의 경우 자율성을 발휘할 능력이 덜 발달한 상태이므로 학년이 올라갈수록 자율적인 경험을 할 수 있는 기회를 늘려가야 함
체험의 원리	• 인성교육은 이론적 배경을 바탕으로 실천이 이루어질 때 의미가 있음 • 실천이 이루어지지 못하는 지식 위주의 도덕 교육이 아니라 아는 것을 바탕으로 실천이 이루어지는 인성교육이 이루어져야 함 • 학생 스스로 계획을 수립하고 실천하며 평가할 수 있는 현장 체험의 기회를 반드시 제공해 주어야 함 • 이러한 실천을 바탕으로 한 인성 체험활동은 전 교과, 창의적 체험활동, 생활지도 등을 통해 학교 생활 전반에 걸쳐 이루어져야 함 • 다시 말해, 학생들에게는 생동하는 도덕적 삶의 체험이 필요하며 그러한 실천적 체험을 통해 인성교육의 여러 덕목들을 내면화할 수 있음

특히, 효과적인 인성교육의 기본 원칙을 좀 더 구체적으로 소개하면 다음과 같이 요약할 수 있다.[2)]

① 인성교육을 통해 길러야 할 핵심 덕목 및 인성 역량을 선정해야 한다.

1－1. 학교 공동체 구성원들이 핵심 덕목 및 인성 역량을 선정하고 승인한다.

1－2. 핵심 덕목 및 인성 역량이 가정과 학교생활 전반에 실천적 지침을 제공한다.

② '잘 조직된 학교 교육과정'을 통해 인성교육을 실천해야 한다.

2－1. 학교 교육계획 및 교육과정 속에 인성교육 실행을 위한 체계적인 접근 방법이 제시되어 있다.

2－2. 특색 있는 프로그램이 잘 조직된 학교 교육과정 속에 녹아들어 있다.

③ 교과교육을 통해 인성교육이 이루어져야 한다.

3－1. 인성교육이 교과 내용과 긴밀하게 연결된다.

3－2. 교사들이 수업을 진행하는 과정에서 인성교육이 중시된다.

④ 학교와 교실을 정의롭고 배려적인 공동체로 만들어야 한다.

4－1. 학교는 학생과 교사 간에 배려하는 애착 관계를 형성하는 데 높은 우선순위를 둔다.

4－2. 학교는 학생 상호 간에 배려하는 애착 관계를 형성하는 데 높은 우선순위를 둔다.

4－3. 학교는 또래 간 괴롭힘이나 폭력을 예방하기 위한 절차를 진행하고, 이러한 문제가 발생했을 시 효과적으로 대처한다.

4－4. 학교는 학생들의 자기 주도적인 참여 기회를 풍부하게 제공한다.

⑤ 학교장의 인성교육 리더십이 발휘되어야 한다.

5－1. 학교장은 인성교육의 의미와 방향에 대한 좋은 비전, 그리고 인성교육에 대한 확고한 의지와 열정을 지니고 있다.

5－2. 학교장은 원활한 소통을 바탕으로 교직원과 학부모 및 지역사회를 인성교육의 책임 있는 주체로 참여시킨다.

---

2) "효과적인 인성교육을 위한 기본 원칙" 10가지는 미국 인성교육파트너십(CEP)에서 제시하고 있는 "효과적인 인성교육을 위한 11가지 원칙"(2010년 개정판) 정리(관련 사이트: http://www.character.org/more－resources/11－principles/ (검색일: 2013.12.10).

⑥ 모든 교사들이 인성교육에 대한 책임을 공유하고, 학생들의 인성 변화에 긍정적인 영향을 줄 수 있어야 한다.

6-1. 교사들은 학생들에게 핵심 덕목과 인성 역량의 역할모델이 되고, 훌륭한 스승으로 인식된다.

6-2. 교사들은 단순 지식 전달자가 아니라 학생들에게 교과 지식과 삶의 문제를 연결지어 생각할 수 있는 기회를 제공한다.

6-3. 교사들은 학생들의 삶에 긍정적인 영향을 주는 데 필요한 지도역량을 강화하기 위해 노력한다.

⑦ 가정과 공동체의 성원들을 인성교육의 충실한 협조자로 만들어야 한다.

7-1. 학교는 학부모와 원활하게 의사소통하면서 학생의 인성 발달에 기여한다.

7-2. 학부모는 각종 의사결정, 교육활동 참여 혹은 지원 등을 통해 인성교육을 위한 역할과 책임을 이행한다.

7-3. 학교는 인성교육을 위해 국가와 지역사회의 도움을 효과적으로 활용한다.

⑧ 학교는 학생들의 자기 동기를 유발하는 데 힘써야 한다.

8-1. 학교는 물질적 보상이나 인정으로 학생들에게 보상을 제공하는 것보다 자기 동기를 가지고 올바른 것을 실천하도록 가르친다.

8-2. 규칙 위반에 대한 대응(징계 또는 처벌)이나 학급 및 학교에서의 책임 있는 역할이행은 학생의 인성계발, 특히 핵심 덕목에 대한 학생들의 이해와 헌신을 함양하는 차원에서 활용한다.

⑨ 인성 함양을 위하여 학생들은 도덕적 행동을 위한 기회를 필요로 한다.

9-1. 학교는 인성 함양을 돕는 다양한 활동에 참여하는 것에 대한 명확한 기대를 설정한다.

9-2. 학교는 모든 학생에게 의미 있는 교내 활동에 참여하도록 다양한 기회를 제공하고, 학생은 참여를 통해 자신을 성찰한다.

9-3. 학교는 모든 학생에게 더 넓은 공동체에 기여할 수 있는 반복적이고도 다양한 기회를 제공하고, 학생은 참여를 통해 자신을 성찰한다.

⑩ 인성교육의 적용 효과를 과학적·객관적으로 분석하고 그 결과를 환류하여 설계 과정에 재투입해야 한다.

10-1. 학교가 배려 공동체로서의 풍토와 기능을 갖추어 가고 있는지에 대해 평가하고 그 결과를 향후 계획에 반영한다.

10-2. 교사들이 인성교육 실천을 위해 얼마나 노력하였는지, 그리고 인성교육자로서의 자질이 얼마나 향상되었는지에 대해 평가하고, 그 결과를 향후 계획에 반영한다.

10-3. 학교에서 이루어진 인성교육 실천 노력이 학생들의 인성 변화에 얼마나 긍정적으로 영향을 미쳤는지 정기적으로 평가하고, 그 결과를 향후 계획에 반영한다.

한편, 미국 인성교육협회(CEP)가 제시한 인성교육의 11가지 원칙은 다음과 같이 정리할 수 있다(Schwartz, 2008).

① 좋은 인성의 기초가 되는 핵심 윤리적 가치(예: 보살핌, 정직, 공정, 책임감 등)를 증진시켜야 한다.

② '인성'은 사고, 정서, 행동을 종합적으로 포함하는 개념이어야 한다.

③ 인성개발을 위해 '광범위하고 의도적이며, 친행동적이고 효과적인 접근 방법'을 사용해야 한다.

④ 학교 전체가 인성 개발을 위한 장이 되어야 한다.

⑤ 학생들에게 도덕적 행동을 할 수 있는 기회를 제공해야 한다.

⑥ 학문적 교육과정을 의미 있게 함으로써 모든 학습자를 존중하고 성공적인 삶을 살게 한다.

⑦ 인성교육은 학생들의 내재적 동기를 발전시킬 수 있어야 한다.

⑧ 학교 교직원들을 학습하는 도덕적 사회의 일원으로 참여시킴으로써 인성교육의 책임을 공유하게 하고 핵심가치를 이해하게 한다.

⑨ 공유된 도덕적 리더십과 장기적이고 광범위한 인성교육을 권장한다.

⑩ 효과적인 인성교육을 위해서는 가정과 지역사회의 연계가 강화되어야 한다.

⑪ 인성교육 평가에는 각 학교의 특성, 학교 구성원들의 기능에 대한 부분도 포함되어야 한다.

02 인성교육의 유형

학교에서 할 수 있는 인성교육의 방법을 살펴보면 <표 Ⅲ-2>와 같이, 교과를 통한 인성교육, 창의적 체험활동을 통한 인성교육, 생활지도 및 상담을 통한 인성교육 등과 같이 정리할 수 있다.

〈표 Ⅲ-2〉 학교에서의 인성교육 방법

구분	내용
독립된 교과로 인성교육	도덕 교과 외 인성교육이라는 독립된 교과를 개설하여 실생활과 연계된 실천, 체험 중심의 인성교육을 심도 있게 다루는 방법
기존의 정규교과를 통한 인성교육	각 교과별로 인성교육 요소 또는 덕목과 관련해서 실시하는 방법으로서 이론이나 지식 중심의 교육 내용과 방법에서 탈피하여 실천 중심으로 인성교육을 실시
창의적 체험활동을 통한 인성교육	봉사활동 영역이나 동아리활동에서 사회봉사나 수련활동 프로그램을 통해 인성교육을 실시하는 방법
생활 지도나 상담을 통한 인성교육	학교 자체적으로 실시하는 생활 지도 프로그램이나 집단 상담 또는 학급별 개별 상담을 통해서 인성교육을 실시하는 방법

특히, 인성교육은 교과 활동과 교과 외 활동을 포함하여 학교 전반을 통한 인성교육, 다양한 교육방법 및 학습주제의 적용을 통하여 통합적으로 이루어져야 긍정적인 효과를 거둘 수 있다. 교육과정 운영을 통한 인성교육은 도덕과, 사회과, 국어과, 예체능 교과뿐만 아니라 모든 교과 활동과 교과 외 활동 등 학교생활 전반을 통해 이루어져야 한다. 이와 관련하여 정창우(2015: 185-189)는 학교교육 전반을 통한 인성교육방법의 예를 다음 <Ⅲ-3>과 같이 제시하였다.

〈표 Ⅲ-3〉 학교교육 전반을 통한 인성교육의 적용 방법

교육방법	내용
교과활동 차원	• 중점 교과: 도덕과, 국어과, 사회과, 예체능 교과 등 • 협력 교과: 가정과, 과학과, 영어과, 수학과 등
	• 토의·토론/논술 • 협동학습 • 고전탐구 • 스토리텔링/내러티브 • 역할놀이 • 프로젝트학습
창의적체험활동 차원	• 자율활동 • 동아리활동 • 봉사활동 • 진로활동

가. 교과교육을 통한 인성교육

① 도덕과를 통한 인성교육

도덕과는 직접적으로 덕을 배우고 실천하는 교과라는 점에서 실질적으로 인성교육을 하고 있다. 도덕과 교육과정에서는 학교교육에서 도덕과가 인성교육의 중핵교과로서 중심적 역할을 할 것을 강조하고 있다. 도덕과 교육과정에서 주요한 덕목은 전체 지향 덕목으로 존중, 책임, 정의, 배려를 선정하였고, 내용영역별(도덕 주체로서 '나', 우리와 타인의 관계, 사회·국가·지구공동체와의 관계, 자연·초월적 존재와의 관계) 가치·덕목으로 자율, 성실, 절제, 효도, 예절, 협동, 준법·공익, 애국심, 통일의지, 인류애, 자연애, 생명존중, 평화 등을 제시하고 있어서 인성에 필요한 주요 덕목들을 모두 포함한다.

특히, 도덕과 교육의 과제는 곧 인성교육의 과제와 밀접하게 연결되어 있다. 도덕교육과 인성교육은 내용적, 방법적 연관성만이 아니라, '인성교육'이라는 용어 자체를 교육과정에서 명시하고 있다. 또한, 도덕과 교육이 인성교육을 위한 핵심 교과로서의 역할을 수행하기 위해, 내용 차원에서는 다양한 인성 요소(정직, 근면, 성실, 책임, 존중, 예절, 절제, 분노조절, 배려, 봉사, 친절, 용기 등)와 인성핵심 역량(공감 능력, 소통 능력, 갈등해결능력, 관용, 정의 등)을 반영하고, 방법 측면에서는 프로젝트형 인성교육을 부각시킬 필요가 있다. 도덕과 교과 목표는 인성

교육을 지향하며, 도덕성 함양을 통한 자율적이고 통합적인 인격의 형성으로, 이것은 바람직한 인성의 형성을 의미한다. 초등학교에서는 기본생활 예절과 기본적인 도덕적 판단력과 실천의지를 함양하여 공동체 속에서 다른 사람과 공감하고 소통하며 조화롭게 살아갈 수 있는 도덕적 행동 능력과 습관을 기르는 데 중점을 둔다.

한편, 도덕과 내용에 반영된 인성 요소는 다음과 같이 정리할 수 있다.

〈표 Ⅲ-4〉 도덕과 내용에 반영된 인성 요소

영역의 명칭	인성 및 핵심 역량 관련 주제
도덕적 주체로서의 나	자아정체성, 삶의 목적의식 등 (삶의 목적과 도덕, 도덕적 성찰, 도덕적 자아상 등)
우리·타인과의 관계	공감, 소통, 갈등해결능력, 관용, 배려, 정의 등(친구 관계와 도덕, 타인존중, 평화적 해결과 폭력 및 사이버 폭력 예방 등)
사회·국가·지구 공동체와의 관계	갈등해결 능력, 정의 등(인간 존엄성과 인권, 문화의 다양성과 도덕, 사회정의와 도덕 등)
자연·초월적인 존재와의 관계	도덕적 정체성, 인생관, 세계관 등(삶의 소중함과 도덕, 마음의 평화와 도덕적인 삶, 이상적인 인간과 사회 등)

② 국어과를 통한 인성교육

국어과는 의사소통과 문학 작품을 통해서 인성을 함양한다. 의사소통에서의 배려와 존중, 그리고 말에 대한 책임은 말하기, 듣기 교육을 통해서 교육할 수 있다. 예절과 배려, 존중 등의 인성은 말하고 듣는 자세부터 시작하므로, 의사소통 교육은 인성교육의 중요한 요소이다. 또한 문학은 인생의 다양한 부분을 문학적 감동과 더불어 전달함으로써 학생들에게 자신의 인생을 되돌아볼 수 있는 좋은 기회를 제공한다. 이를 통해 다른 삶에 대한 공감, 사회에 대한 문제의식, 어떤 삶을 살아가야 하는가에 대한 성찰을 이끌어낼 수 있다.

특히, 교육부(2013)에서 제시한 7가지 인성 요소와 이 연구에서 국어과의 특성을 고려하여 추가로 제시한 3가지 인성 요소의 의미와 적용 방안을 소개하면 <표 Ⅲ-5>와 같이 정리할 수 있다.

〈표 Ⅲ-5〉 인성 요소별 국어교육 적용 방안

인성 요소	인성 요소의 의미	
	사전적 의미	국어교육에의 적용
정직	마음에 거짓이나 꾸밈이 없이 바르고 곧음	국어 활동을 통해 타인과의 친밀하고 깊이 있는 인간관계를 형성하기 위함
책임	사회와 일의 결과에 대해 의무와 부담을 짐	사회 구성원으로서 책임감을 인식하며 도덕적인 학교와 사회를 만들기 위한 국어 생활을 함
존중	높이어 귀중하게 대함	국어 활동을 통해 자기 자신을 귀중하게 여기며 긍정적인 자아 정체성을 형성할 수 있고, 또한 타인을 대할 때에 겸손한 태도를 지니고 언어를 사용함
배려	도와주거나 보살펴 주려고 마음을 씀	타인의 상황과 처지를 고려하며 국어 활동을 함
공감	남의 감정, 의견, 주장 따위에 대하여 자기도 그렇다고 느낌. 또는 그렇게 느끼는 기분	국어 활동을 통해 서로를 연결해주는 감정적 연결고리로 타인의 생각과 감정을 받아들여 자신의 입장을 바꾸어 생각하고 표현함
소통	의견이 다른 사람과 뜻이 통하여 오해가 없음	타인의 의견에 대해 개방적인 태도로 서로의 의견을 교환하며 갈등을 해결하여 공동의 문제를 해결하는 국어 활동을 함
협동	서로 마음과 힘을 하나로 합함	의사결정에 직접 참여하여 자신의 의사를 밝히고 타인과 힘을 합쳐 문제를 해결하는 국어 활동을 함
언어 예절	말과 글로 소통할 때 지켜야 할 예절	자신의 국어 생활에서 상대방을 존중하고 배려하는 언어를 사용함
자기 성찰	자신의 마음을 반성하고 살핌	자신의 국어 생활과 삶을 객관화하여 점검하고 더 나은 삶과 수준 높은 국어 생활을 지향함
참여	사회 구성원으로서 사회에서 필요한 역할을 담당함	자신이 사회적 구성원임을 인식하고 공동의 일에 적극적으로 개입하여 자신의 의사를 피력하고 타인과 협력하는 국어 활동을 함

③ 사회과를 통한 인성교육

사회과는 일반사회, 역사, 지리의 세 영역으로 이루어져 있으며, 사회, 역사, 지리에 대한 학문적 인식으로부터 도덕성의 근거, 인간 삶에 필요한 인성의 근거를 찾아서 제시하고 있다. 지리 영역은 다문화, 타자에 대한 공감, 지역 균형에 대한 태도, 영토에 대한 관심 등에서 인성교육의 덕목 등을 가르치며, 역사는 우리 민족의 역사를 통해 민족성과 정체성에 대한 자각을 뚜렷이 제시하고 있다. 지리와 역사가 한국 시민으로서의 정체성을 확립하는 영역이라면, 일반사회 영역은 보편적 민주 시민의 자질을 직접적으로 가르친다는 점에서 인성교육에서 일정한 몫을 가지고 있다.

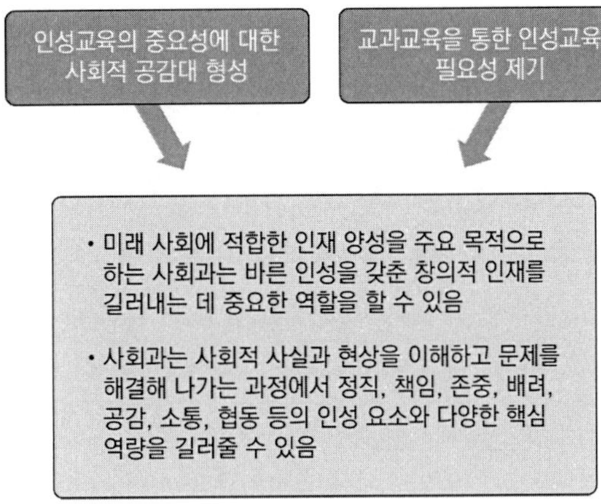

특히, 사회과에서 인성교육 중심 수업을 강화하기 위한 방향은 다음과 같다. 첫째, 사회과에서 인성교육 중심의 수업을 강화하기 위해서는 사회과 교수·학습 과정에 교과 공통의 인성교육 덕목인 정직, 책임, 존중, 배려, 공감, 소통, 협동을 반영해야 한다. 둘째, 사회과 교육과정 및 핵심 성취 기준을 분석하여 학생들의 일상생활과 연관성이 높은 문제나 사례를 사회과 인성교육 내용으로 선정할 필요가 있다. 셋째, 학습 과정에서 동료들과의 협력이 강조된 교수·학습 방법을 선정하여 수업을 진행할 필요가 있다. 넷째, 사회과에서 인성교육 중심의 수업을 강화하기 위해서는 수행평가를 적극적으로 활용해야 한다.

④ 과학을 통한 인성교육

과학을 통한 인성교육은 내용으로서의 인성교육, 과정으로서의 인성교육, 과학, 기술, 사회의 상호 관련성의 이해를 통한 인성교육 등 세 가지 측면에서 바라볼 수 있다.

먼저, 내용으로서의 인성교육은 대부분의 학교 학습 활동은 교과 학습을 통하여 이루어지고 있다. 그러므로 학교에서 인성교육에 대한 효과성을 구체적으로 모색하기 위해서는 각 교과 별로 인성교육이 이루어질 필요가 있다. 이에 과학 교과에서도 과학 교과의 성격과 목표, 내용을 기반으로 하여 과학과의 인성 교육 방향을 모색하고자 하였다. 과학 교과에서는 과학적 지식을 이해하는 것뿐만 아니라 과학적인 탐구 방법과 과학적인 태도의 함양을 강조하고 있다. 이에 과학 교과에서는 학생들에게 과학적 탐구 학습의 기회를 제공하고 있는데, 이와 같은 탐구 학습 과정에서 학생들의 탐구 능력뿐만 아니라 과학자의 열정과 인내심, 다른 사람에 대한 배려, 과학적 의사소통능력 등과 같은 과학자의 인성 항목을 함양할 수 있도록 인성교육의 방향을 설정하였다.

다음으로 과정으로서의 인성교육이다. 수업은 교과내용을 전달하는 과정일 뿐만 아니라 교사와 학생, 학생과 학생 간의 지속적인 상호작용이 이루어지는 과정이다. 이와 같은 상호작용의 과정이 상호신뢰와 이해를 바탕으로 한 인간적이고 인격적인 만남이 될 때, 그 전달 내용이 감화를 줄 수 있고, 제대로 정착될 수 있다. 따라서 수업 중 교사와 학생, 학생과 학생 간의 자발적인 상호작용이 계속적으로 이루어질 필요가 있다. 이에 과학 교과에서는 학생들의 활동이 협력 학습에 기반한 형태로 이루어질 수 있도록 관련 활동을 강조하고 있는데, 이와 같은 협력 학습 활동 과정에서 배려, 의사소통능력, 공감 등과 같은 인성 항목을 좀 더 효과적으로 함양할 수 있도록 인성교육의 방향을 설정하였다.

끝으로, 과학, 기술, 사회의 상호 관련성의 이해를 통한 인성교육이다. 학교에서 배우는 과학을 싫어하는 학생들도 첨단 과학이나 과학자 이야기 등에는 흥미를 보이는 경우가 많다. 다양한 서적이나 인터넷을 통한 최신의 과학 이야기는 그 내용을 학생들이 정확히 이해하기는 어렵지만, 학생들에게 과학의 유용성과 무한한 발전 가능성, 그리고 자신이 과학 발전에 기여할 수도 있다는 생각 때문에 과학에 대한 학생들의 흥미와 관심을 끌기에 충분하다. 이에 과학 교과에서는 학습 내용과 관련이 있는 첨단 과학, 과학자 이야기, 과학사, 과학과 사회, 환경, 시사성 있는 과학 내용 등을 적절히 도입할 것을 강조하고 있다. 따라서 학생들이 다양한 분야의 독서를 통해 과학, 기술, 사회의 상호 관련성을 이해하는 과정에서 정확한 정보를 근거로 비판적이고 합리적인 판단을 하고, 이웃과의 원만한 의사소통과 주관적인 의사결정으로 당면한 문제를 창의적으로 해결하는 수준 높은 인성을 함양할 수 있도록 인성교육의 방향을 설정하였다.

⑤ 실과 및 기술·가정을 통한 인성교육

실과 및 기술·가정은 인간 삶의 가장 현실적인 부분을 다룬다. 학생들은 학교에서 생활해야 할 뿐만 아니라, 지역 공동체에서, 그리고 가정에서 생활해야 하므로, 각각의 공동체에서 발휘되어야 할 인성은 인생 전체에서 발휘되어야 할 인성과 다르다고 할 수 없다. 더욱이 인성교육은 가정에서 시작하므로, 가정을 통한 인성교육은 우리의 전통적 소학(小學) 교육에서 강조한 바와 같이 인성 함양에 필수적이다. 기술 영역 역시 공동 작업을 통해 협력과 협동의 인성을 함양하는데 중요한 역할을 할 수 있다.

특히, 실과교과에서의 인성교육의 내용요소는 민주시민의식, 타인존중의식, 자기존중의식으로 구분할 수 있다. 또한, 민주시민의식에서는 협동정신, 책임감, 타인존중의식에서는 사랑, 배려, 자기존중의식에서는 자신감, 자기수용, 자기통제의 인성요소로 선정할 수 있다.

⑥ 음악, 미술, 체육을 통한 인성교육

음악과 미술은 핵심 예술 교과로서, 합창을 통해 협동심, 조화, 겸손의 미덕을 함양하거나, 미술 협동 작업을 통해 훌륭한 인성을 함양하는 것 등은 이미 다양한 연구를 통해서 잘 알려져 있다. 미술이나 음악에서 핵심적 교수 내용은 자신의 감정을 다양한 방법으로 아름답게 표현해내고 공감을 통하여 타인에게 전달하는 것이다. 음악에서는 심미성이 자신감의 표현으로 나타나고 미술에서는 주어진 상황에서 미적 감수성으로 나타난다. 또한 미술은 조형성, 색상의 선택, 디자인 등으로 자신을 표현하는데 있어 다른사람들의 동의를 얻는 절차를 통해 심미성을 함양해갈 수 있다. 뿐만 아니라 음악과 미술은 작품을 창작하는 과정에서 창의성을 함양하는데 중심 역할을 한다.

체육은 경쟁과 자기 훈련을 근본으로 한다는 점에서, 인생의 축소판과 같다. 특히 팀 경기는 경쟁과 협력이 중요하고, 혼자 하는 개인운동은 자아 통제와 자기훈련 그리고 바람직한 경쟁심을 일깨운다. 경쟁에서는 '용기'라는 덕목이 요구되고 이를 통하여 용기가 함양된다. 체육과에서는 이것을 용기와 도전정신 같은 진취적 기상을 함양하는 것으로 표현된다. 또한 혼자 하는 개인운동의 경우 자신과의 싸움에서 극기와 인내가 요구되고 이를 통하여 덕목이 함양된다.

특히, 예술교육, 인성교육, 예술인성교육의 관계를 정리하면 [그림 Ⅲ－1]과 같다.

[그림 Ⅲ-1] 예술교육, 예술인성교육, 인성교육의 관계

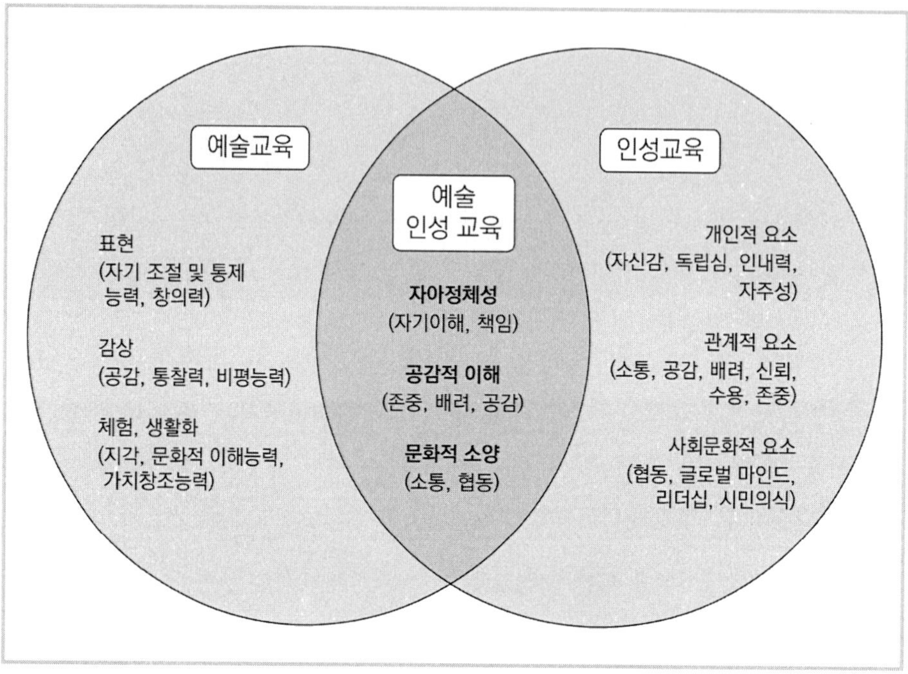

한편, 음악, 미술, 체육 등 예술교과를 통한 인성교육의 방향은 다음과 같이 정리할 수 있다. 첫째, 학생이 스스로 예술적 심성을 갖도록 지도해야 한다. 즉, 예술교과를 통하여 다양하고 풍부한 예술적 경험과 체험활동을 하도록 지도하고, 예술을 올바르게 이해할 수 있는 지식 습득을 위한 예술적 학습 환경을 조성해야 한다. 둘째, 예술교과 활동을 통해 자아실현 욕구를 충족하도록 지도해야 한다. 개성을 신장시키고 자신의 적성에 맞는 예술적 표현활동을 통하여 예술적 잠재 가능성을 최대한 수용하고 표현하도록 지도해야 한다. 셋째, 다양한 예술교과 활동을 통해 원활한 인간관계를 형성하도록 지도해야 한다. 넷째, 학생들의 심신 발달에 따른 예술교과의 학습내용을 구성해야 한다. 즉, 학생들의 발달 단계에 맞는 예술적 개념과 학습내용을 선택하여 학생들이 흥미를 갖고 즐겁게 예술 활동에 참여하도록 지도해야 한다. 다섯째, 예술적 태도를 기르도록 지도해야 한다. 미적 감수성의 계발을 위해서는 다양한 예술작품을 감상하고, 표현함으로써 자신의 내면세계를 표현하는 창조적 활동이 필요하다. 여섯째, 다양한 예술적 체험을 제공하고 예술적 능력을 길러주면서 자기이해, 책임, 존중, 배려, 협동, 소통, 공감 등의 인성을 함께 교육해야 한다.

나. 창의적 체험활동을 통한 인성교육

창의적 체험활동은 교육과정의 한 영역으로서 실천적, 체험적 접근을 통해 교과 활동을 구체적으로 적용해 본다는 측면에서 교과 활동과는 상호 보완적인 관계에 있다. 창의적 체험활동은 창의성뿐만 아니라 인성 함양을 촉진시키는 환경을 의미 있게 구축해야 한다. 인성 함양이나 창의적 사고 기법을 이론적으로 배우는 것이 아니라, 현실 속의 특정 주제에 맞춰 체험을 통해 배우고 익힐 수 있는 다양한 프로그램의 개발·보급 방안이 마련되어야 할 것이다.

다음으로 창의적 체험활동을 통해서 인성교육을 실시할 경우에는 다음과 같은 영역을 고려할 필요가 있다.

〈표 Ⅲ-6〉 창의적 체험활동의 영역

영역	성격	활동
자율 활동	학교는 학생 중심의 자율적 활동을 추진하고, 학생은 다양한 교육활동에 능동적으로 참여한다.	• 적응활동 • 자치활동 • 행사활동 • 창의적 특색활동 등
동아리 활동	학생은 자발적으로 집단활동에 참여하여 협동하는 태도를 기르고 각자의 취미와 특기를 신장한다.	• 학술활동 • 문화예술활동 • 스포츠활동 • 실습노작활동 • 청소년 단체활동 등
봉사 활동	학생은 이웃과 지역사회를 위한 나눔과 배려의 활동을 실천하고, 자연환경을 보존한다.	• 교내 봉사활동 • 지역사회 봉사활동 • 자연환경 보호활동 • 캠페인 활동 등
진로 활동	학생은 자신의 흥미, 특기, 적성에 적합한 자기계발활동을 통하여 진로를 탐색하고 설계한다.	• 자기이해활동 • 진로정보 탐색활동 • 진로계획활동 • 진로체험활동 등

출처: 정창우(2015). 인성교육의 이해와 실천. 교육과학사. p.190.

① 자율활동

자율활동은 '자발성에 바탕을 둔 변화 환경 대응 및 공동체 구성원으로서의 역량 형성'을 목표로 하는 활동이다. 자발성은 학생이 스스로 삶을 결정하는 의지로 표현될 수 있다. 자발성은 주어진 시간을 활용하는 것만이 아니라 스스로 시간을 결정하고 이를 실천하는 것이다. 이러한 자발성은 개인적인 능력과 활동으로 그치는 것이 아니라 사회적 관계로서 공동체와 함께 발휘되어야 한다. 개인의 실천은 사회와 함께 결합되지 않는 부분이 없기 때문이다. 학생들은 학급, 학교, 지역사회 등 다양한 규모의 공동체에 속해 활동을 하고 있기 때문에 다양한 공동체의 구성원으로서 자발적이고 자율적으로 활동할 수 있는 역량을 신장시켜야 한다. 학교는 학생 중심의 자율적 활동을 추진하고, 학생은 다양한 교육활동에 능동적으로 참여하도록 한다. 자율활동은 각종 행사와 창의적 특색활동에 자발적으로 참여하여, 변화하는 환경에 적극적으로 대처하는 능력을 기르고, 공동체의 구성원으로서 역할을 수행하는 것을 목표로 한다. 자율활동을 좀 더 구체적으로 세부 활동 영역 및 활동 내용으로 소개하면 <Ⅲ-7>과 같이 정리할 수 있다.

〈표 Ⅲ-7〉 자율활동의 세부 활동 영역 및 내용

구분	세부 활동 영역	내용
적응 활동	기본생활습관 형성 활동	• 예절, 준법, 질서, 절제, 청결, 정리 정돈, 근검절약 등
	친교 활동	• 축하, 친목, 사제동행 등
	상담 활동	• 학습, 건강, 성격, 교우, 동아리, 여가 활용, 기타 개인적인 문제 등
	정체성 확립 활동	• 자기 이해, 심성 계발 등
	기타 활동	• 다문화 적응 및 이해 교육, 감수성 훈련 등
자치 활동	협의 활동	• 학급회 조직 및 운영, 학급 전반에 필요한 사항 협의 등 • 학생회 조직 및 운영, 학교생활에 필요한 사항 협의 등
	역할분담 활동	• 1인1역 활동, 학급 부서 활동, 운영 위원 활동 등
	민주시민 활동	• 모의 의회, 토론회, 대화의 광장 등
행사 활동	의식행사 활동	• 시업식, 입학식, 졸업식, 종업식, 기념식, 경축일 등
	학예행사 활동	• 전시회, 발표회, 감상회, 학예회, 경연대회, 실기대회 등
	보건체육행사 활동	• 학생건강체력검사, 체육대회, 친선경기대회 등

구분	세부 활동 영역	내용
	수련 활동	• 현장학습, 수학여행, 문화재·명승지 답사, 학술조사, 해외문화 체험 등 • 등산·등반, 야영, 하이킹, 국토 순례, 탐사, 극기 훈련 등
	안전구호 활동	• 안전 생활 훈련, 대피 방호 훈련, 재해 구호 훈련 등
	교류 활동	• 자매결연 활동, 도시·농촌 교류, 국제 교류 활동 등
창의적 특색 활동	학생 특색 활동	• 1인1기, 악기 연주 능력 기르기, 나의 뿌리 알아보기, '나의 꿈, 나의 희망 찾기' 등
	학급 특색 활동	• 학급 문고 만들기, 명품학급 만들기, '친구 사랑의 날'칭찬 엽서 쓰기 등
	학년 특색 활동	• 칭찬 릴레이, 학급 신문 만들기 대회, 독서 감상문 대회 등
	학교 특색 활동	• 교복·교과서 물려주기, 효실천 프로그램, 인성 퀴즈대회, 국악 교육, 학교 사랑 글짓기 대회 등
	지역 특색 활동	• 지역의 문화 조사, 문화재 답사, 지역의 축제 조사하고 참여하기 등
	학교 전통 수립 활동	• 타임 캡슐 매설, '에너지 사랑단' 활동, 자매 결연 등
	학교 전통 계승 활동	• 맞춤 체력 인증제, 흡연 제로 프로그램, 도시·농촌 교류 등

② 동아리활동

창의적 체험활동에서 동아리활동은 취미나 소질, 가치관이나 관심 사항 등을 공유하는 학생들의 자생적 자치활동으로 규정할 수 있으며, 자발적이며 지속적인 활동을 말한다. 즉, 동아리활동은 공통의 관심사와 동일한 취미, 특기, 재능 등을 지닌 학생들이 함께 모여서 자발적인 참여와 운영으로 자신의 능력을 창의적으로 표출해 내는 것을 주 활동으로 하는 집단활동이다. 동아리활동은 교과활동뿐만 아니라 교과 외 활동을 통해서 학생들의 특기나 개성 발휘의 기회를 부여하는 등 학교 교육 전반에 걸쳐 실시할 수 있는 체험활동이다. 활동 시기에 있어서도 동아리활동은 교육과정 내 시간만이 아니라 방과후 활동 시간 등을 활용하여 동호인 집단을 중심으로 활동할 수도 있다. 동아리활동은 학교 내 활동과 학교 밖 활동으로 구분할 수 있다. 학교 내 활동은 학교내외의 교사 및 다양한 전문가와 함께 학교에서 다양한 시간을 활용하여 운영할 수 있다. 학교 밖에서는 인근 지역사회의 청소년활동 시설(청소년수련관 및 청소년문화의집 등)에서 자발적으로 동아리를 만들어 활동할 수 있다. 이 경우 학교 교사는 동아리 지도 교사가 되고 청소년활동 시설의 청소년지도사 등 다양한 활동가들이 내용 및 프로그램 전문가로 참여할 수 있다. 창의적 체험활동 교육과정에 제시된 동아리활동의 목표는 다음과 같다. 첫째, 흥미, 취미, 소질, 적성, 특기가 비슷한 학생들로 구성된 활동 부서에 자발적으로 참여하여 창의성과 협동심을 기르고, 원만한 인간관계를 형성한다. 둘째, 다양한 활동에 참여하여 자신의 잠재능력을 창의적으로 계발·신장하고, 자아실현의 기초를 함양한다. 셋째, 여가를 선용하는 생활습관을 형성한다. 넷째, 지역 내 학교 간 각종 동아리 경연대회를 통해 우의를 다지는 협력과 공정한 경쟁을 익히도록 한다. 동아리활동의 활동 영역 및 활동 내용을 소개하면 <Ⅲ-8>과 같이 정리할 수 있다.

〈표 Ⅲ-8〉 동아리활동의 활동 영역 및 활동 내용

활동 영역	활동 내용
학술 활동	• 외국어 회화, 과학 탐구, 사회 조사, 탐사, 다문화 탐구 등
	• 컴퓨터, 인터넷, 신문 활용, 발명, 로봇 제작 등
문화 예술 활동	• 문예, 창작, 회화, 조각, 서예, 전통예술, 현대예술 등
	• 성악, 기악, 뮤지컬, 오페라 등
	• 연극, 영화, 방송, 사진, 만화, e-스포츠 등 취미 활동
스포츠 활동	• 구기, 육상, 수영, 체조, 배드민턴, 자전거, 하이킹, 야영 등
	• 민속놀이, 씨름, 태권도, 택견, 무술 등
실습 노작 활동	• 요리, 수예, 재봉, 꽃꽂이 등
	• 사육, 재배, 조경 등
	• 설계, 목공, 조립 등
청소년 단체 활동	• 스카우트연맹, 걸스카우트연맹, 청소년연맹, 청소년적십자, 우주소년단, 해양소년단 등

③ 봉사활동

봉사활동은 일반적인 자원봉사활동을 학교 교육과정에 적용하여 학생들에게 적합한 봉사활동을 통해 이웃과 지역사회를 위한 나눔과 배려를 실천하고 자연환경을 보존하게 하는 활동이다. 특히, 교육과정에 의한 학생 봉사활동은 성인들의 자원봉사활동과 여러 면에서 비슷하지만, 그 활동이 완전히 자발적인 봉사활동이라기보다는 교육적 목적을 가지고 지도·안내되고, 조정·평가되는 활동이라는 측면에서 차이가 있다. 그러므로 학생들이 하는 봉사활동은 그 활동이 가져오는 결과 자체보다는 활동의 과정에서 학생 스스로가 배우게 되는 데 더 큰 교육적 의의가 있다. 따라서 창의적 체험활동으로서의 학생 봉사활동은 봉사 학습(service learning)의 방식으로 접근하는 것이 적절하다. 학생들이 폭넓은 봉사활동을 하는 데는 다소 제약이 따르는 것이 사실이지만, 그럼에도 불구하고 학생들에게 봉사활동을 권장하는 것은 봉사활동이 많은 것을 체험적으로 알 수 있는 학습의 기회를 제공하기 때문이다. 봉사활동은 이웃과 지역사회를 위한 나눔과 배려의 활동을 실천하고, 자연환경을 보존하는 생활습관을 형성하여 더불어 사는 삶의 가치를 깨닫기 위한 활동이다. 창의적 체험활동 교육과정에 제시된 봉사활동의 세부 목표는 다음과 같다. 첫째, 타인을 배려하는 너그러운 마음과 더불어 사는 공동체 의식을 가진다. 둘째, 나눔과 배려의 봉사활동 실천으로 이웃과 서로 협력하는 마음을 기르고, 호혜 정신을 기른다. 셋째, 지역사회의 일들에 관심을 가지고 참여함으로써 사회적 역할과 책임을 분담하고, 지역사회 발전에 이바지하는 태도를 가진다. 봉사활동의 활동 영역 및 활동 내용을 소개하면 <표 Ⅲ-9>과 같이 정리할 수 있다.

〈표 Ⅲ-9〉 봉사활동의 활동 영역 및 활동 내용

영역	유형	활동	세부 내용
교내 봉사 활동	지도 활동	학습부진 친구, 장애인, 병약자, 다문화가정 학생 돕기 등	학생들이나 일반인들에게 교과, 운동, 문화, 레크리에이션 등을 지도하는 활동(동급생 지도, 하급생 지도, 사회복지 아동 지도, 교통안전 지도, 다문화 가정 학생 학교적응 지원 등)
지역 사회 봉사 활동	일손 돕기 활동	복지시설, 공공시설, 병원, 농·어촌 등에서의 일손 돕기 등	일손이 모자라는 복지시설, 공공기관, 병원, 농어촌 등을 찾아 실질적인 도움을 주기 위한 활동(복지시설 일손 돕기, 공공시설 일손 돕기, 병원 일손 돕기, 농·어촌 일손 돕기, 학교 일손 돕기 등)
	위문 활동	불우이웃돕기, 고아원, 양로원, 병원, 군부대에서의 위문 활동 등	외롭고 힘들게 살아가는 사람들을 위로·위문하는 활동(고아원 위문, 양로원 위문, 장애인 위문, 병약자 위문, 부대 위문 등)
	자선구호 활동	재해 구호, 국제 협력과 난민 구호 등	병자, 노약자, 빈민, 고아, 난민 등을 구제하기 위한 활동(재해 구호, 불우 이웃 돕기, 국제협력과 난민구호 등)

영역	유형	활동	세부 내용
자연 환경 보호 활동	환경·시설 보존 활동	깨끗한 환경 만들기, 자연 보호, 식목 활동, 저탄소 생활 습관화 등	자연환경과 동식물을 보호하고, 주변 환경이나 시설들을 깨끗하게 유지·보호하기 위한 활동(깨끗한 환경 만들기, 자연 보호, 문화재 보호 등)
	지역사회 개발활동	공공시설물, 문화재 보호 등	지역 실태조사나 지역문화 프로그램 개발 등 지역사회 개발을 하기 위한 활동(지역사회 조사, 지역사회 가꾸기, 지역사회 정보화 등)
캠페인 활동	캠페인 활동	공공질서, 교통안전, 학교 주변 정화, 환경보전, 헌혈, 각종 편견 극복 등에 대한 캠페인 활동 등	잘 모르거나 잘못 알고 있는 사람들을 계도하고 계몽하기 위한 활동(공공 질서 확립 캠페인, 교통안전 캠페인, 학교 주변 정화 캠페인, 환경 보전 캠페인 등)

④ 진로활동

진로활동은 개인이 자신의 특성, 소질과 적성, 능력 등을 이해하고 이를 바탕으로 자신의 정체성을 확립함으로써 진로를 계획하고 준비하며, 적절한 시기에 진로를 탐색·선택할 수 있도록 도와주는 모든 활동을 말한다. 따라서, 진로활동은 생산적인 사회구성원이 될 수 있도록 하며 자아를 실현하여 행복한 개인이 되도록 도와주는 모든 교육적 활동을 말하며, 이를 통하여 개인의 잠재적인 능력 발견과 신장, 적성과 소질에 적합한 직업 선택, 개인과 직업과의 좋은 만남 만들기, 개인을 가장 아름답고 행복하게 만들어 주는 교육적 활동이라 할 수 있다. 특히, 교사들이 학생들의 진로활동을 지도하는 데 있어 3가지 중요한 핵심요소는 학생 개인에 대한 정확한 이해, 다양한 직업세계의 이해, 합리적인 의사결정 능력 함양 등이다. 학생들은 진로활동에 참여함으로써 개인적으로, 사회적으로 발달할 수 있으며, 다양한 직업세계 이해, 진로계획 수립, 진로정보 활용 등을 통하여 진로관리를 하고, 자신이 원하는 진로를 달성하는 데 있어 요구되는 학력 및 자격증을 취득하고, 평생학습의 중요성을 깨닫고 참여하게 된다. 창의적 체험활동 교육과정에 제시된 진로활동의 목표는 다음과 같다. 첫째, 자신의 특성, 소질과 적성, 능력 등을 이해하고, 이를 바탕으로 자신의 정체성을 확립하고 자신만의 독특한 진로를 탐색한다. 둘째, 각종 검사, 상담을 통해 진로 정보를 탐색하고 자신의 진로를 계획한다. 셋째, 진로와 직업선택의 중요성을 인식하고, 자신의 적성과 소질에 맞는 진로를 탐색·설계한다. 넷째, 학업과 직업세계를 이해하는 직업 체험 활동 기회를 통해 진로를 결정하고 준비한다. 창의적 체험활동 교육과정에서 진로활동은 그 내용에 따라 자기 이해 활동, 진로 정보 탐색 활동, 진로 계획 활동, 직업 체험 활동으로 구분하고 있다(<표 Ⅲ-10> 참조).

〈표 Ⅲ-10〉 진로활동의 활동 영역 및 활동 내용

구분	성격	세부 내용
자기 이해 활동	자아 발견과 탐색을 위한 충분한 시간을 갖지 못하는 학생들과 자아정체감 형성에 어려움이 있는 학생들에게 자기를 이해할 수 있는 기회를 제공하는 활동	자기 이해 및 심성 계발, 자기 정체성 탐구, 가치관 확립 활동, 각종 진로 검사 등
진로 정보 탐색 활동	적성 발견과 소질 계발을 통하여 직업 능력 기술을 배양하는 활동	학업 정보 탐색, 입시 정보 탐색, 학교 정보 탐색, 학교 방문, 직업 정보 탐색, 자격 및 면허 제도 탐색, 직장 방문 , 직업 훈련, 취업 등
진로 계획 활동	자기 이해와 진로 정보에 바탕을 두고 학업과 직업에 대한 구체적인 진로를 설계하는 활동	학업 및 직업에 대한 진로 설계, 진로 지도 및 상담 활동 등
진로 체험 활동	학생들에게 다양한 직업 체험 활동 기회를 제공하고, 사회적 적응력 및 능동적인 직업관, 새로운 직업 발굴을 위한 동기 부여를 제공하는 활동	학업 및 직업의 세계, 직업 체험 활동 등

PART

Ⅲ 월별 학급경영을 위한 인성놀이 적용 방법 및 사례

01 월별 인성놀이

이 책에서 제시하는 인성놀이는 학교에서 교사들이 손쉽게 활용할 수 있도록 하기 위해서 학교 학사일정에 맞추어 그 달에 하면 좋은 놀이나 필요한 놀이를 월별로 제시한다. 월별로 추천놀이를 관련 덕목과 간단한 설명으로 설명해 놓고 다음 페이지에는 '인성놀이 스케줄러'라는 달력을 제시해서 교사가 직접 언제 어떤 놀이를 할 것인지 스케줄을 세워볼 수 있도록 빈 달력을 제시한다.

02 인성놀이 단계

준비하기	⇒	놀기	⇒	생각하고 글쓰기	⇒	소리치기

놀이 의도

제시된 놀이가 인성 덕목과 어떻게 관련되는지, 덕목의 어떤 부분을 길러줄 수 있는지, 이 놀이를 통해서 얻고자 하는 것이 무엇인지를 교사들에게 설명한다.

준비하기

놀이에 필요한 준비물이 제시된다.

놀기

본격적인 놀이 방법이 설명된다. 놀이 방법을 설명하는 가운데 필요한 경우에는 Tip이 중간 중간에 들어간다. Tip에는 놀이를 더 재미있게 하는 방법이나 교사가 유의해야 할 점, 이 놀이를 하면서 교사가 어떻게 멘트를 하면 좋은지 예시 멘트도 직접 적어두었다.

바꿔 놀기

이 부분은 매 놀이마다 들어가 있지는 않다. 그리고 이름도 바꿔 놀기, 다르게 놀기, 더 놀기 등으로 바꿔가면서 필요한 놀이에 추가로 들어간다.

생각하고 글쓰기

인성놀이 관련 학습지 말고 학생들이 항상 가지고 참여해야 하는 것이 '생각노트'이다. 일반 줄 공책에 날짜, 인성놀이 제목, 인성 덕목, 나의 생각, 소리치기 문장 순으로 제목을 적는다. 놀이가 끝나면 그 놀이를 하는 과정에서 느낀 점도 적고 해당 인성 덕목에 관한 자신의 생각도 적는다. 또한 앞으로의 자신의 다짐도 적는다. 마지막의 소리치기에서 외칠 한 문장도 생각하여 적는다.

날짜	
인성놀이제목	
인성 덕목	
나의 생각	
소리치기문장	

각 노트 구조

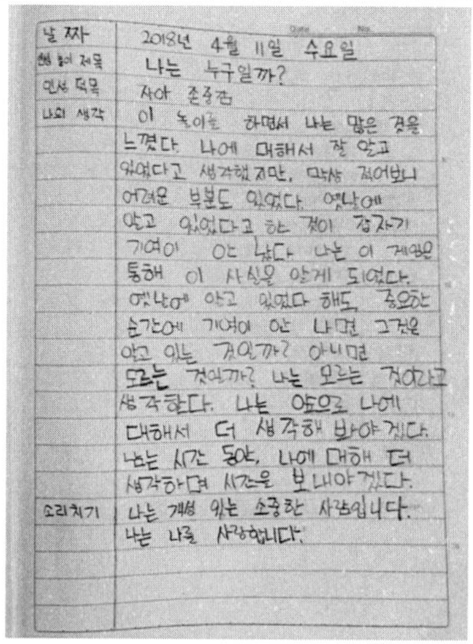
날짜 2018년 4월 11일 수요일
인성놀이 제목 나는 누구일까?
인성 덕목 자아 존중감
나의 생각 이 놀이를 하면서 나는 많은 것을 느꼈다. 나에 대해서 잘 알고 있었다고 생각했지만, 막상 적어보니 어려운 부분도 있었다. 옛날에 알고 있었다고 한 것이 갑자기 기억이 안 났다. 나는 이 게임을 통해 이 사실을 알게 되었다. 옛날에 알고 있었다 해도 중요한 순간에 기억이 안 나면 그것은 알고 있는 것일까? 아니면 모르는 것일까? 나는 모르는 것이라고 생각한다. 나는 앞으로 나에 대해서 더 생각해 봐야겠다. 남는 시간 동안, 나에 대해 더 생각하며 시간을 보내야겠다.
소리치기 나는 개성 있는 소중한 사람입니다. 나는 나를 사랑합니다.

생각 노트 예시

소리치기

'소리치기'는 자아 선언, 뇌 선언이다. 덕목을 놀이하고 난 후에 변화된 모습이나 변화할 모습을 마치 지금 현재 변화된 것처럼 적어서 외치면 자신에게 각인되고 다짐과 약속이 되는 것이다. 소리치기 문장은 "나는 ~이다." 또는 "나는 ~ 할 수 있다."는 형식으로 한 문장으로 만든다. 지금 현재에 자신이 원하는 모습으로 변화되어 있다고 생각하고 긍정적이고 구체적인 문장을 만든다. 그리고 놀이 시간의 마무리는 항상 일어나서, 높은 곳에 서서, 동작도 하면서 자신의 문장을 크게 소리치면서 마친다. 각자의 소리치기도 하고 그 중 한 문장을 뽑아 반 전체가 소리치기도 해본다.

● 혼자서 소리치기	● 다 함께 소리치기

'놀이의 실제'와 '놀이를 하고 나서'

'놀이의 실제'에서는 <저학년>과 <고학년>으로 나누어서 적용해 본 실제 사례를 보여준다. 저학년은 1학년을 대상으로 적용했고, 고학년은 4학년을 대상으로 적용했다. '놀이를 하고 나서'에서는 생각노트에 적혀있는 학생들의 생각과 소리치기의 내용을 보여준다.

03 인성놀이 워크북

학생용 학습지는 각 놀이 설명 뒤에 바로바로 제시하여 교사들이 놀이를 이해하거나 활용하기 쉽도록 했다.

04 월별 인성놀이를 활용한 학급경영

3월부터 12월까지의 월별 인성놀이를 제시하고 학급경영 방법 및 사례를 제공하여 인성교육을 실천할 수 있는 매뉴얼을 제시하였다.

3월

새로운 만남, 설레는 시작

3월 추천 인성놀이

소통	**내 짝을 소개합니다** 짝의 자기소개를 잘 듣고 여러 사람 앞에서 짝이 말한 그대로 짝을 소개하면서, 짝의 이야기에 귀를 기울이게 되어 경청하는 태도를 기를 수 있습니다.
자아존중(자기이해)	**나는 누구일까?** 활동지를 하면서 자신에 대해서 생각해보는 시간을 가진 후에, '아이 엠 그라운드' 놀이를 하면서 자연스럽게 자신이 누구인지 이해하게 됩니다.
자아존중(자긍심)	**나도 할 수 있다** 자신의 한계를 극복해보는 체험과 자신이 꾸준히 노력하여 달성할 수 있는 1년 동안의 목표를 설정하고 지켜나가는 활동을 통해 '할 수 있다.'라는 자신감과 만족감을 길러 자신에 대한 긍정적인 생각을 키워나갈 수 있습니다.
협동	**협동화** 한 장씩 각자의 역할에 최선을 다하고, 각자의 그림을 모아 협동화가 완성되면 성취감을 느끼고, 교실을 아름답게 꾸며 공동체의 발전에 이바지하게 됩니다.

3월

인성놀이 스케줄러

일	월	화	수	목	금	토
	■ 내 짝을 소개합니다					
	■ 나는 누구일까?					
	■ 나도 할 수 있다					
	■ 협동화					

내 짝을 소개합니다.

놀이 의도

소통은 의사소통으로 표현되고, 의사소통을 하려면 다른 사람의 의견에 귀를 기울이는 자세가 무엇보다 필요합니다. 이 놀이는 짝의 자기소개를 잘 듣고 여러 사람 앞에서 짝이 말한 그대로 짝을 소개해야 합니다. 따라서 짝의 이야기에 귀를 기울이게 되어 경청하는 태도를 기를 수 있습니다.

준비하기

'나를 소개합니다.' 활동지, 음악

놀기

① 각자 '나를 소개합니다.' 활동지를 작성한다.

② 교실의 책상을 뒤로 밀고, 작성한 활동지를 접어들고 모듬발로 콩콩 뛰어 다닌다.

③ 음악이 멈출 때 만나는 친구와 서로 짝이 되어 자기소개를 주고받는다.

④ 자기소개를 3번까지 이야기해 줄 수 있지만 글을 보여주어서는 안된다.

⑤ 소개가 끝나면 모두 모여 반 전체 앞에서 자신의 짝을 큰소리로 소개한다.

⑥ 교사는 활동지에 적힌 소개와 같은지 다른지 확인하고, 한 문항당 10점 만점에서 1점씩 감점하면서 점수를 매긴다.

생각하고 글쓰기

다른 사람의 이야기를 이렇게 열심히 들은 적이 있었나요? 이 활동을 하면서 느낀 점을 적어봅시다. 경청에 대해 생각해봅시다.

소리치기

"나는 다른 사람의 이야기를 귀 기울여 듣는다."

"나는 다른 사람과 소통하기 위해 이야기를 경청할 줄 아는 사람이다."

나를 소개합니다.

친구에게 자신을 소개하면 그 친구가 자신을 반 전체의 친구들에게 소개해 줍니다. 아래 3가지 항목에 맞추어서 친구에게 들려줄 나의 이야기를 솔직하게 적어봅시다.

1. 이름은 무엇이고 생일은 언제이며 사는 곳은 어디입니까?

2. 내가 행복했던 순간은 언제, 어떤 일이 일어난 순간입니까?

3. 반 친구들에게 하고 싶은 말은 무엇입니까?

놀이의 실제

	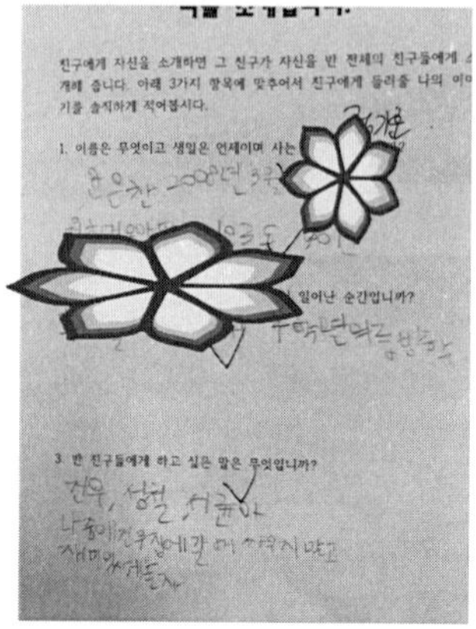
● 자기 소개를 주고 받고 있는 모습	● 친구를 소개할 때 교사가 점수를 매긴 학습지. 모두 맞은 학생들도 많고 모두 틀린 학생들도 많다.

놀이를 하고 나서

➤ 이렇게 다 외우고 맞추니 뿌듯한 느낌도 들고 처음에는 그까짓거 외우면 되겠지?라고 생각하였는데 생각보다 좀 어려워서 당황하기도 하였다. 그래도 다 맞추니 나는 소통을 잘하는 사람이다!

⇒ 나는 다른 사람의 말을 귀기울여 듣는 사람입니다!

➤ 다른 사람의 말을 잘 들어야만 다 맞출 수 있는 문제였다. 앞으로 집에서도 이 놀이를 한번 해 봐야겠다. 놀이 말고 생활하면서도 계속 다른 사람의 말을 잘 듣는 습관을 길러야겠다.

⇒ 나는 소통을 잘하는 사람입니다!

나는 누구일까?

놀이 의도

자아존중감을 가지기 위해 먼저 자기 자신이 어떤 사람인지, 자기 자신에 대해서 이해해보는 것이 필요합니다. 따라서 '나는 누구일까?' 활동지를 통해 자신에 대해서 생각해보는 시간을 가진 후에, '아이 엠 그라운드' 놀이를 하면서 자연스럽게 자신이 누구인지 친구들에게 발표하는 기회도 가지고 친구들이 누구인지에 대해 들어보는 기회도 가지게 됩니다. '나는 누구일까?' 활동지는 진지하게 고민해보고 적을 수 있도록 지도합니다. 놀이를 하면서 생각이 떠오르거나 바뀌면 고칠 수도 있습니다. 그렇게 하다보면 놀이가 끝난 후 '생각하기' 시간에 자신에 대한 이해가 정리됩니다. 이 놀이는 자기를 이해해 볼 수 있는 놀이입니다.

준비하기

'나는 누구일까?' 활동지

놀기

① '나는 누구일까?' 활동지를 작성한다.

> **TIP** 놀이를 위해 나의 생각을 하나의 단어로 반드시 간추려 놓는 것이 좋다.

② 4박자에 맞춰 양손으로 무릎치기(1박), 손뼉치기(2박), 오른손 엄지 세우기(3박), 왼손 엄지 세우기(4박)를 하면서 "아이 엠 그라운드 자기소개하기"라고 다같이 외치며 놀이를 시작한다.

③ 순서를 정해 시계방향으로 돌아가면서, 첫 두박은 말하지 않고 무릎과 손뼉만 치고 나머지 두박에서 오른손 엄지와 왼손 엄지를 각각 세우면서 자기 이름을 말한다.

④ 친구들이 이름을 이야기할 때 잘 기억해 두어야한다.

⑤ 모두가 이름을 말하고 나면 처음 사람이 3박, 4박에서 자기 이름을 말하며 수비하고, 다음 3박, 4박에서 무작위로 다른 친구 이름을 부르며 공격한다.

⑥ 이름이 불린 친구는 자기 이름을 먼저 말하며 수비하고, 다른 친구의 이름을 부르며 공격한다.

⑦ 4박자를 계속 유지하지 못하거나, 수비를 못하면 놀이에서 탈락한다.

> TIP 박자를 느리게 할 수도 있지만 점점 빨라지면 실수도 하고 어려워져 놀이가 더 재미있어진다.

⑧ "자기소개하기" 이 부분을 '나는 누구일까?' 활동지의 질문으로 바꿔서 묻고 답한다. 예를 들면, "아이 엠 그라운드 좋아하는 음식"이라는 질문에 "(무릎) (손뼉) 김밥", "(무릎) (손뼉) 떡볶이", "(무릎) (손뼉) 김치"등으로 자신의 특징을 답하고 같은 방식으로 놀이를 해 나간다.

바꿔 놀기 1

① 공격할 때 3박에서 오른손 엄지를 들며 친구의 특징을 말하고, 4박에서 왼손 엄지를 들며 1에서 4까지의 숫자 중 하나를 말한다.

② 수비할 때는 공격받은 숫자 만큼만 자신의 특징을 말한다.

예 공격자: (무릎) (손뼉) 김치 3
수비자: (무릎) 김치 김치 김치, 공격자가 되어: (무릎) (손뼉) 떡볶이 1
수비자: (무릎) (손뼉) (오른손 엄지) 떡볶이

바꿔 놀기 2

① '바꿔 놀기 1'의 놀이에서 4박자를 8박자로 바꾼다.
1박(무릎), 2박(손뼉), 3박(오른손 엄지), 4박(왼손 엄지)
5박(오른쪽 어깨 들썩), 6박(왼쪽 어깨 들썩), 7박(고개 숙이기), 8박(고개 들기)

② 공격할 때 1에서 8까지의 숫자 중 하나로 공격할 수 있다.

생각하고 글쓰기

활동지에서 대답한 내용을 바탕으로 또는 더 확장하여 나는 어떤 사람인지 생각해보고 적어볼 수 있게 합니다. 내가 누구인지 생각해보는 놀이를 하고 난 후의 새롭게 알게 된 점이나 느낀 점을 적도록 합니다. 자신의 느낌을 한 문장으로 만들어보고 발표해 봅니다.

소리치기

"나는 개성있는 소중한 사람입니다."

"나는 나에 대해 알아가며 나를 존중하겠습니다."

나는 누구일까?

질문	나의 생각	한 단어로?
나의 별명은?		
내가 좋아하는 음식은?		
내가 싫어하는 음식은?		
내가 좋아하는 색깔은?		
내가 싫어하는 색깔은?		
내가 좋아하는 활동은?		
내가 싫어하는 활동은?		
내가 좋아하는 과목은?		
내가 싫어하는 과목은?		
나의 취미는?		
내가 잘하는 활동은?		
나의 장래희망은?		
내가 닮고 싶은 사람은?		
내가 좋아하는 책은?		
지금 기억에 남는 즐거운 추억은?		
기분이 좋을 때는?		
살아가면서 꼭 해보고 싶은 것은?		
나의 좋은 점은?		
나의 싫은 점은?		

〈고학년 적용〉

놀이의 실제

학습지의 자신에 대한 질문에 진지하게 답하는 모습

친구들과 함께 '아이 엠 그라운드 자기소개하기' 게임을 하고 있다.
'아이 엠 그라운드 자기소개하기' 게임의 박자 맞추는 것은 익숙할 정도로 미리 연습해 두는 것이 좋다.

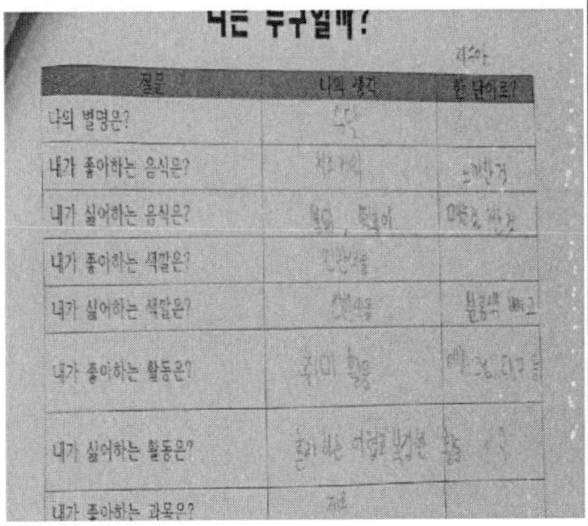

'나는 누구일까?' 학습지 활동 결과물1.
내가 싫어하는 활동은 '혼자 하는 어렵고 복잡한 활동'이라고 답하고 있다.

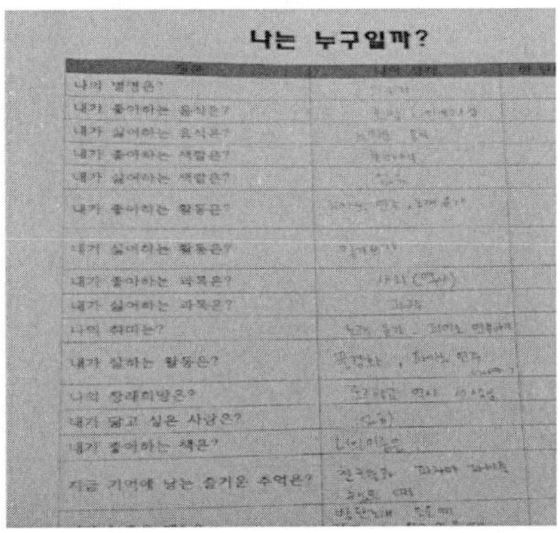

'나는 누구일까?' 학습지 활동 결과물2.
나의 좋은 점은 '뭐든지 열심히 한다.'라고 답하고 있다.

놀이를 하고 나서

➤ 나는 나에 대하여 잘 몰랐던 것 같다. 질문에 제대로 적지 못하고 너무 망설였던 것 같다. 나는 누구일까? 게임을 하며 정말 많은 생각이 들었다. … 나는 앞으로 내 꿈은 무엇인지 좋은 것은 무엇인지 더 자세히 생각해 보아야겠고 나에 대해 좀 더 자세히 알아 보아야겠다. 이 게임이 나에게 많은 도움이 된 것 같다.

⇒ 나는 나를 사랑합니다!

● 추가 활동으로 자기 자신의 머릿속을 지금 차지하고 있는 생각들을 나타내보는 활동을 한 후, 각자의 사물함 위에 붙여서 항상 자신과 자신의 생각에 대해 생각해보고 다른 친구들의 생각도 살펴볼 수 있도록 전시하였다.

➤ 놀이를 하고 나니까 나에 대해 더 잘 알게 되었고, 친구들의 생각이나 친구들을 더 잘 알게 되었다.

⇒ 나는 나에 대해서 잘 아는 믿음직한 사람입니다!

〈저학년 적용〉

놀이의 실제

● 나를 알려주는 문장 완성하기.
내가 듣고 싶은 별명, 좋아하는 음식, 좋아하는 색깔, 좋아하는 과목 등 나를 알려주는 문장을 완성했다.

● 자신의 쓴 문장을 서로 읽어주는 모습.
자기를 소개하는 문장을 친구에게 읽어주는 활동을 통해 자연스럽게 자기소개가 될 수 있었다.

● 친구들에게 문장 읽어주는 모습.
학습지를 모아서 한 장 뽑아 문장 읽고 어떤 친구인지 퀴즈 내는 활동을 하였다.

● 아이 엠 그라운드 자기소개 하기.
자신이 쓴 문장 완성하기 항목 중 골라서 짝꿍- 모둠- 전체로 자기소개를 하였다. 저학년인 경우 박자를 맞추기 위해 연습할 시간이 필요하다.

나도 할 수 있다

놀이 의도

자신의 행동 결과로 성취감을 경험하고 칭찬을 받으며, 자신이 꾸준히 추진하는 일에 만족감을 느끼고 자신의 능력을 부단히 계발시킬 수 있을 때 자신감과 자아존중감은 더욱 육성될 수 있습니다. 그래서 이번 놀이에서는 자신의 한계를 극복해보는 체험을 하면서 성취감과 자신감을 느껴봅니다. 그리고 자신이 꾸준히 노력하여 달성할 수 있는 1년 동안의 목표를 설정하고 지켜나가는 활동을 통해 '할 수 있다'라는 자신감과 만족감을 길러 자신에 대한 긍정적인 생각을 키워나갈 수 있게 합니다.

준비하기

'내 몸의 점수는?' 활동지, '나도 할 수 있다' 활동지,

'시간 여행' 활동지, 학생 사진, 빈 우유팩 2개, 색종이, 풀, 라벨지, 타임캡슐에 넣고 싶은 작은 물건(200ml 우유통 안에 들어가는 크기의 물건),

'1년 동안 해내자!' 활동지,

'1년 전의 나 vs 지금의 나' 활동지(1년 전 학생사진과 1년 후 학생사진 필요)

놀기 1

'내 몸의 점수는?' 활동은 교사의 지시에 따라 간단한 몸동작을 하면서 자신의 몸의 상태를 파악해보는 활동이다. 활동마다 '내 몸의 점수는?' 활동지에 점수를 체크한다.

> **TIP** 동작을 할 때 장난하지 않고 집중하는 분위기 속에서 할 수 있도록 한다. '놀이 2' 활동을 끝낸 후나 일주일 후에 다시 체크해 자신의 몸 상태가 나아졌는지 확인해본다.

– 눈감고 한발로 균형 잡기

① 오른발을 들어 무릎을 굽히고 왼발로 서서 양팔을 들어 균형을 잡는다.

② 시작하면 눈을 감고 20초간 가만히 자세를 유지한다. 이때 넘어지거나 발

을 내려놓으면 탈락이다.

③ 몇 초간 자세를 유지했는지 측정한다.

④ 다리를 바꾸어 왼발을 들고 오른발로 서서 균형 잡는 시간을 측정한다.

> TIP 교사가 전체적으로 크게 1초, 2초, 3초, ..., 20초까지 초를 계속 불러주면 학생들은 자신이 넘어질 때의 초를 기록하면 된다. 또는 짝끼리 서로 시간을 재어줄 수 있다. 20초의 시간을 정해두지 않고 반 전체의 학생이 동시에 시작하여 마지막까지 남는 우리반 1등을 뽑아보는 것도 재미있다.

⑤ 이번에는 자세는 같지만 눈을 뜨고 균형 잡는 시간을 측정해본다.

⑥ 눈을 떴을 때와 감았을 때 균형 잡는 시간을 비교해본다. 왜 이런 차이가 나는지 생각해보고 이야기해 본다.

> TIP 대체로 눈을 떴을 때 균형을 더 잘 잡을 것이다. 물론 학생마다 차이가 있으므로 어떤 이야기이든지 수용해준다. 이런 비교와 이유를 생각해봄으로써 집중하는 방법에 대해서 관심을 가지고 깨닫고 배울 수 있다.

➤ 집중 박수

① 교사가 펼친 손가락의 수만큼 박수를 치는 것이다.

② 단, 교사가 펼친 오른손가락의 수에는 더하기 1을 하고, 왼손가락의 수에는 빼기 1을 해서 박수를 쳐야한다. 예를 들어 교사가 "박수 한 번 시작!"하면서 오른손가락으로 표시를 하면 학생들은 박수를 두 번 쳐야한다. 교사가 " 박수 세 번 시작!"하면서 왼손가락으로 표시를 하면 학생들은 박수를 두 번 쳐야한다.

③ 박수 치는 순간을 놓치지 않고 박수를 정답에 맞게 잘 치는 횟수를 세어 기록한다.

> TIP 교사는 박수치는 구령을 부르는 속도를 점점 빠르게 해본다.

➤ 등 뒤로 두 손잡기

① 왼손을 어깨 위로 올려 등 뒤로 보내고 오른손은 허리 뒤로 돌려, 등 뒤에서 두 손을 잡아본다.

② 두 손이 잡히지 않는다면 두 손이 떨어진 거리를 짝이 재어준다.

③ 손을 바꾸어 오른손을 어깨 위로 올리고 왼손을 허리 뒤로 돌려 등 뒤에서 두 손을 잡아본다.

④ 두 손이 떨어진 거리에 따라 팔과 어깨의 유연함을 점검할 수 있다.

➤ 양손 발끝에 닿기

① 바닥에 앉아 다리를 앞으로 곧게 뻗는다.

② 발끝을 세우고 무릎을 굽히지 않으면서 손이 발끝에 닿도록 최대한 허리를 굽힌다.

③ 손과 발끝과의 거리에 따라 몸의 유연함을 점검할 수 있다.

➤ 눈감고 제자리 걷기

① 자신의 앞에 기준이 될 물건을 정하고 그 기준을 향해 앞을 보고 바르게 선다.

② 눈을 감고 제자리걸음을 1분 정도 걷는다.

③ 눈을 뜨고 기준이 된 물건을 기준으로 자신이 처음처럼 똑바로 서 있는지, 얼만큼 돌아갔는지 확인한다.

총점을 내면 9점에서 45점까지 나온다. 총점을 3단계(상: 31점~45점, 중: 16점~30점, 하: 9점~15점)나 5단계(상: 37점~45점, 중상: 28점~36점, 중: 19점~27점, 중하: 10점~18점, 하: 9점)로 나누어 평가할 수도 있다.

> TIP 총점을 상, 중, 하로 나누어 따져볼 수도 있지만 점수에 너무 집착할 필요는 없다. 점수보다는 몸의 균형과 이완 상태를 점검해보고 집중하는 자세나 마음가짐을 느껴보는 것으로 충분하다.

놀기 2

'나도 할 수 있다' 놀이는 신체적 한계에 도전해 보는 놀이이다. 자신이 죽어도 더 이상 할 수 없을 것 같은 상태가 나의 한계이다. 나의 한계에 도달했을 때 한 번 더 이루어내면서 성취감을 느낄 수 있다. 활동지에 나의 한계를 기록하고 하나 더 해본다. 그러면 나의 한계가 한 단계 올라가게 되는 것이고, 그 수준에서 또 다시 나의 한계에 도전해본다.

> TIP 전체적으로나 각 종목마다 교사가 적절한 멘트를 해 주면서 학생들이 자신의 한계를 넘어 하나를 더 할 수 있도록 격려해주면 이 활동이 힘든 벌이 되지 않고 성취감을 느끼는 놀이가 될 수 있다.

➤ 눈 감고 서 있기

① 차렷 자세로 편안하게 선다.
② 시간측정 시작과 함께 편안하게 눈을 감는다.
③ 더 이상 눈을 감고 서 있기 싫거나 힘들 때 눈을 떠 시간을 확인한다.
④ 다음번에는 나의 한계를 극복하고 더 오래 견디어본다.

➤ 팔 굽혀 펴기

① 두 팔을 어깨너비만큼 벌려 엎드려 바닥을 짚는다.
② 두 발을 모아 뒤로 뻗어 엎드린다.

> TIP 조금 쉬운 단계는 무릎을 땅에 닿게 하는 것이다. 자신의 능력에 맞게 선택하여 도전해 본다.

③ 땅에 몸이 닿지 않고 등과 허리와 엉덩이가 일직선이 되도록 유지하면서 팔을 굽혔다가 편다.
④ 힘들어 더 이상 할 수 없을 때까지 반복한다.
⑤ 횟수를 기록해두고 한번 더 도전하여 나의 한계를 극복하고 이전 기록보다 하나 더 팔 굽혀 펴기를 한다.

➤ 기마자세 유지하기

① 양 발을 어깨넓이로 벌리고 선다.
② 의자에 앉듯이 무릎을 120도 정도로 굽힌다.
③ 손가락을 펴고 팔을 앞으로 나란히 한다.
④ 더 이상 못 버틸 때까지 자세를 유지한다.
⑤ 시간을 기록해두고 한번 더 도전하여 나의 한계를 극복하고 이전 기록보다 조금 더 자세를 유지해본다.

➤ 줄넘기

① 자신의 능력에 맞게 줄넘기 중 넘는 방법을 하나 선택한다.

② 최선을 다해 뛰어 최고 기록을 만든다.

③ 다음번에는 나의 한계를 극복하고 하나 더 뛰어본다.

➤ 걷기

① 운동장을 한 바퀴씩 걸어본다.

② 몇 바퀴 걸었을 때 한계가 오는지 확인한다.

③ 다음번에는 나의 한계를 극복하고 한 발짝 더 걸어본다.

➤ 오래달리기

① 운동장을 천천히 달린다.

② 몇 바퀴 달렸을 때 한계가 오는지 확인한다.

③ 다음번에는 나의 한계를 극복하고 한 발짝 더 달려본다.

놀기 3

'시간 여행' 놀이는 우리가 흔히 알고 있는 타임캡슐 놀이이다. 현재 자신의 상태와 1년 동안 자신이 이루고자하는 목표를 적어 상자 안에 넣어 놓고, 1년 뒤 열어봄으로써 자신의 발전한 모습을 만나볼 수 있다.

① 진지한 자세로 '시간 여행' 활동지를 작성한다.

> **TIP** 미리 전 시간에 학생들의 사진을 찍어두고 사진을 표에 맞는 크기로 인쇄하여 잘라서 학생들에게 나누어주고 풀로 붙이도록 한다.

② 200ml짜리 빈 우유팩 2개의 윗부분을 잘라내어 직육면체 모양으로 만든다.

③ '시간 여행' 활동지를 접어서 우유팩 안에 넣는다.

> **TIP** 이때 활동지와 함께 넣고 싶은 물건을 함께 넣어도 좋다. 우유팩이 작으므로 그 안에 맞는 물건으로 미리 생각하고 가져오게 한다.

④ 2개의 우유팩의 뚫린 부분이 서로 마주보게 끼워 넣어 사방이 막혀있는 직육면체 상자를 만든다.

⑤ 색종이(또는 시트지)로 상자를 예쁘게 감싸준다.

⑥ 1년 뒤 상자를 열어볼 날짜를 함께 정하고 '시간 여행' 라벨지를 한쪽 면에 붙인다.

⑦ '시간 여행 상자'를 1년 동안 잘 보관한다.

> **TIP** 잃어버리면 안 되므로 교사가 전체를 다 거두어 캐비넷에 보관하여도 된다. 또는 상자를 서로 양면테이프로 붙여가면서 피라미드 모양으로 쌓아서 교실 뒤편에 놓아 환경 정리에 이용하여도 좋다. 교실 뒤편에 놓아두면 상자를 보고 학생들이 1년 뒤 상자를 열어보는 생각을 가끔씩 깨우쳐 줄 수 있어 목표 달성을 위해 노력하는데 도움이 될 수 있다.

<table>
<tr><td></td><td>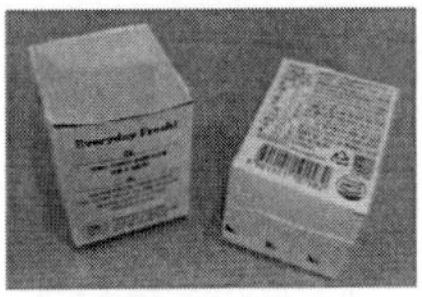</td><td>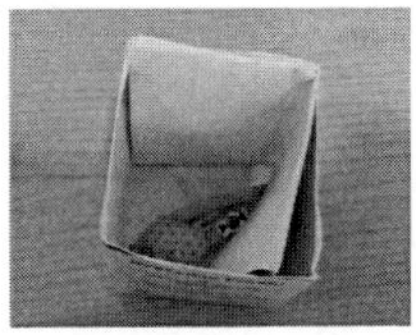</td></tr>
<tr><td colspan="2">②</td><td>③</td></tr>
<tr><td></td><td></td><td></td></tr>
<tr><td colspan="2">④</td><td></td></tr>
<tr><td></td><td></td><td></td></tr>
<tr><td>⑤</td><td>⑥</td><td></td></tr>
</table>

놀기 4

'1년 동안 해내자!'는 '시간 여행 상자' 안에 들어있는 자신의 목표를 이루기 위해 매달 자신이 이루어야하는 구체적인 목표를 설정하고 점검해 나가는 활동이다.

① '시간 여행 상자'를 열어보기로 한 날까지 몇 달이 남아있는지 계산한다.

② 1년 동안의 목표를 남아있는 달 수 만큼 나누어 구체적인 목표를 세운다.

> TIP 더 세분화하면 주별 목표나 일별 목표를 세워서 실천할 수 있다.

③ 활동지를 잘 보이는 곳에 붙여놓고 실천해나간다.

> TIP 환경게시판에 게시할 수도 있고 학생 각자의 사물함 문 앞에 붙여놓고 항상 체크해 나가면 좋다.

생각하고 글쓰기

내 몸의 상태를 점검해보니 어떠했나요?
나의 한계를 느껴보고 극복했나요?
시간 여행 상자를 만들면서 마음의 각오를 단단히 했나요?
1년 후에 나의 모습은 어떠할까요?
활동마다의 느낀 점이나 다짐을 글로 써 봅시다.
1년이 지난 후에 '시간 여행 상자'를 열어 본 후 다시 자신의 느낌을 글로 적어봅시다.

소리치기

"나는 나의 한계를 극복할 수 있다."
"나는 할 수 있다."
"나는 나의 목표를 실천하고 이루어낼 수 있다."
"나의 목표를 위해 열심히 노력하는 내가 되겠다."

내 몸의 점수는?

현재 나의 몸 상태를 점검해봅시다.

<table>
<tr><th rowspan="2">동작명</th><th rowspan="2" colspan="2">측정 기준</th><th colspan="5">점수 기준</th></tr>
<tr><th>1</th><th>2</th><th>3</th><th>4</th><th>5</th></tr>
<tr><td rowspan="2">눈감고
한 발로 균형
잡기</td><td rowspan="2">자세
유지
시간</td><td>왼발</td><td>0~2초</td><td>3~5초</td><td>6~10초</td><td>11~15초</td><td>16~20초</td></tr>
<tr><td>오른발</td><td>0~2초</td><td>3~5초</td><td>6~10초</td><td>11~15초</td><td>16~20초</td></tr>
<tr><td rowspan="2">눈뜨고
한 발로 균형
잡기</td><td rowspan="2">자세
유지
시간</td><td>왼발</td><td>0~2초</td><td>3~5초</td><td>6~10초</td><td>11~15초</td><td>16~20초</td></tr>
<tr><td>오른발</td><td>0~2초</td><td>3~5초</td><td>6~10초</td><td>11~15초</td><td>16~20초</td></tr>
<tr><td>집중 박수</td><td colspan="2">10번 중 맞은
박수의 수</td><td>10번 중
1~2번
맞음</td><td>10번 중
3~4번
맞음</td><td>10번 중
5~6번
맞음</td><td>10번 중
7~8번
맞음</td><td>10번 중
9~10번
맞음</td></tr>
<tr><td rowspan="2">등 뒤로
두 손잡기</td><td rowspan="2">두 손
사이의
거리</td><td>왼손
위에</td><td>20cm
이하</td><td>10cm
이하</td><td>5cm 이하</td><td>두 손이
닿으나
잡지는
못함</td><td>두 손을
잡음</td></tr>
<tr><td>오른손
위에</td><td>20cm
이하</td><td>10cm
이하</td><td>5cm 이하</td><td>두 손이
닿으나
잡지는
못함</td><td>두 손을
잡음</td></tr>
<tr><td>양손 발끝에
닿기</td><td colspan="2">손과 발끝과의
거리</td><td>40cm
이하</td><td>30cm
이하</td><td>20cm
이하</td><td>10cm
이하</td><td>손이
발끝에
완전히
닿음</td></tr>
<tr><td>눈감고
제자리 걷기</td><td colspan="2">정면 자세 유지</td><td>원을 돈다</td><td>반원</td><td>45도</td><td>15도</td><td>정면
그대로</td></tr>
<tr><td colspan="6">총 점수</td><td colspan="2"></td></tr>
</table>

나도 할 수 있다

최선을 다해 나의 한계에 도전하여 한 번 더 성취해봅시다.

종목	나의 한계	성취 1	성취 2	성취 3	나의 기분 느낀 점
눈 감고 서 있기	분 초	분 초	분 초	분 초	
팔 굽혀 펴기	개	개	개	개	
기마 자세 유지하기	분 초	분 초	분 초	분 초	
줄넘기	개	개	개	개	
걷기	바퀴 발짝	바퀴 발짝	바퀴 발짝	바퀴 발짝	
오래 달리기	바퀴 발짝	바퀴 발짝	바퀴 발짝	바퀴 발짝	

시간 여행

나의 현재 모습을 기록해봅시다.

내 얼굴	키	몸무게	발 크기
내 사진 붙이기			

1년 동안 자신이 이루고자하는 목표를 세워봅시다.

	독서	운동	공부	봉사
현재의 나				
1년 후의 나				

목표를 달성하기 위한 나의 다짐과 더불어 1년 후의 나에게 편지를 써 봅시다.

1년 후의 나에게

목표 달성 후 받고 싶은 칭찬을 적어봅시다.

누구에게	
무엇을	
어떻게	

- 시간 여행 상자에 붙일 라벨지 -

〈시간 여행〉 이 상자를 열면 ______년 ___월 ___일의 ________로 돌아갑니다. 주의: ___년 __월 __일 전에 이 상자를 열면 폭발함	**〈시간 여행〉** 이 상자를 열면 ______년 ___월 ___일의 ________로 돌아갑니다. 주의: ___년 __월 __일 전에 이 상자를 열면 폭발함
〈시간 여행〉 이 상자를 열면 ______년 ___월 ___일의 ________로 돌아갑니다. 주의: ___년 __월 __일 전에 이 상자를 열면 폭발함	**〈시간 여행〉** 이 상자를 열면 ______년 ___월 ___일의 ________로 돌아갑니다. 주의: ___년 __월 __일 전에 이 상자를 열면 폭발함
〈시간 여행〉 이 상자를 열면 ______년 ___월 ___일의 ________로 돌아갑니다. 주의: ___년 __월 __일 전에 이 상자를 열면 폭발함	**〈시간 여행〉** 이 상자를 열면 ______년 ___월 ___일의 ________로 돌아갑니다. 주의: ___년 __월 __일 전에 이 상자를 열면 폭발함
〈시간 여행〉 이 상자를 열면 ______년 ___월 ___일의 ________로 돌아갑니다. 주의: ___년 __월 __일 전에 이 상자를 열면 폭발함	**〈시간 여행〉** 이 상자를 열면 ______년 ___월 ___일의 ________로 돌아갑니다. 주의: ___년 __월 __일 전에 이 상자를 열면 폭발함

1년 동안 해내자!

1년 후 달성 목표를 이루기 위해 매달 도달해야하는 구체적인 목표를 세우고 실천해 봅시다. 실천한 목표는 빨간색으로 글자 위에 동그라미 표시합니다.

	독서	운동	공부	봉사
1년 후 달성 목표				
첫째달 목표				
둘째달 목표				
셋째달 목표				
넷째달 목표				
다섯째달 목표				
여섯째달 목표				
일곱째달 목표				
여덟째달 목표				
아홉째달 목표				
열째달 목표				
열한째달 목표				
열두째달 목표				

1년 전 나 VS 지금의 나!

‘시간 여행 상자’를 만들고 1년이 지났습니다. ‘시간 여행 상자’를 열어 1년 전의 나와 1년 후인 지금의 나의 모습을 기록해 보고 성장한 나를 만나봅시다.

	내 얼굴	키	몸무게	발 크기
1년 전의 나	내 사진 붙이기			
1년 후인 지금의 나	내 사진 붙이기			

1년 동안 자신이 세운 목표를 얼마나 달성했는지 비교해 봅시다.

	독서	운동	공부	봉사
1년 전의 나				
목표				
1년 후인 지금의 나				
목표 달성 정도				

목표를 달성하지 못했다면 왜 그런지 자신을 반성해 보고, 목표를 달성했다면 자신이 받고 싶었던 칭찬을 받아봅시다.

〈저학년 적용〉

놀이의 실제

➤ 놀기 1: 내몸의 점수를 알아보는 활동

● 눈감고 한발로 균형 잡기.
눈을 감고 한발로 균형 잡기 신체 놀이를 했다. 가장 오래 버티는 친구들을 뽑아 우리 반 균형 잡기 왕을 뽑아 보았다. 균형 잡기를 잘하기 위해 어떻게 하면 될지 의논하고 서로 격려하고 응원하며 다시 도전하는 친구들도 있었다.

➤ 놀기 3: 타임캡슐 놀이 활동

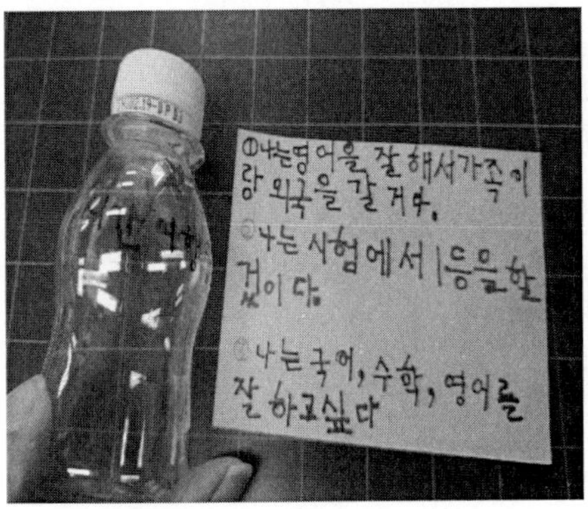

● 시간 여행 놀이 준비하기.
뚜껑이 있는 빈 요구르트 병을 깨끗하게 씻어서 준비하고, 올해 꼭 실천하고 싶은 일들을 적어서 그 안에 넣는다.

● 시간 여행을 시작하기 전에 주문 외우기.
"나는 할 수 있다."
"나는 나의 목표를 실천하고 이루어낼 수 있다."
"나의 목표를 위해 열심히 노력하는 내가 되겠다."

협동화

놀이 의도

협동은 사회의 공동선을 창출하고 증진하기 위해 구성원들이 노력하는 것입니다. 학생들이 교실에서 쉽게 공동선을 창출할 수 있는 활동 중에 하나는 협동화입니다. 한 장씩 각자의 역할에 최선을 다하고, 조화로운 그림을 완성하기 위해서 서로 묻고 의논해 나갑니다. 각자의 그림을 모아 협동화가 완성되면 성취감을 느끼고, 교실을 아름답게 꾸며 공동체의 발전에 이바지하게 됩니다. 협동화는 협동의 의미와 중요성을 가장 잘 체험할 수 있게 해주는 좋은 놀이 활동입니다.

준비하기

협동화 도안, 채색용품

놀기

① 교사는 학생들의 인원수에 맞게 협동화 도안을 준비한다.

> **TIP** 그림을 나눌 때 인원수보다 많이 만들어 자신의 그림을 빨리한 학생들이 남은 그림을 더 색칠하게 하는 것도 좋다. 협동화 도안은 좋은 명화 작품이나 그림책의 그림들 등 학생들의 수준에 맞추어 교사가 선택한다. 학기 초 반 단체 사진을 찍고 그것을 협동화로 만들면 학생들이 서로 빨리 친해지고 훌륭한 환경미화 작품이 될 수 있다.

<협동화 도안 만드는 방법>

1) 협동화를 하고자하는 그림 파일을 하나 준비한다.

2) 인터넷 검색창에서 '포토스케이프'를 검색해 프로그램을 무료로 다운받는다.

3) 포토스케이프 프로그램을 실행시키고 사진편집으로 들어가 왼쪽폴더에서 사진을 선택해서 연다.

4) 파란색 동그라미 부분을 눌러 무채색의 흑백사진으로 바꾸어준다. 빨간색 동그라미 부분의 필터를 눌러 윤곽선을 선택하고 윤곽선의 레벨을 적절하게 조정한 후 확인을 누른다.

5) 오른쪽 저장버튼을 눌러 그림을 저장한다.

6) 포토스케이프 첫화면으로 나가서 사진분할을 클릭한다. 추가를 눌러 도안을 불러오고 분할할 칸수를 정한다. 분할 버튼을 눌러 그림을 저장한다.

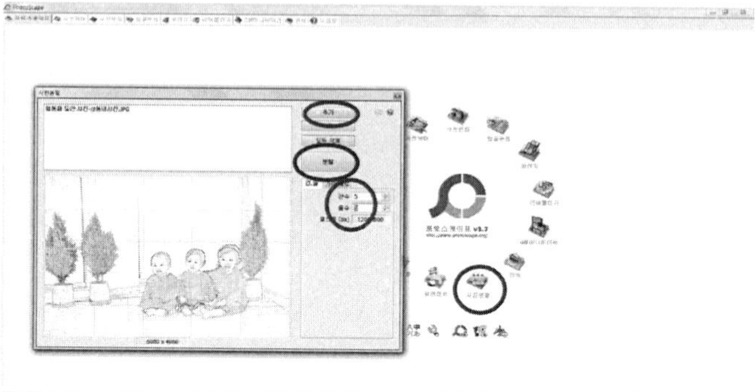

7) 폴더에 25개의 나누어진 그림이 하나씩 들어가 있다. 그림위에서 마우스 오른쪽 버튼을 눌러 인쇄를 선택한다.

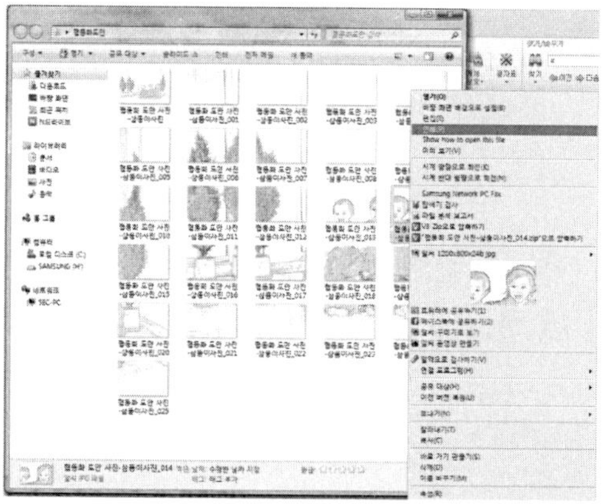

8) 아래 그림을 프레임에 맞춤을 체크하지 말고 인쇄를 한다.

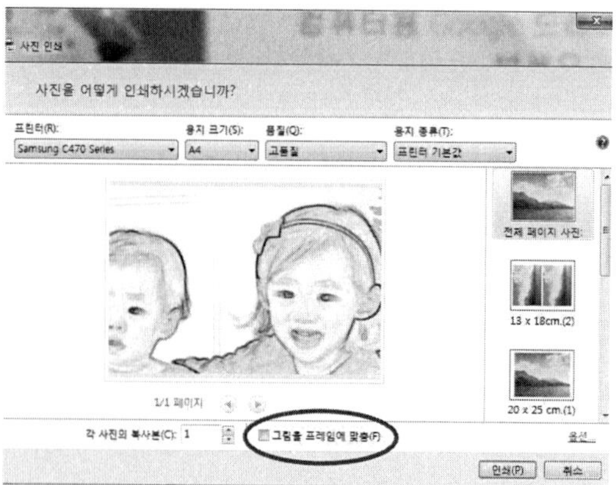

② 완성할 그림을 학생들에게 먼저 보여주고 난 후, 인쇄한 도안을 무작위로 나누어준다.

> **TIP** 완성할 그림을 미리 보여주는 것은 전체적인 그림의 윤곽을 알기 위해서이지 똑같이 색칠을 하기 위함이 아님을 주지시킨다.

③ 자기 그림의 옆 그림의 친구를 찾아 서로 이야기를 나누며 그림을 색칠한다.

> **TIP** 색깔을 옆 친구와 똑같이 맞출 필요는 없다. 자신의 생각대로 조화롭게 칠하면 된다.

④ 색칠한 하나하나의 그림을 가지고 퍼즐을 맞추어 커다란 하나의 그림을 완성한다.

⑤ 완성된 작품을 교실에 게시한다.

생각하고 글쓰기

협동화를 완성하는 과정에서 어떤 생각과 느낌이 들었나요? 협동에 대해 생각해봅시다.

소리치기

"나는 공동체가 잘 되기 위해 열심히 협동을 한다."

〈고학년 적용〉

놀이의 실제

● 각자에게 나누어준 조각 그림을 전체사진을 참고하면서 나름대로 색칠하고 있다.

● 옆 그림 친구들을 찾아서 그림을 연결한다.

● 칠판에서 전체 그림이 나오도록 연결한다.

● 4학년 1반 단체사진을 협동화로 완성!

〈저학년 적용〉

놀이의 실제

- 1학년 통합교과 가을과 연계하여 가을 풍경 협동화 그리기.
  어떤 색깔을 선택하면 그림이 돋보일지 생각하면서 색칠하고 있다.

- 다 완성한 학생들은 완성하지 못한 학생들 도와주는 모습.
  멋진 하나의 그림을 완성하기 위해 친구들의 작품도 적극적으로 도와주고 있다.

- 자신의 그림이 어떤 부분일지 친구들과 이야기 나누는 모습.
  자신이 완성한 그림이 전체의 어떤 부분일지 친구들과 그림을 비교해 보며 이야기를 나누고 있다.

- 협동화 완성한 모습.
  각자 부분 색칠에 최선을 다해서 색칠하고 친구들도 서로 도왔지만 그림과 관련 없는 색깔로 색칠되어 있는 부분도 있었다.

놀이를 하고 나서

➤ 색칠하기 전에 어떤 부분일지 먼저 의논하고 색칠하면 좋을 것 같다.

➤ 친구들이 각자 최선을 다해줘서 멋진 그림이 완성된 것 같다.

➤ 서로 도와가면서 색칠해서 기분이 좋았다.

➤ 몇몇 부분이 전체 그림과 관련 없는 색깔로 색칠되어 있어서 아쉽다.
⇒ 나는 공동체가 잘 되기 위해 열심히 협동을 한다!

4월

꽃피는 배려, 향기로운 성장

4월 추천 인성놀이

배려(공감)	**친구 의자** 서로서로의 무릎 위에 앉는 놀이를 통해 우리의 인간관계는 상호의존적이고, 따라서 서로 믿고 배려할 때 우리 모두가 행복할 수 있다는 것을 느낄 수 있는 놀이입니다.
생명존중, 자연애	**방울아~ 열려라~** 식물을 키우는 과정에서 식물이 죽지 않도록 사랑을 주고 잘 보살피면서 생명 존중의 마음을 느낄 수 있습니다.
절제(자기조절)	**감정을 찾아라** 다양한 감정을 찾아보고 표현해 보면서 자신의 감정도 느껴봅니다.
절제(자기조절)	**내 감정은 내 것!** 자신의 감정을 적절하게 조절해보는 활동(웃기지 않아도 웃어보는 것, 쌓기나무를 쌓는 과정, 초콜릿을 먹고 싶은 것을 참기)을 통해서 내 감정은 내 것이기에 내가 적절하게 조절해 나갈 수 있다는 것을 배우게 됩니다.

인성놀이 스케줄러

4월

일	월	화	수	목	금	토
	■ 친구의자					
	■ 방울아~ 열려라~					
	■ 감정을 찾아라					
	■ 내 감정은 내 것!					

친구 의자

놀이 의도

배려는 나와 다른 사람 간에 상호의존적인 관계를 가지고 있다는 인식이 바탕이 되고 있습니다. 서로서로의 무릎 위에 앉는 이 놀이는 혼자서는 할 수 없고 서로 믿고 의존해야만 할 수 있는 놀이입니다. 우리의 인간관계는 상호의존적이고, 따라서 서로 믿고 배려할 때 우리 모두가 행복할 수 있다는 것을 느낄 수 있는 놀이입니다.

준비하기

동요 노래

놀기

① 반 전체 모두 둥그렇게 선다.

② 시계반대방향을 보고 서서 원을 작게 줄이면서 발끝이 앞 친구의 실내화 뒤꿈치에 닿도록 몸을 밀착한다.

③ 교사의 신호에 따라 뒤 친구의 허벅지 위에 앉는다.

> **TIP** 친구에게 미안해서 편안하게 앉지 못하고 어정쩡한 자세로 버티는 친구들이 있다. 그런 친구들은 다리가 아파서 오래 버티지 못한다. 그것이 더 피해를 줄 수 있다. 힘이 서로 분산되므로 친구의 허벅지에 앉아도 아프지 않으므로 서로 의지해야 됨을 주지시킨다.

④ 모두가 힘을 빼고 편안하게 앉는 의자를 만들고 미리 정한 동요 한곡을 부를 때까지 버텨야 성공이다.

⑤ 실패하면 다시 시작한다.

⑥ 노래를 성공하면, 교사의 신호에 따라 '오른발, 왼발, 오른발, 왼발'하며 앞으로 또는 뒤로 걸어보기도 한다.

⑦ 편안한 안락의자를 느껴본다.

다르게 놀기 1

① 두 명씩 한 모둠이 되어 서로 마주보고 선다.
② 발끝을 모아 서로 맞닿게 하고 앉는다.
③ 서로 손 또는 팔목을 잡고 동시에 일어난다.

> TIP 손이나 어깨 어디를 어떻게 잡든지 잡는 방법은 상관이 없다. 어떻게 하면 성공할 수 있을지 방법을 서로 연구하면서 놀이한다.

④ 성공하면 성공한 다른 모둠과 합하여 4명으로 활동을 계속한다.
⑤ 인원수를 늘리면서 계속해본다.

> TIP 너무 많은 인원이 참여하면 놀이가 힘들어진다. 어느 정도의 인원까지 가능한지 시도해보는 것도 좋은 활동이 되겠다.

다르게 놀기 2

① 두 사람부터 시작한다.
② 서로 등을 마주대고 앉은 상태에서 서로 팔짱을 끼고 등과 머리를 붙이고 동시에 일어섰다 앉기를 해본다.
③ 이제 두 모둠이 합쳐 네 사람이 등을 대고 앉아 다같이 팔짱을 끼고 등과 머리를 붙이고 동시에 일어섰다 앉기를 해본다.
④ 모둠을 합쳐가면서 마지막에는 반 전체의 인원이 등을 대고 서로 팔짱을 끼고 앉아 등과 머리를 붙이고 동시에 일어섰다 앉기를 해본다.
⑤ 실패했을 시 친구를 비난하기보다는 어떻게 하면 성공할 수 있는지 서로 이야기하고 격려하면서 연구해본다.

생각하고 글쓰기

이 놀이들은 어떻게 해야 잘 할 수 있었나요? 놀이를 하고 난 후의 느낀 점을 적어봅시다. 상호의존적 인간관계, 믿음, 배려에 대해 생각해봅시다.

소리치기

"나는 서로 믿고 의지하는 사람이다."
"나는 친구들을 믿고 의지하며 배려하는 사람이다."

〈고학년 적용〉

놀이의 실제

● 둥그렇게 서서 친구 허벅지에 앉는 친구의 자. 처음부터 반 전체로 하니 잘 되지 않았다. 모둠별로 인원을 늘려가며 연습이 필요하다.	● 발끝을 모으고 손잡고 동시에 일어나기. 2명부터 시작해서 인원수를 점점 늘려나간다.

● 서로 등을 마주대고 앉은 상태에서 팔짱을 끼고 동시에 일어난다.	● 인원을 늘려가면서 점점 성공해냈다.

방울아~ 열려라~

놀이 의도

이번 놀이는 자연을 사랑하고 생명을 존중하는 마음가짐을 기를 수 있는 활동입니다. 식물을 키우는 일은 어쩌면 쉬워 보이지만 매일매일 꾸준히 돌보지 않으면 식물이 잘 자라지 않거나 죽어버립니다. 식물을 키우는 과정에서 식물이 죽지 않도록 사랑을 주고 잘 보살피면서 생명 존중의 마음을 느낄 수 있습니다. 더불어 작은 일에도 정성을 다하고 근면하게 행동하는 성실의 마음과 책임감도 체험할 수 있는 활동입니다.

준비하기

'방울아~ 열려라~' 활동지, 방울토마토 모종, 화분, 상토, 모종삽, 지지대, 비료, 물

놀기

① 토마토는 5월초에 심는 것이 좋다.

② 하루 6~7시간 정도 햇빛이 비치는 곳인 베란다나 옥상, 창가에 두어야한다.

③ 고온성 작물이라서 서늘한 곳에 두면 냉해를 받기 쉬우므로 주의한다.

④ 준비물을 준비해서 방울토마토를 심는다.

⑤ 성실히 관리하며 '방울아~ 열려라~' 활동지를 매일 작성한다.

> **TIP** 활동지를 작성하면 매일 꾸준히 관리하는데 도움이 될 수 있다. 또한 방울토마토의 변화를 한눈에 알 수 있다. 3달 정도가 지나면 첫 수확을 할 수 있으므로 학생들은 3달 정도 성실히 활동해야 한다.

바꿔 놀기

➤ 강낭콩 키우기

> **TIP** 강낭콩은 쉽게 잘 자라므로 저학년 아이들이 키우기에 적합하다.

① 강낭콩을 물에 하루정도 불린다.
② 종이컵 안에 상토를 넣고 살짝 깊게 심는다.
③ 싹이 나서 본잎이 나기 시작하면 화분으로 옮겨 심는다.
④ 지지대를 꽂아 주고 물을 주며 꾸준히 돌봐준다.

➤ 꽃 화분 키우기

> **TIP** 화분에 물만 주면서 식물을 돌보는 활동으로 아주 간편하게 활동을 할 수 있다.

① 꽃 화분을 구매한다.
② 정해진 시간과 방법대로 물을 주며 돌봐준다.

생각하고 글쓰기

방울토마토를 키우는 과정은 어떠했고 어떤 마음이 들었습니까? 방울토마토를 죽이지 않고 정성껏 길러 열매가 열렸을 때 기분은 어떠했습니까? 생명 존중에 대해 생각해보고 자신의 생각을 적어봅시다.

소리치기

"나는 매일 방울토마토를 돌봐준다."
"나는 생명의 소중함을 알고 사랑한다."
"나는 성실하다."
"나는 내가 키우는 식물에게 책임감을 느낀다."

방울아~ 열려라~

방울토마토를 정성껏 길러 봅시다.

모종 옮겨심기	화분에 흙을 채우고 모종을 놓은 후 모종의 뿌리만 덮일 정도로 흙을 채운다. 물을 충분히 준 후에 잦아들기를 기다렸다가 부드러운 흙으로 살짝 덮어준다.
물 주기	열매가 자라는 동안 토마토 한 그루는 하루 1~2ℓ정도의 물을 흡수하므로 흙이 건조할 경우에는 물을 주어야 한다. 물은 조금씩 자주 주도록 하고 물을 줄 때는 잎에 물이 닿지 않도록 하는 것이 좋다. 물기가 잎에 남아 있으면 병에 걸리기 쉽기 때문이다. 토마토는 생장이 왕성할 경우 하루 2ℓ까지 물을 흡수하므로 한창 자라나는 시기에는 물이 모자라지 않도록 충분히 준다. 하지만 열매가 자라는 시기에는 물을 적게 주어야 맛있는 열매를 얻을 수 있다. 열매가 자랄 때 물을 지나치게 많이 주면 토마토의 맛과 향이 떨어지기 때문이다.
거름 주기	토마토는 땅속의 영양분을 고스란히 흡수하기 때문에 땅이 얼마나 기름졌는가가 토마토의 맛을 크게 좌우한다. 토마토는 비료를 많이 먹어 4회 정도 덧거름을 주어야 하는데 음식찌꺼기를 주거나 화학비료를 구입해 주어도 된다. 토마토 잎이 너무 누렇게 되면 화원에서 액체비료를 구해 주면 좋다.
키우기	곁가지는 되도록 일찍 제거하고 원줄기만 남겨 키우도록 한다. 또 심은 날이나 하루 이틀 후에 대나무 또는 플라스틱 막대를 토마토 옆에 꽂아 세우고 토마토가 커가면서 끈을 이용해 여유 있게 줄기를 묶어준다.  ① 키도 너무 크지 않게 세 번째 꽃이 피고 그 위로 잎이 두 개 나오면 그 위를 잘라주고, ② 곁가지는 제거하고, ③ 버팀목을 세워줘야, ④ 열매가 잘 열린다.
수정 시키기	토마토는 꽃 구조상 쉽게 수정이 안 되기 때문에 인위적으로 열매가 잘 달리도록 도와주어야 한다. 매일 꽃을 손으로 흔들어 인공수정하도록 도와준다.

출처: [네이버 지식백과] 베란다에서 토마토 키우기 - 토마토 키우기 (토마토, 2010.6.27., 김영사)
http://terms.naver.com/entry.nhn?docId=1987533&cid=42776&categoryId=42782

방울아~ 열려라~

매일 방울토마토를 정성껏 돌보며 활동지를 작성해 봅시다.

날짜	물주기	거름주기	한 일 및 방울토마토의 변화

감정을 찾아라

놀이 의도

감정이란 어떤 현상이나 일에 대하여 일어나는 마음이나 느끼는 기분을 말합니다. 우리는 살아가면서 항상 감정을 느낍니다. 하지만 자신의 마음속에서 일어나는 이러한 기분이 무엇인지도 잘 모르고 어떻게 느끼고 표현해야하는지도 잘 모릅니다. 이번 놀이에서는 다양한 감정을 찾아보고 표현해 봅니다. 자신의 감정에 대해 아는 것이 자기조절의 밑바탕이 됩니다.

준비하기

'내 마음을 느껴봐' 활동지,
'감정 단어를 찾아라!' 활동지, 포스트잇, 매직

놀기 1

① 사진을 하나씩 보면서 어떤 감정이 느껴지는지 이야기를 나눠본다.

> TIP 굳이 '감정 단어'를 이야기하지 않아도 괜찮다. 자유롭게 사진을 보고 느껴지고 생각나는 것들을 이야기 나누다 보면 다양한 감정 표현이 나올 수 있다. 그것을 교사가 그때그때 '감정 단어'로 바꾸어 주는 것도 좋다.

사진 1) 풍경 사진

사진	감정
	편안하다. 아름답다. 조용하다. 분위기있다. 고요한 폭풍전야 같다. 심심하다. 등

사진 2) 웃긴 사진

사진	감정
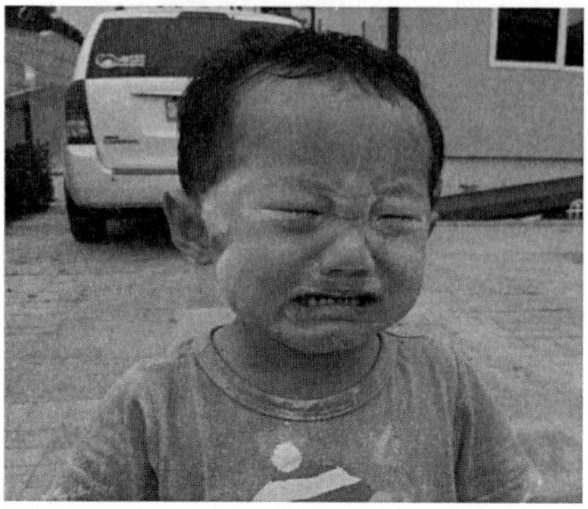	웃기다. 귀엽다. 재밌다. 슬프다 등

사진 3) 굶주린 아프리카 아이 사진

사진	감정
	불쌍하다. 마음이 아프다. 도와주고 싶다. 배고프겠다. 등

(사진 출처: http://photo-media.hanmail.net/daum/featureOnly/200506/24/2005062413.jpg)

② 이야기를 듣고 어떤 감정이 느껴지는지 이야기를 나눠본다.

> TIP 교사가 알고 있는 감동적인 다른 이야기를 들려주어도 좋고, 동영상을 제시해 준다면 더욱 실감있는 감정을 느낄 수 있다. 예를 들어 'KBS TV 동화 행복한 세상' 홈페이지에서 하나의 이야기를 동영상으로 제시해 주면 좋다.

놀기 2

① '감정 단어를 찾아라!' 활동지에는 감정을 긍정적인 감정과 부정적인 감정으로 구분하는 '감정 수직선'을 그려놓았다. 그 수직선 위에 모둠별로 최대한 많은 감정 단어를 찾아 적어본다.

> **TIP** 감정 단어를 찾을 때 긍정적인 감정인지 부정적인 감정인지를 생각하면 생각해내기가 더 쉽다. 하지만 명확하게 긍정의 감정인지 부정의 감정인지를 구분하기 애매한 감정 단어들이 있기에 감정 수직선을 이용하였다. 감정 단어를 찾는 것이 목적이지 긍정인지 부정인지를 따지는 것은 중요하지 않기에 수직선 위의 위치에 연연하지 않도록 지도한다.

② 모둠별로 순서를 정하여 한 단어씩 발표한다.

> **TIP** 교사는 칠판에 감정 수직선을 길게 그려 놓고 모둠별로 발표하는 단어를 받아 적는다. 포스트잇에 매직으로 단어를 적어서 수직선 위에 붙여나간다(또는 학생들이 포스트잇에 매직으로 적은 것을 직접 나와 붙여도 좋다). 교사가 단어를 적는 동안 단어의 뜻이나 느낌, 그런 감정이 드는 상황을 단어를 발표한 모둠에서 설명할 수 있도록 하면 그 감정을 폭넓게 이해하고 공유할 수 있다. 포스트잇은 다음 놀이에도 사용이 된다.

③ 앞에 나온 단어는 중복하여 말할 수 없으며 단어를 말하지 못한 모둠은 탈락한다.

④ 마지막까지 감정 단어를 말하며 살아남는 모둠이 승리한다.

> **TIP** 감정 수직선 위에 나타난 형태를 보면 부정적인 감정 단어가 훨씬 더 많다는 것도 알 수 있다.

감정 단어 예시)

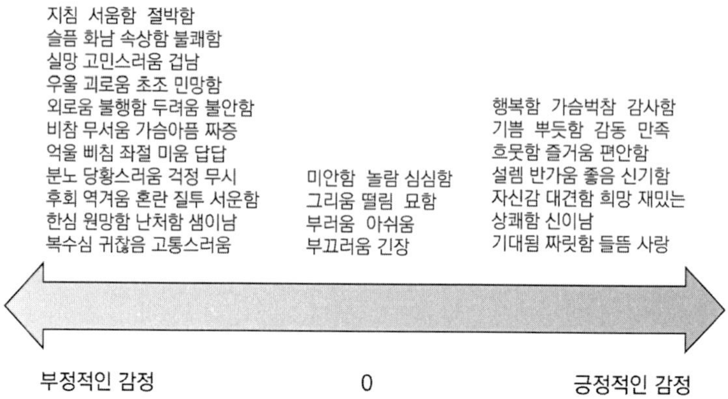

놀기 3

① 교사는 '놀기 2'에서 칠판에 붙여진 감정 단어가 적힌 포스트잇을 무작위로 떼서 모은다.

② 각 모둠마다 모둠원의 순번을 정한다. 1번 모둠원이 나와서 교사가 보여주는 단어를 몸짓이나 그림으로 표현하고 다른 모둠원들이 맞춘다.

③ 이때, 말을 하거나 글자를 써서는 안된다. 정답을 맞추거나 pass를 하면 2번 모둠원이 나와서 다음 단어를 표현한다. pass한 경우에는 다른 모둠에게 기회를 주어 맞추면 점수를 준다.

> **TIP** 제한된 시간 안에 많은 단어를 맞추는 것으로 놀이를 해도 되지만 감정을 표현하고 느껴보는 데에 초점을 두었기에 시간제한을 두지 않고 충분히 표현할 수 있도록 기회를 준다. 표현이 서툴러 잘 맞추지 못했거나 공감하지 못한 단어들은 전체 아이들이 함께 아이디어를 내어 표현해 보거나 자신 있는 아이에게 기회를 주어 표현해 보게 해도 좋겠다.

④ 모둠원 모두가 단어를 표현하고 맞추기를 했으면 몇 개의 단어를 맞추었는지 점수를 확인하고 다음 모둠이 놀이를 한다.

⑤ 점수가 많은 모둠이 승리를 한다.

생각하고 글쓰기

우리 마음에서 느끼는 다양한 감정들을 찾아보고 느끼며 표현해 보았습니다. 놀이를 하면서 각각의 놀이마다 느낀 자신의 마음과 감정을 글로 표현해 봅시다.

소리치기

"나는 우리 마음에서 일어나는 다양한 감정을 알고 느낄 수 있다."

내 마음을 느껴봐

사진을 보면서 어떤 감정이 느껴지는지 적어봅시다.

사진	감정

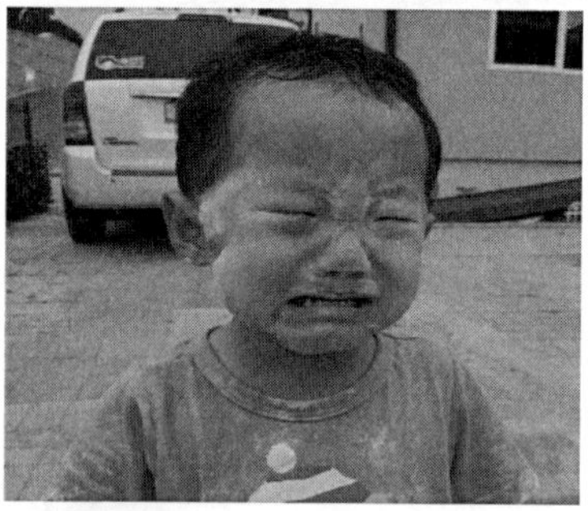	

선생님께서 들려주는 이야기를 듣고 느껴지는 감정을 적어봅시다.

감정 단어를 찾아라!

우리가 느끼는 많은 감정들은 '감정 수직선' 위에 나타낼 수 있습니다. 왼쪽으로 갈수록 부정적인 감정에 가까워지고 오른쪽으로 갈수록 긍정적인 감정에 가까워집니다. 우리가 찾을 수 있는 감정을 나타내는 다양한 단어들을 모두 찾아 '감정 수직선' 위에 적어봅시다.

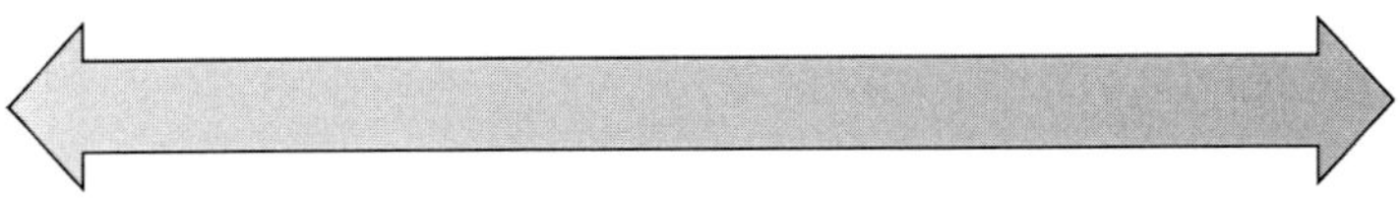

부정적인 감정　　0　　긍정적인 감정

놀이의 실제

〈저학년 적용〉

● 다양한 감정카드를 통해 마음 알아보기.
오늘 학교에서 생활하는 동안 어떤 마음이 들었는지 감정 카드 한 장 선택했다.

● 자신이 감정 카드를 고른 이유 발표하기.
친구와 비슷한 마음을 선택한 친구들이 릴레이로 발표를 했다.

〈고학년 적용〉

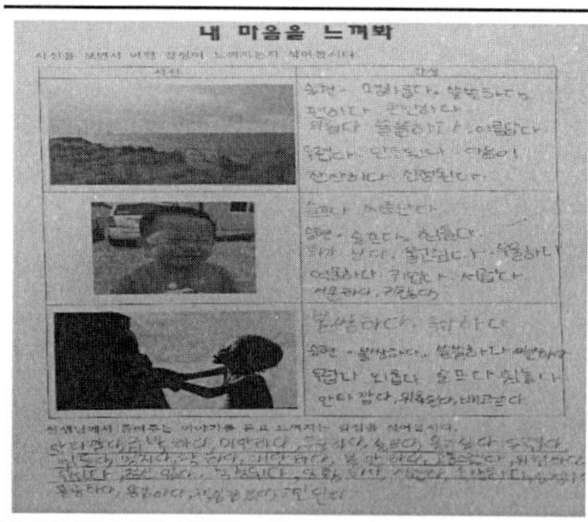

● 내 마음을 느껴봐 학습지 결과물.
사진을 보면서 평화롭다, 외롭다, 서럽다, 귀엽다, 안타깝다 등 다양한 감정을 표현하고 있다.

● 감정의 단어를 찾는 활동모습.
자신이 느끼는 감정을 부정적인 감정, 긍정적인 감정, 중립적인 감정을 구분하여 포스트잇에 적어 칠판에 붙이고 있다.

놀이를 하고 나서

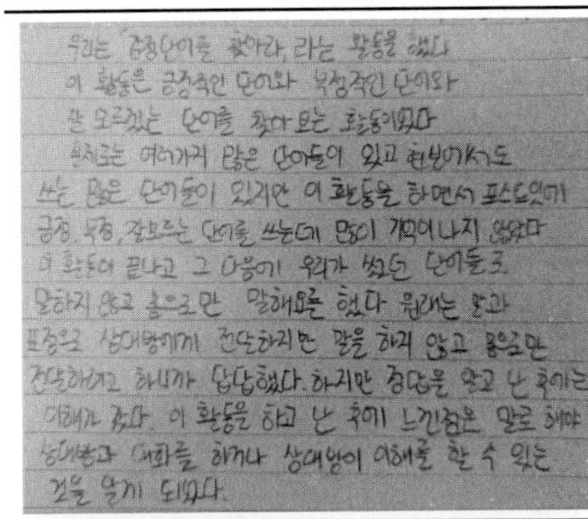

우리는 '감정단어를 찾아라.' 라는 활동을 했다
이 활동은 긍정적인 단어와 부정적인 단어와
잘 모르겠는 단어를 찾아 보는 활동이였다
칠판에는 여러가지 많은 단어들이 있고 [illegible]
쓰는 많은 단어들이 있지만 이 활동을 하면서 포스트잇에
긍정, 부정, 잘 모르는 단어를 쓰는데 많이 기억이 나지 않았다
이 활동이 끝나고 그 다음에 우리가 썼던 단어들로
말하지 않고 몸으로만 말해요를 했다 원래는 말과
표정으로 상대방에게 전달하지만 말을 하지 않고 몸으로만
전달하려고 하니까 답답했다. 하지만 정답을 알고 난 후에는
이해가 갔다. 이 활동을 하고 난 후에 느낀점은 말로 해야
상대방과 대화를 하거나 상대방이 이해를 할 수 있는
것을 알게 되었다.

➤ 생각하고 글쓰기

많은 감정의 단어가 있었지만 잘 생각나지 않았다. 감정들을 말로 하지 않고 몸으로만 표현할 때 어떤 감정인지 몰라 답답함을 느꼈다. 자신의 감정을 표현할 때 상대방과 대화를 통해서 표현한다면 서로를 이해할 때 도움이 될 것 같다.

➤ 소리치기

다양한 감정을 느끼고 왜 그런 마음이 드는지 이야기를 나누면서 친구들이 나와 비슷한 마음도 있고 다른 마음도 있다는 것을 알 수 있는 놀이였다. ⇒ 나는 우리 마음에서 일어나는 다양한 감정을 알고 느낄 수 있다!

내 감정은 내 것!

놀이 의도

이번 놀이에서는 자신의 감정을 적절하게 조절해보는 활동을 합니다. 웃기지 않아도 웃어보는 것부터 시작해서 내 감정은 내 것이므로 내가 조절할 수 있다는 것을 느껴봅니다. 쌓기나무를 쌓는 과정에서 잘하고 싶은 마음을 조절하여 차분한 마음을 유지하고, 공들인 쌓기나무가 쓰러졌을 때 화가 나는 마음도 다스려봅니다. 초콜릿을 먹고 싶은 것을 참기도 하고, 하기 싫은 활동을 참고 해보기도 합니다. 이런 활동들을 통해서 내 감정은 내 것이기에 내가 적절하게 조절해 나갈 수 있다는 것을 배우게 됩니다.

준비하기

신나는 음악, 쌓기나무 1인당 30개, 작은 접시, 초콜릿이나 과일젤리, '하기 싫어!' 활동지

놀기 1

무조건 웃어보는 활동을 해본다.

> **TIP** 교사멘트와 함께 교사도 적극적으로 행동을 먼저 보이면 아이들이 더 잘 따라할 것이다. 교사멘트: 여러분, 여러분은 언제 웃나요? 행복하거나 웃을 일이 있을 때 웃겠죠? 그럼 행복한 일이 없다면 평생 웃을 수 없겠네요. 웃을 일이 없어도 웃고 나면 웃을 일이 생기고 행복해집니다. 또한 웃을 일이 없어도 웃을 수 있는 것은 자신의 감정을 스스로 조절할 수 있다는 것입니다. 그럼 그냥 웃어보겠습니다. 먼저 웃기 전에 얼굴 근육부터 풀어보겠습니다.

➤ 얼굴 디스코

① 신나는 음악에 맞춰 얼굴 근육을 움직여 풀어준다.

② 눈, 코, 입, 눈썹 등을 상하좌우로 움직여 최대한 표정을 크게 한다.

➤ 그냥 웃기

① 입꼬리를 올리며 미소 지어 웃어본다.

② 이를 보이며 “하!하!하!하!하!” 소리내어 웃어본다.

③ 손뼉을 치거나 몸을 흔들면서 크게 웃어본다(박장대소).

> TIP 처음에는 크게 웃는 것을 어색하고 부끄럽게 생각하는 아이들이 있다. 따라서 ①번부터 충분히 연습하는 것이 필요하고 교사의 시범이 무엇보다 필요하며 웃을 때 항상 교사도 함께 웃어야 한다.

④ 박장대소의 웃음을 처음에는 10초 정도 웃고, 점차 30초, 1분씩 시간을 늘려나간다.

> TIP 교사멘트: 여러분, 이렇게 시간을 정해서 웃다가 멈출 수 있다는 것은 나의 감정을 내가 조절할 수 있다는 것입니다. 웃음뿐만 아니라 나의 모든 감정은 모두 내 것입니다. 내 것은 내 마음대로 조절할 수 있어야 합니다. 내 감정도 내가 조절할 수 있습니다.

※ 참고자료

한국뇌교육원(2007). 뇌교육 인성 방과후학교 교안.

놀기 2

➤ 쌓기나무 쌓아보기

① 1인당 30개씩의 쌓기나무를 나누어 준다.

② 절대 말을 하지 않으면서 하나씩 차근차근 쌓아올린다.

③ 쌓아올리는 중간에 자신의 마음 상태에 집중한다.

④ 어떠한 경우에도 말을 하거나 다른 사람을 건드려서도 안된다.

> TIP 쌓기나무를 쌓다보면 친구가 부딪히기도 하고 자신의 실수로 인해 쓰러지게 된다. 쓰러지지 않고 잘 쌓는 아이의 쌓기나무는 교사가 모른척 쓰러지게 만든다. 쌓기나무가 쓰러지는 과정이 반복되다보면 아이들은 화가 나거나 짜증이 날 것이다. 말을 할 수 있으면 자기도 모르게 자신의 감정을 표현하게 되어버리기 때문에 말을 하지 못하게 하는 규칙을 세워서 자신의 감정을 조절하는 경험을 해 보는 것이다.

⑤ 30개를 모두 쌓아 올리면 “성공!”이라고 외친 후, 말을 할 수 있고 초콜릿 보상을 받는다.

> **TIP** 이번 놀이에서는 쌓기나무를 쌓아서 성공하는 것보다 많이 실패하여 화가 나거나 짜증나는 감정을 느끼고 그 감정을 조절해보는 경험을 하는 것이 매우 중요하므로, 교사가 잘하는 아이들은 쌓기나무의 개수를 50개로 늘려 도전하게 하거나 일부러 쓰러지게 하는 것이 좋다.

놀기 3

➤ 초콜릿(과일젤리) 바라기

① 학생들의 가방이나 하드보드지판을 책상 위에 올려 옆 사람의 책상이 보이지 않고 개인 공간이 생기게(시험 칠 때처럼) 서로서로 엇갈리게 가린다.

> **TIP** 처음에는 크게 웃는 것을 어색하고 부끄럽게 생각하는 아이들이 있다. 따라서 ①번부터 충분히 연습하는 것이 필요하고 교사의 시범이 무엇보다 필요하며 웃을 때 항상 교사도 함께 웃어야 한다.

② 초콜릿이 한 개씩 올려져 있는 작은 접시 1개를 학생의 책상 위에 올려놓는다.

> **TIP** 요즈음 아이들이 초콜릿보다 더 좋아하는 간식류가 있다면 초콜릿 대신 그것으로 대체하여 활동하는 것이 더 효과적이겠다.

③ 초콜릿을 먹든지 안 먹든지는 자유다. 초콜릿을 먹으려면 조용히 손을 들어 확인을 받고 먹으면 된다.

> **TIP** 초콜릿을 먹었다고 해서 잘못을 하고 놀이에서 진 것은 아니다라는 분위기를 만들어 주어야 자신의 감정에 충실하고 그것을 조절하여 행동할 수 있다.

다만 15분 동안 초콜릿을 먹지 않고 기다리면 초콜릿을 하나 더 준다.

④ 초콜릿이 2개인 상태에서 먹지 않고 다시 15분을 더 기다리면 초콜릿을 하나 더 준다.

놀기 4

➤ 하기 싫어도 해야 할 때

① '하기 싫어!' 활동지에 학교에서 자신이 하기 싫은 활동을 적는다. 그 중 학교에서 자신이 가장 하기 싫은 활동을 무기명으로 투표용지에 적어낸다.

② 투표를 개봉하여 우리 반 아이들이 학교에서 가장 하기 싫어하는 활동 '베스트 3'를 만들어본다.

> TIP '베스트 3'를 해보면 반 아이들의 생각도 알 수 있어 자신의 생각과 서로 공감할 수 있다.

③ 베스트 1부터 하기 싫은 활동이지만 해야 하는 이유를 서로 생각하고 발표해본다.

④ 하기 싫은 활동 중 1가지를 정하여 꾹 참으면서 활동해본다.

> TIP 반 전체가 1가지 활동을 하여도 좋고 모둠별로 활동을 하여도 된다. 함께 해볼 수 있는 하기 싫은 활동으로 바른 글씨쓰기, 청소하기, 한컴타자치기 등을 예로 들 수 있겠다.

생각하고 글쓰기

지금까지 한 놀이를 되돌아보며 다시 생각해 봅시다.

크게 웃어보니 어떠합니까? 이제 웃을 일이 없어도 마음껏 웃을 수 있나요?

쌓기나무를 쌓을 때, 쓰러졌을 때, 쌓는 것을 성공했을 때 기분이 어떠했습니까? 화가 나는 감정을 참을 수 있었나요?

초콜릿을 먹지 않고 기다릴 때의 자신의 마음 상태는 어떠했나요? 먹지 않고 오랫동안 참을 수 있었나요?

하기 싫은 활동을 할 때 마음이 어떠했나요?

자신의 감정을 조절하는 절제에 대해서 자신의 생각을 자유롭게 적어봅시다.

소리치기

"내 감정은 내 것이다. 나는 내 감정을 나 스스로 조절할 수 있다."

"나는 하고 싶은 것을 참고 안할 수 있고, 하기 싫은 것을 참고 해낼 수 있다."

하기 싫어!

우리에게는 하기 싫어도 해야 할 때가 많이 있습니다. 지금 이 학교와 교실에서 하기 싫은 활동이 무엇이 있는지 생각하고 그것을 하기 싫어도 해야 하는 이유를 적어봅시다.

하기 싫은 활동	하기 싫어도 해야 하는 이유

하기 싫은 활동 중 가장 하기 싫은 활동을 투표용지에 적어내 봅시다.

우리 반 아이들이 가장 하기 싫어하는 활동 베스트 3!

1.

2.

3.

내 생각과 우리 반 아이들의 생각이 많이 비슷한가요?

하기 싫은 활동 중에서 1가지를 정하여 꾹 참으면서 활동해 봅시다.

〈저학년 적용〉

놀이의 실제

➤ 놀기 2

- 모둠 친구들과 쌓기나무 30개 쌓기.
  제한시간 3분 동안 쌓기나무 30개를 쌓는 놀이를 했다. 중간에 자꾸 무너져 참가학생들이 힘들어했다.
  놀이에 참여하지 않은 학생들은 친구들이 표정이 바뀌는 모습을 관찰했다.
  짜증, 실망, 걱정, 불안, 놀람의 감정을 표현했다.

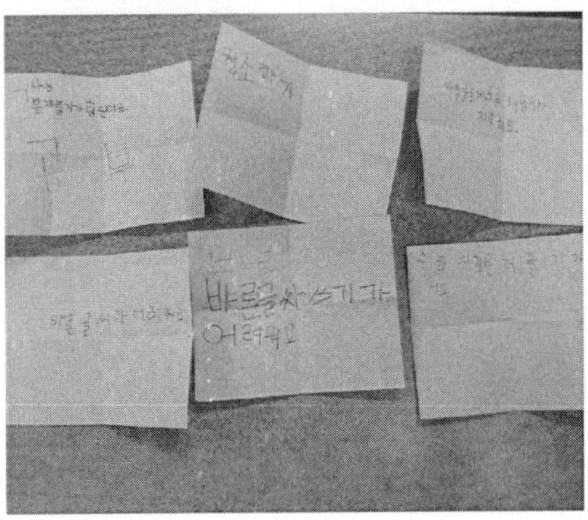

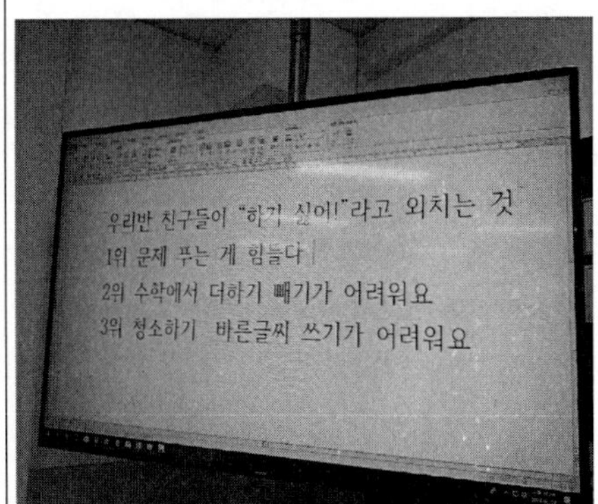

- 학교에서 하고 싶지 않은 일 투표하기.
  학교생활을 하면서 하고 싶지 않은 일들을 무기명으로 적어서 우리 반 학생들이 가장 하기 싫어하는 일 3가지를 뽑았다.

- 하기 싫은 일 3가지를 왜 해야 할까?
  지금하지 않으면 나중에 힘들다, 하기 싫다고 하지 않으면 내가 손해다, 기본적인 공부다 등의 의견이 나왔다.

➤ 놀기 4

하고 싶지 않은 일 1위를 실천해보기. 하고 싶지 않은 일을 할 때 어떻게 하면 좋을지 의견 나누기(더 많이 연습한다, 스스로를 격려한다, 재미있는 일이라고 생각한다). 의견을 나눈 대로 마음을 움직여 가장 싫어한다고 말한 문제풀기를 하였다.	소리치기. “내 감정은 내 것이다. 나는 내 감정을 나 스스로 조절할 수 있다.” “나는 하고 싶은 것을 참고 안할 수 있고, 하기 싫은 것을 참고 해낼 수 있다.”

5월

효도하는 우리, 서로 돕는 관계

5월 추천 인성놀이

효도	**엄마, 아빠의 수호천사** 부모님은 나의 마니또가 되었다는 것을 알지 못하고 나만 부모님의 수호천사가 되어 몰래 부모님을 보살피고 섬기는 놀이입니다.
효도	**엄마, 아빠의 손과 발** 부모님의 손과 발을 그려보고 씻겨보면서 부모님이 우리를 위해 애쓰시는 몸과 마음을 느끼고 감사하는 마음을 가질 수 있는 놀이입니다.
소통	**달라지는 그림** 하나의 그림이 보기에 따라서 다르게 보이는 것을 경험하게 되면서, 같은 상황이라고 해도 어떻게 바라보느냐하는 관점에 따라서 다르게 보이고 다르게 생각할 수 있다는 것을 배울 수 있습니다.
예절	**거울 반사** 거울 반사 놀이는 부정적인 말을 할 때 거울을 비춰줌으로써 자신의 얼굴을 보고 말을 하게 되어 부정적인 말이 자신에게 되돌아오고 기분이 나빠짐을 느껴 부메랑 법칙을 체험할 수 있습니다.

인성놀이 스케줄러

5월

일	월	화	수	목	금	토
	■ 엄마, 아빠의 수호천사					
	■ 엄마, 아빠의 손과 발					
	■ 달라지는 그림					
	■ 거울 반사					

엄마, 아빠의 수호천사

놀이 의도

이 놀이는 우리들이 흔히 알고 있는 마니또 게임을 부모님과 나에게 적용시킨 놀이입니다. 부모님은 나의 마니또가 되었다는 것을 알지 못하고 나만 부모님의 수호천사가 되어 몰래 부모님을 보살피고 섬기는 놀이입니다. 효도는 부모님을 육체적, 물질적, 정신적으로 정성을 다해 섬기는 것이므로 이 놀이를 통해 효도의 자세를 배우고 체험할 수 있습니다.

준비하기

'엄마, 아빠의 수호천사' 활동지

놀기

① 어버이날을 앞두고 계획을 세워 5월 1일부터 활동할 수 있도록 한다.
② 아이들은 모두 엄마와 아빠의 수호천사가 된다.

> **TIP** 교사는 반 아이들의 가정환경을 살펴 부모님이 없거나 떨어져 사는 아이가 있는 경우에는 활동지에서 엄마, 아빠를 적는 자리를 빈칸으로 두고 지금 자신을 돌봐주는 사람이나 어버이날을 맞이해 고마움을 표현하고 싶은 사람을 적을 수 있도록 안내한다. 이런 경우에는 놀이의 제목을 '효도 마니또' 놀이로 바꾸는 것이 더 좋겠다. 여기서는 놀이의 의도를 잘 전달하기 위해서 '엄마, 아빠의 수호천사' 놀이라는 제목을 그대로 사용하고자 한다.

③ 5월 8일 어버이날까지 비밀을 유지하면서 몰래 엄마와 아빠에게 효도를 한다.
④ 몰래 효도를 한 내용을 '엄마, 아빠의 수호천사' 활동지에 기록하고 편지도 작성한다.
⑤ 5월 8일날 부모님께 활동지와 편지를 함께 드리며 깜짝 발표를 한다.

> **TIP** 활동지에는 수호천사 활동을 했을 때 부모님의 반응을 적게 되어있다. 그 부모님의 반응이 긍정적이었든지 부정적이었든지는 상관이 없다. 5월 8일날 편지와 함께 활동지도 함께 드리므로 부모님이 자신의 반응을 읽어보면서 가족이 함께 대화를 나누고 반성하는 행복한 시간이 될 것이다.

생각하고 글쓰기

엄마, 아빠의 수호천사 활동을 하면서 어려운 점은 무엇이었나요? 기분은 어땠나요? 이 활동을 하면서 느낀 점과 효도에 대해서 생각하고 적어 봅시다.

소리치기

"나는 부모님께 효도하는 사람이다."
"나는 부모님의 사랑에 감사할 줄 안다."
"나는 항상 부모님께 효도하는 생활을 할 것이다."

엄마, 아빠의 수호천사

1. 매일 수호천사로서 엄마와 아빠에게 효도한 내용과 그때의 부모님의 반응을 적어봅시다.

<table>
<tr><th>날짜</th><th colspan="2">효도한 내용</th><th>부모님의 반응</th></tr>
<tr><td rowspan="2">5월 1일</td><td>엄마</td><td></td><td></td></tr>
<tr><td>아빠</td><td></td><td></td></tr>
<tr><td rowspan="2">5월 2일</td><td>엄마</td><td></td><td></td></tr>
<tr><td>아빠</td><td></td><td></td></tr>
<tr><td rowspan="2">5월 3일</td><td>엄마</td><td></td><td></td></tr>
<tr><td>아빠</td><td></td><td></td></tr>
<tr><td rowspan="2">5월 4일</td><td>엄마</td><td></td><td></td></tr>
<tr><td>아빠</td><td></td><td></td></tr>
<tr><td rowspan="2">5월 5일</td><td>엄마</td><td></td><td></td></tr>
<tr><td>아빠</td><td></td><td></td></tr>
<tr><td rowspan="2">5월 6일</td><td>엄마</td><td></td><td></td></tr>
<tr><td>아빠</td><td></td><td></td></tr>
<tr><td rowspan="2">5월 7일</td><td>엄마</td><td></td><td></td></tr>
<tr><td>아빠</td><td></td><td></td></tr>
</table>

엄마, 아빠의 수호천사

2. 5월 8일 어버이날에 드릴 편지를 적어 나의 마니또인 부모님께 수호천사임을 밝히며 기쁘게 해 드리세요.

〈고학년 적용〉

놀이의 실제

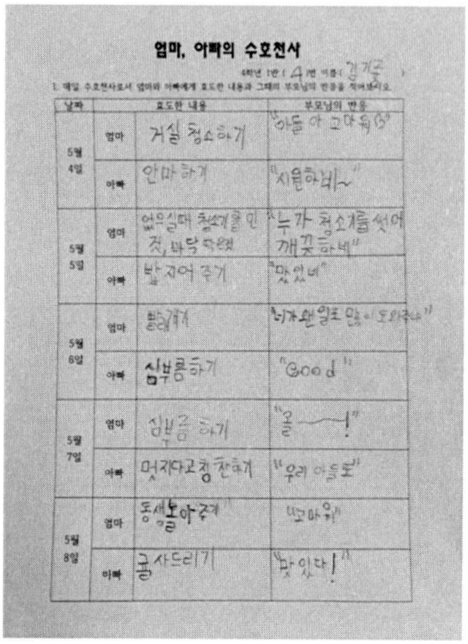

엄마, 아빠의 수호천사

4학년 1반 (4)번 이름(김기룡)

1. 매일 수호천사로서 엄마와 아빠에게 효도한 내용과 그때의 부모님의 반응을 적어봅시다.

날짜		효도한 내용	부모님의 반응
5월 4일	엄마	거실 청소하기	"아들아 고마워"
	아빠	안마하기	"시원하네~"
5월 5일	엄마	없으실때 청소기를 민 것, 바닥 닦은것	"누가 청소기를 썼어 깨끗하네"
	아빠	밥 지어 주기	"맛있네"
5월 6일	엄마	빨래 개기	"니가 왠일로 많이 도와주냐"
	아빠	심부름하기	"Good"
5월 7일	엄마	심부름 하기	"올~~!"
	아빠	멋지다고 칭찬하기	"우리 아들도"
5월 8일	엄마	동생 놀아주기	"고마워"
	아빠	술 사드리기	"맛있다!"

● 엄마와 아빠에게 한 가지씩 효도한 내용과 부모님의 반응을 매일 적은 학습지.

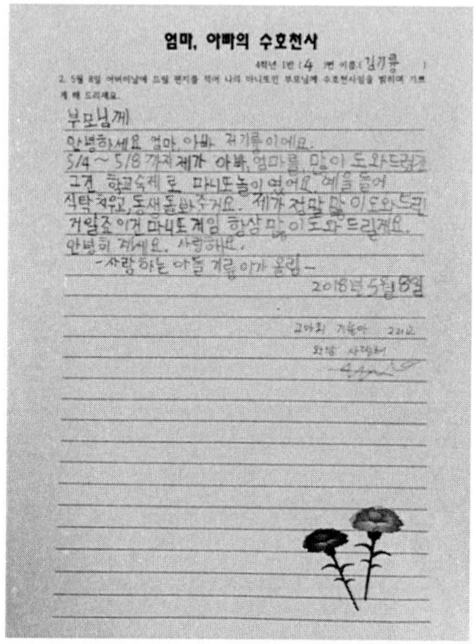

엄마, 아빠의 수호천사

4학년 1반 (4)번 이름(김기룡)

2. 5월 8일 어버이날에 드릴 편지를 적어 나의 마니또인 부모님께 수호천사임을 밝히며 기쁘게 해 드리세요.

부모님께

안녕하세요 엄마, 아빠 저 기룡이에요.
5/4 ~ 5/8 까지 제가 아빠, 엄마를 많이 도와드렸죠
그건 학교숙제로 마니또놀이 였어요. 예를 들어
식탁 치우고, 동생 돌봐준거요. 제가 정말 많이 도와드린
거 알죠 이건 마니또 게임 항상 많이 도와 드릴게요.
안녕히 계세요. 사랑해요.
-사랑하는 아들 기룡이가 올림-
2018년 5월 8일

● 어버이날에 지금까지의 수호천사 활동을 편지로 밝히면서 쓴 효도편지. 부모님이 고맙다는 답장을 빨간색으로 적어주었다.

놀이를 하고 나서

➤ 엄마, 아빠의 수호천사를 했을 때 엄마, 아빠는 눈치를 못채고... 아무튼 엄마는 편지를 다 읽고 우리딸 다 컸네라고 하며 안아주었다. 기분이 너무 너무 좋았다.

⇒ 나는 부모님의 딸로 태어나 행복합니다!

➤ 나는 수호천사를 했을 때 부모님이 우리를 위해 열심히 일하는 것을 알게 되었습니다.

⇒ 나는 부모님의 착한 아들입니다!

엄마, 아빠의 손과 발

놀이 의도

이 놀이는 부모님의 손과 발을 그려보고 씻겨보면서 부모님이 우리를 위해 애쓰시는 몸과 마음을 느끼고 감사하는 마음을 가질 수 있는 놀이입니다. 또한 부모님에게 투정만 부리고 부모님을 위해 어떤 행동도 한번 하지 않은 학생들에게 놀이를 통해서 효도할 수 있는 좋은 기회가 될 것입니다.

준비하기

'엄마, 아빠의 손' 활동지, '엄마, 아빠의 발' 활동지, 세수대야, 비누, 수건, 핸드크림

놀기

① '어머니의 발'이라는 이야기를 학생들에게 들려주며 이번 놀이의 의도를 설명한다.

> TIP '어머니의 발' 이야기는 고학년에게 적절한 이야기이므로 저학년에게는 우리를 위해 일하시고 애쓰시는 부모님의 손과 발을 살펴보고 감사한 마음으로 씻겨드린다는 놀이의 의도를 설명하는 것이 좋겠다.

〈어머니의 발〉

도쿄의 일류대 졸업생인 청년은 한 회사에 이력서를 냈다. 사장이 면접 자리에서 의외의 질문을 던졌다.

"부모님을 목욕시켜드리거나 닦아드린 적이 있습니까?"

"한번도 없습니다."

청년은 정직하게 대답했다.

"그러면, 부모님의 등을 긁어 드린 적은 있나요?"

청년은 잠시 생각했다.

"네, 제가 초등학교 다닐 때 등을 긁어드리면 어머니께서 용돈을 주셨죠."

그는 혹시 입사를 못하게 되는 것은 아닐까 걱정되기 시작했다.

사장은 청년의 마음을 읽은 듯 '실망하지 말고 희망을 가지라'고 위로했다.
정해진 면접시간이 끝나고 청년이 자리에서 일어나 인사를 하자. 사장이 이렇게 말했다.

“내일 이 시간에 다시 오세요. 하지만 한 가지 조건이 있습니다. 한번도 부모님을 닦아드린 적이 없다고 했죠? 내일 여기 오기 전에 꼭 한 번 닦아드렸으면 좋겠네요. 할 수 있겠어요?”

청년은 꼭 그러겠다고 대답했다.
그는 반드시 취업을 해야 하는 형편이었다.
아버지는 그가 태어난지 얼마 안 돼 돌아가셨고, 어머니가 품을 팔아 그의 학비를 댔다. 어머니의 바람대로 그는 도쿄의 명문대학에 합격했다. 학비가 어마어마했지만 어머니는 한 번도 힘들다는 말을 한 적이 없었다. 이제 그가 돈을 벌어 어머니 은혜에 보답해야 할 차례였다.
청년이 집에 갔을 때, 어머니는 일터에서 아직 돌아오지 않았다. 청년은 곰곰이 생각했다. ‘어머니는 하루 종일 밖에서 일하시니까 틀림없이 발이 가장 더러울 거야. 그러니 발을 닦아 드리는 것이 좋을거야.’
집에 돌아온 어머니는 아들이 '발을 씻겨드리겠다'고 하자 의아하게 생각했다.

“갑자기 발은 왜 닦아준다는 거니? 마음은 고맙지만 내가 닦으마!”

어머니는 한사코 발을 내밀지 않았다.
청년은 어쩔 수 없이 어머니를 닦아 드려야 하는 이유를 말씀드렸다.

“어머니, 오늘 입사 면접을 봤는데요. 사장님이 어머니를 씻겨 드리고 다시 오라고 했어요. 그래서 꼭 발을 닦아 드려야해요.”

그러자 어머니의 태도가 금세 바뀌었다. 두말없이 문턱에 걸터앉아 세숫대야에 발을 담갔다.
청년은 오른손으로 조심스레 어머니의 발등을 잡았다. 태어나 처음으로 가까이서 살펴보는 어머니의 발이었다. 자신의 하얀 발과 다르게 느껴졌다. 앙상한 발등이 나무껍질처럼 보였다.

“어머니 그동안 저를 키우시느라 고생 많으셨죠? 이제 제가 은혜를 갚을게요.”
“아니다. 고생은 무슨....”
“오늘 면접을 본 회사가 유명한 곳이거든요. 제가 취직이 되면 더 이상 고된 일은 하지 마시고 집에서 편히 쉬세요.”

손에 발바닥이 닿았다.
그 순간, 청년은 숨이 멎는 것 같았다. 말문이 막혔다. 어머니의 발바닥은 시멘트처럼 딱딱하게 굳어 있었다. 도저히 사람의 피부라고 할 수 없을 정도였다. 어머니는 아들의 손이 발바닥에 닿았는지 조차 느끼지 못하는 것 같았다. 발바닥의 굳은살 때문에 아무런 감각도 없었던 것이다.
청년의 손길이 가늘게 떨렸다. 그는 고개를 더 숙였다. 그리고 울음을 참으려고 이를 악물었다. 한쪽 어깨에 어머니의 부드러운 손길이 느껴졌다. 어머니의 발을 끌어안고 목을 놓아 구슬피 울기 시작했다.
다음날 청년은 다시 만난 회사 사장에게 말했다.

“어머니가 저 때문에 얼마나 고생하셨는지 이제야 알았습니다. 사장님은 학교에서 배우지 못했던 것을 깨닫게 해주셨어요. 정말 감사드립니다. 만약 사장님이 아니었다면, 저는 어머니의 발을 살펴보거나 만질 생각을 평생 하지 못했을거예요. 저에게는 어머니 한 분밖에 안계십니다. 이제 정말 어머니를 잘 모실 겁니다."

사장은 미소를 지으며 고개를 끄덕이더니 조용히 말했다.

"인사부로 가서 입사 수속을 밟도록 하게."

세상에는 이런 사람이 있습니다.
당신에게 옷을 더 껴입으라고 조심하라고 늘 끊임없이 부탁하죠.
당신은 짜증스럽지만 따듯함도 느낍니다.
돈이 없을 때, 그는 항상 돈 버는 일이 쉽지 않다며 당신을 훈계합니다.
그러면서도 당신에게 돈을 쥐어줍니다.
이런 사람들을 우리는 부모라고 부릅니다.
부모님의 또 다른 이름은 "희생"입니다..

출처: https://www.gulnara.net/

② '엄마, 아빠의 손'이나 '엄마, 아빠의 발' 활동지 중에서 자신이 하고 싶은 활동지를 선택한다.

TIP 여기서는 놀이의 의도를 잘 전달하기 위해서 '엄마의 손과 발'이라고 하였지만 엄마, 아빠, 할머니 등 효도를 하기위한 대상을 학생들이 선택할 수 있도록 한다. 손이나 발은 선택할 수도 있지만 둘 다 해보는 것도 좋다.

③ 과제로 집에서 엄마, 아빠와 함께 활동지의 미션을 완성한다.

④ 활동을 하고 느낀 점을 생각노트에 작성하고 친구들 앞에서 발표해본다.

생각하고 글쓰기

엄마, 아빠의 손과 발을 자세히 살펴보니 어떠했나요? 엄마, 아빠의 손과 발을 씻겨드리고 크림을 발라드리니 기분은 어떤가요? 이 활동을 하면서 느낀 점과 효도에 대해서 생각하고 적어 봅시다.

소리치기

"나는 부모님께 효도하는 사람이다."
"나는 부모님이 우리를 위해 애쓰시는 마음을 헤아릴 줄 안다."
"나는 항상 부모님께 감사하는 마음을 가진다."

엄마, 아빠의 손

아래 빈칸에 엄마, 아빠의 한쪽 손을 대고 그린 후 손을 자세히 살펴보면서 진짜 손처럼 그려봅시다.

그림을 다 그렸으면 엄마, 아빠의 손을 깨끗이 씻겨 드립니다. 그리고 핸드크림을 촉촉하게 발라주세요.

엄마, 아빠의 발

아래 빈칸에 엄마, 아빠의 한쪽 발을 대고 그린 후 발을 자세히 살펴보면서 진짜 발처럼 그려봅시다.

그림을 다 그렸으면 엄마, 아빠의 발을 깨끗이 씻겨 드립니다. 그리고 핸드크림을 촉촉하게 발라주세요.

〈고학년 적용〉

놀이의 실제

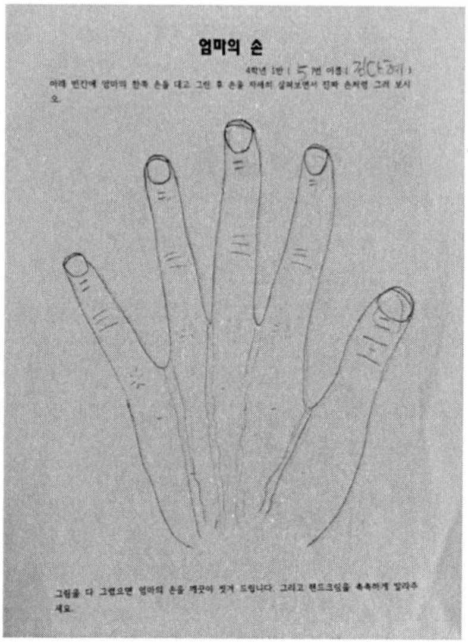

● 엄마의 손을 그렸다.

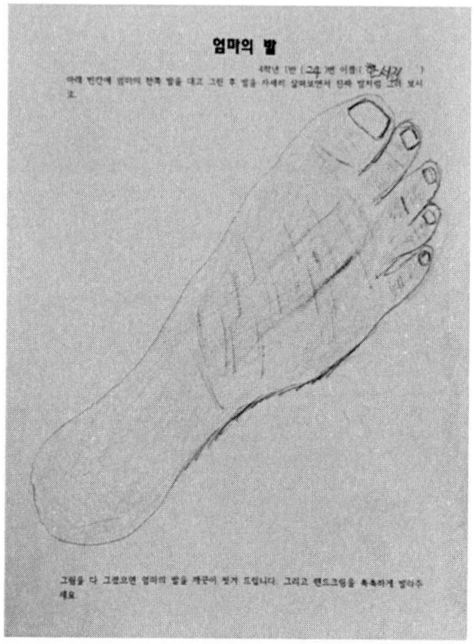

● 엄마의 발을 그렸다.

놀이를 하고 나서

➤ 부모님의 손을 씻겨드릴 때 '아! 우리 엄마 손이 이런 느낌이었구나.', '그 동안 손으로 설거지하고, 요리하고, 청소하고, 빨래하고 정말 힘들었겠다.' 엄마한테 정말 미안한 느낌이 들고 지금이라도 부모님께 효도를 더 많이 할 것이다.

⇒ 나는 부모님을 사랑하는 효녀입니다.

달라지는 그림

놀이 의도

이 놀이에서는 하나의 그림이 보기에 따라서 다르게 보이는 것을 경험하게 됩니다. 같은 상황이라고 해도 어떻게 바라보느냐의 관점에 따라서 다르게 보이고 다르게 생각할 수 있다는 것을 배울 수 있습니다. 다른 사람과 소통하려면 상대방의 관점을 이해하고 받아들이는 자세가 필요합니다.

준비하기

'달라지는 그림' 활동지, 보기에 따라서 다르게 보이는 그림들

놀기

① 선생님께서 보여주는 그림을 잘 보고 절대로 이야기 하지 않고 자신의 생각을 활동지에 기록한다.

② 모둠 친구들과 함께 이야기하며 생각을 나누어 본다.

③ 발표하고 선생님과 함께 이야기를 나눈다.

> TIP 교사는 같은 그림이지만 보는 관점에 따라서 다르게 보일 수 있다는 것을 학생들이 충분히 느낄 수 있도록 이끌어 나간다.

④ 다른 그림을 보면서 같은 방법으로 계속 진행한다.

생각하고 글쓰기

같은 그림인데도 나와 다르게 그림을 보는 친구들이 있었나요? 왜 서로 생각이 다를까요? 활동을 하면서 느낀 점을 적어봅시다.

소리치기

"나는 나와 다른 생각을 가진 친구도 인정한다."

"나는 같은 상황에서도 다른 생각을 할 수 있다는 것을 인정하고 존중한다."

달라지는 그림

선생님께서 보여주시는 그림을 잘 보고 어떤 그림이 보이는지 적어봅시다.

1. 첫 번째 그림에는 어떤 그림이 보이나요? 설명해보세요.

➤ 다른 친구들은 그림이 어떻게 보였는지 모둠끼리 서로 이야기해 봅시다. 나와 다른 친구의 생각을 적어봅시다.

2. 두 번째 그림에는 어떤 그림이 보이나요? 설명해보세요.

➤ 다른 친구들은 그림이 어떻게 보였는지 모둠끼리 서로 이야기해 봅시다. 나와 다른 친구의 생각을 적어봅시다.

3. 세 번째 그림에는 어떤 그림이 보이나요? 설명해보세요.

➤ 다른 친구들은 그림이 어떻게 보였는지 모둠끼리 서로 이야기해 봅시다. 나와 다른 친구의 생각을 적어봅시다.

4. 두 선분의 길이 중 어느 선분이 더 길어 보입니까?

➤ 다른 친구들은 생각이 어떤지 모둠끼리 서로 이야기해 봅시다. 나와 다른 친구의 생각을 적어봅시다.

보기에 따라 달라지는 그림들

TIP 구글 검색창에서 “신기한 착시현상”을 검색하면 여러 가지 많은 그림들을 찾아 볼 수 있다.

1. 자료출처: http://cfile226.uf.daum.net/original/23709B3351CCE18E2026B0

➤ 노을지는 산 앞에 두 마리의 말도 보이고, 긴 머리의 여인도 보인다.

2. 자료출처: http://cfile219.uf.daum.net/image/2011FC424FF65D940DEC75

➤ 바로 볼 때는 인자한 아저씨의 얼굴이고 뒤집어서 보면 청년의 얼굴이 나온다.

3. 자료출처: http://www.mathpark.com/170

➤ 보는 관점에 따라 미녀도 보이고 노파도 보인다.

4. 자료출처: http://www.mathpark.com/170

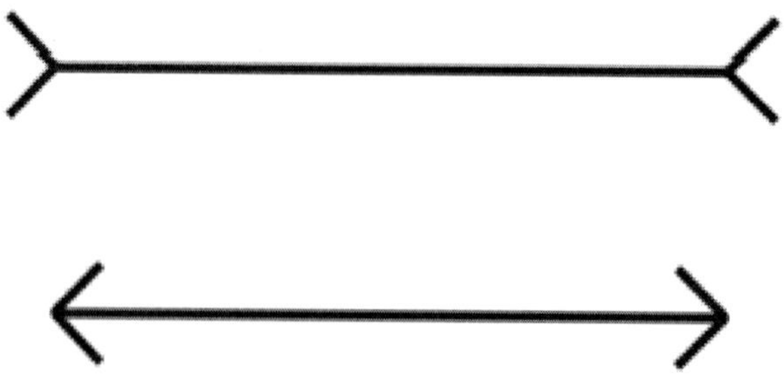

➤ 아래와 위의 선분의 길이는 같지만 양쪽에 있는 화살표로 인해서 위의 선분이 더 길어 보인다.

〈고학년 적용〉

놀이의 실제

● 보기에 따라 달라지는 그림을 TV 화면으로 보고 있다. 고개를 돌려가면서 다른 그림으로 보려고 노력하고 있다.

놀이를 하고 나서

➤ 똑같은 상황에서 서로 다른 생각을 할 수 있다. 나는 보는 모습이 다르다고 편견을 갖지 않고 이해하고 인정할 것이다.

⇒ 나는 다른 생각을 가진 친구를 인정한다.

➤ 나는 이 놀이를 통해 사람마다 보이는 것이 다르다는 것을 알게 되었고 또 다른 사람의 말하는 것을 존중해야 한다는 것을 깨달았다.

⇒ 나는 남의 의견을 존중한다.

거울 반사

놀이 의도

페기 J. 젠킨스(2001)는 부메랑 법칙은 우주의 기본 법칙 중 하나인 인과의 법칙이며, 우리 안에서 나간 것은 반드시 우리에게 돌아온다고 합니다. 이처럼 긍정적인 생각을 가지고 한 말과 행동들은 나에게 꼭 좋은 일로 되돌아오고, 부정적인 생각을 가지고 한 말과 행동들은 나에게 나쁜 일로 되돌아옵니다. 거울 반사 놀이는 부정적인 말을 할 때 거울을 비춰줌으로써 자신의 얼굴을 보고 말을 하게 되어 부정적인 말이 자신에게 되돌아오고 기분이 나빠짐을 느껴 부메랑 법칙을 체험할 수 있습니다. 자신의 말과 행동의 중요성을 깨닫고 긍정적인 사고와 행동 그리고 그런 의지를 담은 말들이 자신을 변화시킬 수 있음을 느낄 수 있습니다. 또한 소금물 놀이를 통해서 자신이 뱉은 말이 다른 사람의 마음을 변화게 할 수 있다는 것을 느끼고 말을 신중하게 해야 함을 느낄 수 있습니다.

준비하기

'거울 반사' 활동지, 얼굴이 가려지는 크기의 거울, 마분지, 유성펜, 가위

놀기

① '거울 반사' 활동지에 듣고 싶은 긍정적인 말과 듣기 싫은 부정적인 말을 적어본다.

② 서로 발표해보고 친구들의 생각도 들어본다.

> **TIP** 발표를 통해 듣고 싶은 말과 듣기 싫은 말이 서로 비슷한 것을 알 수 있다. 누구나 긍정적이고 아름다운 말을 듣고 싶어하고 부정적이고 미운 말은 듣고 싶어하지 않는다. 따라서 친구들에게 어떤 말을 사용하면 좋을지 자연스럽게 생각할 수 있다.

③ 활동지에 적은 자신이 듣고 싶은 긍정적인 말을 거울을 바라보면서 말해본다. 어떤 기분이 드는가?

④ 활동지에 적은 자신이 듣기 싫은 부정적인 말을 거울을 바라보면서 말해본다. 어떤 기분이 드는가?

바꿔 놀기

① 마분지를 8등분하여 유성펜으로 4장에는 듣고 싶은 긍정적인 말을 적고, 나머지 4장에는 듣기 싫은 부정적인 말을 적어 8장의 카드를 만든다.
② 두 명씩 짝을 이룬다.
③ 카드를 모아 잘 섞고 두 사람의 가운데에 거울과 카드를 엎어 놓는다.
④ 가위, 바위, 보를 해서 이긴 사람은 카드를 1장 가져오고, 진 사람은 거울을 가져간다.
⑤ 이긴 사람은 카드를 가져 온 즉시 상대방을 보면서 읽어야 하고, 진 사람은 거울로 자신의 얼굴을 가려서 상대방의 말을 반사시킬 수도 있고 안 시킬 수도 있다.

> **TIP** 이긴 사람은 카드에 어떤 말이 나오든지 간에 상대방을 바라보면서 읽어야한다. 진 사람은 상대방이 긍정적인 말을 하면 거울로 얼굴을 안 가리고 반사를 안 시켜도 되고 시켜도 된다. 부정적인 말도 마찬가지다. 다만 상대방의 말을 듣고 거울 반사를 결정하면 안되고 말과 동시에 거울 반사를 결정하고 행동해야한다.

⑥ 카드가 다 없어질 때까지 놀이를 한다.

다르게 놀기

➤ 엎질러진 물을 다시 담을 수 없듯이 우리가 한번 내뱉은 말 또한 되돌릴 수 없다는 사실을 깨닫게 하는 놀이입니다. 말의 중요성을 알고 신중하게 생각하고 말을 해야 함을 느낄 수 있습니다.

① 그릇에 물을 담고 한 모금씩 맛본다.
② 친구들과 싸우거나 미워할 때 했던 말들을 떠올리며 소금을 한 숟가락씩 그릇에 떠 넣는다.
예 바보야, 너 때문이야, 넌 형편없어, 거짓말쟁이야, 미워
③ 그릇에 만들어진 물을 맛본다.

> **TIP** 교사멘트: 맛이 어떤가요? 매우 짜죠? 여러분들이 한 말들이 그대로 친구의 마음속에 흘러 들어가 친구의 마음을 아주 짜게 만들었어요. 여러분이 뱉은 말들을 다시 주워 담을 수 있을까요? 처음의 깨끗한 물로 되돌리기 위해 소금 알갱

이들을 다시 주워 담을 수는 없어요. 우리의 말과 생각들은 우리 내부로부터 흘러나와 우리를 둘러싸고 있는 사람들의 생각과 감정 깊숙이 흘러 들어간답니다. 뱉은 말을 다시 주워 담을 수 없어요. 그래서 어떤 말이든 신중하게 생각하고 이야기할 필요가 있어요. 말하기 전에 내가 하려는 말이 상대방에게 기쁨을 줄지 아니면 고통을 줄지 생각해 보는 것이 좋지 않을까요?

④ 짠물을 어떻게 하면 원래 물로 가깝게 되돌릴 수 있는지 생각해본다.

TIP 교사멘트: 나쁜 말로 만들어진 소금물을 원래의 아주 깨끗한 물로는 되돌릴 수 없지만 짠맛이 많이 사라지게 할 수 있지 않을까요? 소금물에 맑은 물을 부어 짠맛을 희석시키면 됩니다. 나쁜 말을 한 친구에게 사과하고 친구의 장점을 찾아 긍정적이고 좋은 말을 해주는 것이지요. 한번 뱉은 말은 주워 담을 수는 없지만 우리들의 긍정적인 노력으로 나쁜 말로 받은 상처를 덮고 감싸줄 수는 있으므로 자신의 잘못을 비관할 필요는 없습니다. 하지만 소금물을 희석시키려면 많은 맑은 물이 필요하듯이 한번 뱉은 말의 상처를 치유하려면 많은 노력이 드니까, 말을 하기 전에 신중하게 생각하고 긍정적인 말을 하는 자세를 키우는 것이 필요하지 않을까요?

※ 참고자료: 페기 J. 젠킨스(2001). 이승현 옮김. 아이의 영혼을 깨우는 특별한 놀이 50가지. 한문화

생각하고 글쓰기

거울 반사 놀이와 소금물 놀이를 하면서 느낀 점은 무엇인가요? 나의 나쁜 말로 다른 친구를 아프게 했던 경험은 없나요? 나의 나쁜 말로 내가 아팠던 적은 없나요? 긍정적인 말과 말의 신중함에 대해서 생각해봅시다.

소리치기

"내 안에서 나간 것은 반드시 내게 돌아온다."
"나는 긍정적인 사고와 행동으로 나를 성공시킨다."
"나는 누구에게나 사랑을 베풀고 사랑을 받는다."
"나의 말은 항상 예쁘고 긍정적이다."
"나는 신중하게 생각하고 말한다."

거울 반사

나 자신이 평소에 듣고 싶었던 말, 들으면 힘이 나고 기분이 좋아지는 말들을 생각해서 적어봅시다.

1)
2)
3)
4)
5)

나 자신이 평소에 듣기 싫었던 말, 들으면 힘이 빠지고 기분이 나빠지는 말들을 생각해서 적어봅시다.

1)
2)
3)
4)
5)

〈고학년 적용〉

놀이의 실제

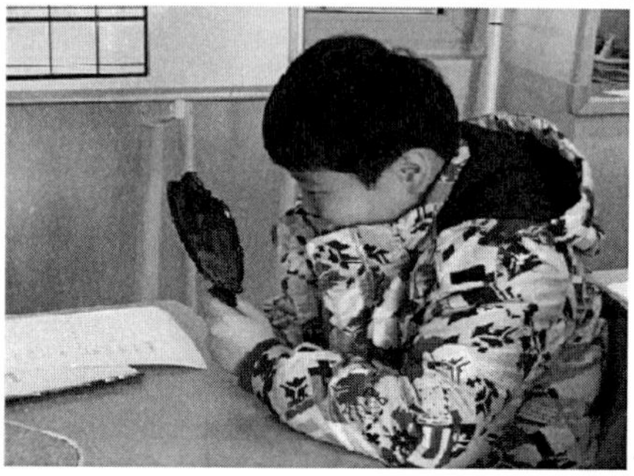

● 거울을 보면서 긍정적인 말과 부정적인 말을 했을 때, 자신에게 되돌아오는 말을 듣고 기분을 생각해 본다.

● 가위, 바위, 보를 한 후 이긴 사람이 긍정적인 말이나 부정적인 말을 하고, 진 사람은 거울을 들어 반사를 하든지 안 하든지를 결정하는 놀이를 하고 있다.

놀이를 하고 나서

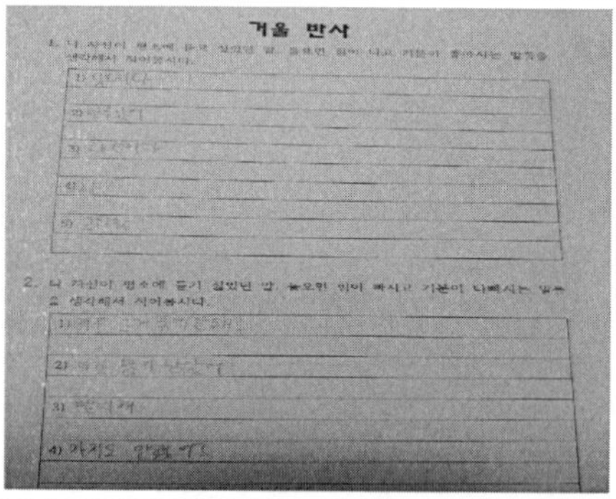

거울 반사

● 거울 반사 학습지 결과물.
멋지다, 할 수 있어, 대박이다, 고마워 등 기분이 좋아지는 말과 겨우 그것밖에 안 돼? 너도 쟤처럼 한 번 해봐라, 빨리해, 아직도 안했어? 등 의 말들을 들으면 기분이 안 좋아진다고 한다.

➤ 거울반사에서 좋은 말을 했을 때는 내가 나 자신에게 좋은 말을 하니 내가 좋은 사람이 된 것 같은 느낌이었다. 또 나 자신에게 나쁜 말을 하니 기분이 나쁘고 나 자신에게 짜증이 난 것 같았다. 짝과 거울반사 게임을 하였을 때는 짝에게 나쁜 말을 하려니 짝이 거울을 들고 있어 내가 했던 말이 다시 돌아온다는 것을 알게 되었다. 앞으로 나쁜 말을 쓰지 않고 고운말만 쓰겠다.

⇒ 나는 예절을 지키는 사람이다.

6월

나라사랑 마음, 건강한 몸

6월 추천 인성놀이

통일의지	**이산가족의 아픔** 친한 짝과의 사이에 가림막을 놓고 분단국가처럼 생활해보는 이번 놀이를 통해서 이산가족의 고통과 분단국가의 불편함을 체험하고 통일의 필요성을 느낄 수 있습니다.
배려(공감)	**우리는 한 몸** 이 두 명이 서로 도와가면서 미션을 해결해 나갑니다. 이 놀이를 통해 다른 사람의 입장을 공감하고 배려해보는 체험을 해보게 됩니다.
정직(용기)	**가림막 안에서** 가림막으로 가려서 아무도 보지 않는 상태에서 놀이를 하는 부분이 있습니다. 그때 양심을 속이지 않고 놀이의 규칙에 맞게 행동하는 정직을 경험하고 느낄 수 있습니다.
성실(인내)	**철인 3종 경기** '철인 3종 경기'는 아이들에게 약간의 힘이 들게 만든 경기이므로, 인내하여 최선을 다하는 경험을 통해서 성실에 대해 알고 느낄 수 있습니다.

인성놀이 스케줄러

6월

일	월	화	수	목	금	토
	■ 이산가족의 아픔					
	■ 우리는 한 몸					
	■ 가림막 안에서					
	■ 철인 3종 경기					

이산가족의 아픔

놀이 의도

우리나라는 분단국가로 이산가족의 고통, 전쟁의 위협 등 여러 가지 문제가 있습니다. 그 중에서도 이산가족의 아픔은 우리와 좀 더 현실적으로 느끼고 받아들여질 수 있는 문제입니다. 친한 짝과의 사이에 가림막을 놓고 분단국가처럼 생활해보는 이번 놀이를 통해서 이산가족의 고통과 분단국가의 불편함을 체험하고 통일의 필요성을 느낄 수 있습니다.

준비하기

휴전막(하드보드지를 연결하거나 접어 세워 만들고 양쪽에 '휴전막'이라고 쓴다.), '이산가족의 아픔' 활동지

놀기

① 교사는 이번 놀이를 하기 1주일 전에 앉고 싶은 친구와 앉을 수 있도록 짝을 배치한다.

> TIP 앉고 싶은 친구와 짝이 되도록 하면 대체로 여자는 여자끼리, 남자는 남자끼리 짝이 된다. 분단에 앉힐 때에는 여자들 뒤에 남자들, 남자들 뒤에 여자들이 올 수 있도록 한다. 그래야 짝끼리 이산가족이 되었을 때 앞뒤의 친구들과 친해져서 이산가족의 아픔을 느끼지 못하는 경우가 줄어든다.

② 1주일이 지나면 짝 사이에 휴전막을 두고, 서로 만나지도 이야기하지도 못하면서 분단국가의 이산가족처럼 행동하도록 한다.

③ 수업시간 뿐만 아니라 쉬는 시간을 포함해 학교 일과가 마치는 시간까지 활동을 한다.

④ 1주일동안 이산가족을 해 보면서 '이산가족의 아픔' 활동지를 수시로 작성한다.

> TIP 활동지에는 짝에 대한 그리운 마음이 들 때, 짝과 하고 싶은 일이나 하고 싶은 말이 생겼을 때 등등 짝과 관련된 생각이 들 때는 무엇이든지 적을 수 있도록 한다.

⑤ 1주일 후에 휴전막을 무너뜨리며 통일을 한다.

⑥ 함께 서로 악수도 하고 껴안으며 만남의 기쁨을 가진다.

⑦ 자신이 적은 '이산가족의 아픔' 활동지를 짝과 서로 나누어 보면서 서로의 기분을 나누고, 실제 이산가족들의 아픔에 대해서도 이야기해 본다.

바꾸어 놀기

➤ 분단 교실 놀이

① 교실의 중간을 앞뒤로 나눌 수 있게 휴전선(긴 노끈에 휴전선이라는 글씨를 매단다.)을 연결한다.

② 반으로 나누어진 학생들은 하루 종일 각각 앞 교실과 뒷 교실을 사용하면서 분단국가처럼 생활한다.

③ 다음 날, 함께 휴전선을 자르고 통일을 한다.

생각하고 글쓰기

이산가족의 아픔 놀이를 하면서 힘든 점과 불편한 점은 무엇인가요? 놀이를 하면서 느낀 점을 적어봅시다. 우리나라의 분단 상황과 통일에 대한 필요성에 대해서도 생각하고 이야기해 봅시다.

소리치기

"나는 통일을 하고 싶다."

"나는 이산가족의 고통을 알고 통일을 위해 노력한다."

"나는 우리나라가 통일이 되기를 원한다."

이산가족의 아픔

분단 생활을 하면서 짝에 대한 그리운 마음이 들 때마다 자신의 마음을 적어봅시다.

시간	나의 마음
예시) 10월 27일 오전 9시 45분	쉬는 시간에 짝과 이야기를 하지 못해서 혼자 가만히 앉아 있었다. 짝과 이야기 하고 싶다.

〈고학년 적용〉

놀이의 실제

● 남자는 남자끼리, 여자는 여자끼리 짝으로 자리배치를 하고 일주일정도 같이 앉았다.	● 둘 사이에 가방을 얹고 주어진 시간동안 만날 수도 없고 이야기도 할 수 없는 생활을 하도록 했다.

놀이를 하고 나서

➤ 나와 친했던 친구인데 말을 갑자기 못하니 불편하였고 빨리 이야기를 하고 싶다는 생각이 들었다. 이렇게만으로도 많이 불편하였다. 몇십년의 아픔을 참고 지낸 이산가족의 슬픔과 아픔을 느낄 수 있었다.

⇒ 나는 통일을 원하는 사람입니다!

➤ 같은 한반도에 사는데 남과 북으로 갈라진 것이 안타깝다. 우리 가족과 내가 떨어져 본다고 생각하니 울컥했다.

⇒ 나는 이산가족의 아픔을 아는 사람이다.

우리는 한 몸

놀이 의도

이 놀이는 두 명이 짝이 되어 활동합니다. 한 명은 눈이 안 보이는 벙어리이고 다른 한 명은 두 팔을 움직일 수 없습니다. 이 두 명이 서로 도와가면서 미션을 해결해 나갑니다. 아이들은 몸의 한군데가 불편한 사람들의 마음을 이해하고 공감할 수 있으며, 서로 다른 사람의 불편함을 배려하면서 행동해야 합니다. 이 놀이를 통해 다른 사람의 입장을 공감하고 배려해보는 체험을 해보게 됩니다.

준비하기

안대, 마스크, 손수건, 쌓기나무 5개, 쌓아놓은 쌓기나무 그림, 양쪽이 뚫린 포대자루, 물통, 반쯤 선이 표시된 플라스틱 물 컵, 포장된 초콜릿, 미션 장소 도우미, 통과 스티커

놀기

① 교실이나 체육관 세 모퉁이에 책상을 두고 미션 장소를 만든다.

미션 1) 그림과 똑같은 모양으로 쌓기나무를 쌓아라.

➤ 도우미는 쌓기나무 그림 중에 1개를 보여준다. 다 쌓고 나면 맞는지 확인하고 통과 스티커를 손에 붙여준다.

미션 2) 두 명 모두 포대자루를 통과하라.

➤ 도우미는 포대자루를 건네주고 둘 다 포대자루를 통과하면 통과 스티커를 손에 붙여준다.

미션 3) 흘리지 말고 물을 마시고 초콜릿을 먹어라.

➤ 도우미는 책상에 물이 든 물통과 컵, 초콜릿을 놓아둔다. 물을 흘리지 않고 선까지 따르고 남기지 않고 다 마셔야 한다. 초콜릿까지 먹으면 통과 스티커를 손에 붙여준다.

② 두 명이 한 모둠을 만든다.

③ 한 명은 안대와 마스크를 끼고 눈이 안보이고 말을 할 수 없는 사람이 된다.
④ 다른 한 명은 두 손을 모으고 손수건으로 묶어 팔을 움직일 수 없는 사람이 된다.
⑤ 두 명이 함께 다니면서 세 곳의 미션을 해결한다.
⑥ 역할을 바꾸어 활동한다.

생각하고 글쓰기

놀이를 하면서 힘든 점과 느낀 점은 무엇인가요? 어떤 점을 공감하고 배려해 보았나요? 공감과 배려에 대해 생각해 봅시다.

소리치기

"나는 다른 사람의 입장에서 생각해볼 수 있다."
"나는 다른 사람을 도와주고 보살펴 줄 수 있다."
"나는 다른 사람을 배려하는 사람이다."

쌓아놓은 쌓기나무 그림

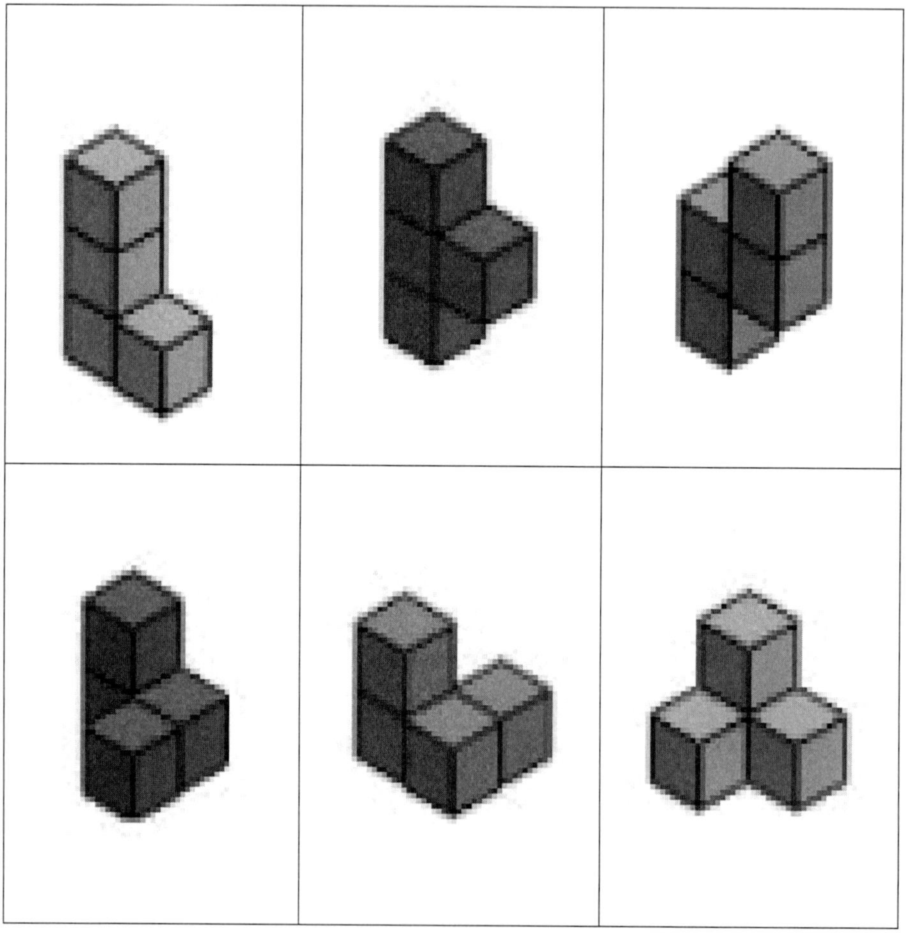

〈저학년 적용〉

놀이의 실제

	똑같은 모양으로 쌓기나무 쌓기 안대와 마스크를 쓴 친구가 손을 쓸 수 있는 친구의 말을 듣고 쌓기나무를 쌓고 있다. 손을 쓸 수 없는 친구는 최대한 자세히 설명하고 있다. 성공한 팀은 성공한 이유를 "친구가 친절하게 설명해주었다." "눈을 가린 친구가 포기하지 않고 최선을 다했다." 며 서로에게 칭찬을 아끼지 않았다.

가림막 안에서

놀이 의도

정직한 행동은 자신의 양심을 속이지 않고 올바르게 행동하는 것입니다. 이 놀이의 중간에는 가림막으로 가려서 아무도 보지 않는 상태에서 놀이를 하는 부분이 있습니다. 그때 양심을 속이지 않고 놀이의 규칙에 맞게 행동하는 정직을 경험하고 느낄 수 있습니다. 놀이 후에 가림막 안에서 경쟁에서 이기기 위해 규칙을 어긴 행동을 한 아이가 자신의 잘못을 반성한다면, 그 또한 정직하고, 정직하지 않았던 행동을 바로 잡을 수 있는 용기 있는 행동임을 배울 수 있습니다.

준비하기

가림막, 접시, 젤리나 초콜릿, 초시계

놀기

① 4명이 한 모둠을 만들고 한 줄로 서서 릴레이로 놀이를 한다.

② 가림막 안에 접시를 놓고 초콜릿을 모둠원의 수보다 2개 더 많이 놓아둔다.

> TIP 초콜릿을 모둠원의 수보다 2개 더 많이 놓아둔 이유는 초콜릿을 1개만 먹어야 한다는 규칙을 어길 수 있게 유혹하기 위해서이다.

③ 오른손으로 왼쪽 귀를 잡고 왼손은 오른팔이 만드는 구멍을 통과해 코끼리코 모양을 만든다.

④ 두 발은 모으고 모둠발 뛰기로 가림막 안으로 뛰어가 접시 위에 있는 초콜릿 1개를 집어서 입에 넣고 모둠발로 돌아온다.

> TIP 초콜릿을 집을 때 다른 초콜릿을 떨어뜨리지 않도록 주의를 주고 만약에 떨어뜨린다면 주워 담아 놓도록 지도한다.

⑤ 다음 주자와 손을 터치하면 다음 주자가 출발한다.

> TIP 터치를 정확하게 하여야함을 주지시킨다.

⑥ 놀이를 하는 중에 코끼리코 손이 풀리거나 모둠발로 뛰지 않으면 다시 처음 출발선으로 돌아와 다시 시작한다.

> **TIP** 놀이를 보고 있는 친구들이 놀이를 하는 아이에게 이래라저래라 이야기 하지 않도록 지도한다.

⑦ 4명이 릴레이로 출발하고 돌아오는 데에 걸리는 총 시간을 재어서 가장 짧은 시간이 걸린 모둠이 승리한다.

> **TIP** 승리팀에게 젤리를 1개씩 준다. 가림막 안에서 일어난 일은 모르지만 가림막 밖에서 규칙을 어긴 팀은 승리팀에서 제외한다. 이 놀이는 놀이가 끝난 다음의 활동이 중요하다.

⑧ '가림막 안에서' 활동지를 솔직하게 작성하게 한다.

> **TIP** 놀이 중에 정직하게 행동하지 않았더라도 용기를 내어 활동지를 정직하게 작성하면 모든 것이 다 용서된다는 것을 미리 설명해주고 활동지를 작성하게 한다. 활동지는 정직하지 않았던 행동을 바로 잡을 수 있는 용기를 낼 수 있는 기회임을 알게 한다.

⑨ 솔직하게 활동지를 작성한 아이에게 '용기와 용서의 젤리'를 1문항당 1개씩 준다.

> **TIP** 활동지를 솔직하게 적었는지 아닌지는 아이의 양심에 달렸지 교사는 판단할 수는 없다. 그러므로 모두에게 '용기의 젤리'를 줄 수 있다. 다만 자신의 잘못을 정직하게 적은 아이에게는 '용서의 젤리'를 더 주도록 한다. 이렇게 하면 놀이에서는 정직하게 행동하지 않았더라도 활동지에서는 정직해 질 수 있고, 정직하려면 용기도 필요하고, 정직하면 기분이 좋다는 것을 느낄 수 있게 된다.

생각하고 글쓰기

이번 놀이를 하고 나서 느낌이 어떠합니까? 정직과 용기에 대해 자신의 생각도 적어봅시다.

소리치기

"나는 누가 보든지 안 보든지 항상 내 양심에 맞게 행동한다."
"나는 늘 정직하다."
"나는 정직하지 않은 것을 바로 잡을 수 있는 용기를 가지고 있다."

가림막 안에서

놀이 때의 자신을 되돌아보면서 솔직하게 아래 내용을 작성해 보세요.

1. 계속 모둠발로 뛰고 코끼리코 손을 풀지 않았나요? 만약에 손이나 발이 풀어졌다면 다시 처음으로 돌아가 출발하였나요? 정직하게 하지 않았다면 그 이유를 적어보세요.

나의 행동:

이유:

2. 가림막 안에서 초콜릿을 1개만 먹었나요? 접시에서 초콜릿을 쏟지는 않았나요? 규칙과 잘못된 행동을 했다면 왜 그랬나요?

나의 행동:

이유:

3. 릴레이를 할 때 다음 주자와 정확하게 터치를 했나요? 그렇지 않았다면 왜 그랬나요?

나의 행동:

이유:

〈고학년 적용〉

놀이의 실제

● 가림막 대신에 복도에 한 명씩 나가서 접시에 있는 젤리를 먹고 돌아오는 놀이로 조금 변경하여 하였다. 대체로 아이들이 정직하게 잘 하였다.

철인 3종 경기

놀이 의도

성실하기 위해서는 성실의 하위요소 중 최선을 다하며 인내하는 자세가 필요합니다. 최선을 다하는 것은 온 정성과 힘을 들이는 것이며 인내하는 것은 참고 견디는 것입니다. 이번 놀이 활동인 '철인 3종 경기'는 아이들에게 약간의 힘이 들게 만든 경기이므로, 인내하여 최선을 다하는 경험을 통해서 성실에 대해 알고 느낄 수 있습니다. 더불어 절제(자기조절)의 덕목도 함께 경험할 수 있습니다.

준비하기

체육복, 운동화, 줄넘기, 훌라후프, 3인 4각용 끈

놀기

① 두 사람씩 짝을 지어 한 사람은 감독이 되고 다른 한 사람은 선수가 된다.
② 첫 번째 경기는 줄넘기 100개 넘기이다. 감독은 선수를 격려하고 줄넘기의 횟수를 세어준다. 연속하여 넘지 않아도 된다.
③ 두 번째 경기는 훌라후프 100회 돌리기이다. 감독은 선수를 격려하고 훌라후프의 횟수를 세어준다. 연속하여 돌리지 않아도 된다.
④ 세 번째 경기는 운동장 3바퀴 달리기이다. 감독은 선수를 격려하고 운동장을 돈 횟수를 세어준다.
⑤ 달리기 결승선에 들어오는 순서대로 순위를 매긴다.

> TIP 교사는 학생들의 수준에 맞추어서 학생들이 힘이 들 수 있도록 종목의 횟수를 조절해야 한다.

⑥ 감독과 선수의 역할을 바꾸어서 경기를 한다.

바꿔 놀기

① 한 모둠에 3명으로 모둠을 만든다.
② 줄넘기, 훌라후프, 철봉 매달리기 중에서 각각 자신 있는 한 종목씩을 정한다.

③ 시작 신호와 함께 각 모둠은 한 명씩 자신이 맡은 종목을 줄넘기 100회 → 훌라후프 100회 → 철봉 매달리기 60초 순으로 경기를 한다.

④ 순서대로 개인 종목이 다 끝나면 3명이 출발선으로 와서 다리를 묶고 3인 4각으로 운동장 1바퀴를 뛰고 결승선으로 들어온다.

⑤ 승리한 모둠에게는 상을 준다.

> TIP 교사는 학생들의 수준에 맞추어서 학생들이 힘이 들 수 있도록 종목의 횟수를 조절해야 한다. 아이들은 자신의 종목에 최선을 다하여 성실히 할 때 자신의 모둠에게 도움이 됨을 알고 노력하므로 성실을 몸소 느낄 수 있다.

생각하고 글쓰기

철인 3종 경기를 하면서 인내하며 최선을 다하였습니까? 활동을 하면서 느낀 점과 성실에 대해서 생각해봅시다.

소리치기

"나는 목표를 이루기 위해 인내하며 최선을 다할 줄 안다."

"나는 성실하다."

〈고학년 적용〉

놀이의 실제

스포츠강사 선생님의 도움을 받아서 강당에서 철인 5종 경기를 해 보았다. 둥글게 5가지 종목을 실시하는 위치를 표시해놓고 돌면서 실시하였다.

● 팔벌려 뛰기를 20회 실시한다.

● 런지를 왼발, 오른발 각각 10회씩 실시한다.

● 플랭크를 20초 실시한다.

● 줄넘기 50회를 실시한다.

● 잔발뛰기를 50회 실시한다.

● 이렇게 5가지를 1세트로 2세트를 쉬지않고 실시하였다. 다 끝나고 나니 학생들은 숨을 몰아쉬며 쓰러지기도 했다.

놀이를 하고 나서

➤ 두바퀴를 돌아서 더더욱 힘들었다. 하지만 설명을 들을 때 인내심을 가지라고 하셔서 나는 인내심을 가지고 했다. 다음에는 세바퀴를 해보고 싶다.

⇒ 나는 인내심이 강한 사람이다!

➤ 1세트를 끝내니 힘들었다. 하지만 참고했다. 나는 이때 내가 조금이라도 성실하구나(인내심이 있구나)라고 생각했다.

⇒ 나는 성실한 사람입니다!

7월

따뜻한 말, 진실된 행동

7월 추천 인성놀이

예절	**미완성 작품** 그림이나 사진의 한 부분만을 제시하고 나머지 부분을 추측하여 그리게 합니다. 우리가 알고 있는 일부분의 모습만을 가지고는 전체를 알 수 없다는 것을 느낌으로써 자신의 인식능력의 한계를 인정하고 항상 겸손한 자세를 가져야 함을 배울 수 있습니다.
정직(용기)	**거짓 타파** 지금까지 살면서 정직하지 못했던 행동들을 솔직하게 이야기하고 반성하여 밝고 새로운 양심으로 돌아가는 활동입니다.
성실(인내)	**도미노 게임** 도미노를 잘못 건드려 하나가 쓰러지기라도 하면 지금까지 세운 도미노는 다 쓰러져버립니다. 이때 쉽게 포기하지 않고 인내해야 다시 도미노를 시작할 수 있습니다. 도미노 게임을 통해 성실의 하위요소인 인내를 배우게 됩니다.

7월

인성놀이 스케줄러

일	월	화	수	목	금	토
	■ 미완성 작품					
	■ 거짓 타파					
	■ 도미노 게임					

미완성 작품

놀이 의도

예절의 하위 덕목으로 겸손을 들 수 있습니다. 겸손의 사전적 정의는 남을 존중하고 자기를 내세우지 않는 태도가 있다는 것입니다. 자신의 한계를 알며 자신의 생각만이 무조건 옳은 것이 아니고 완벽하지 않다는 것을 느낄 때 겸손의 자세를 배울 수 있습니다. 이 놀이는 그림이나 사진의 한 부분만을 제시하고 나머지 부분을 추측하여 그리게 합니다. 우리가 알고 있는 일부분의 모습만을 가지고는 전체를 알 수 없다는 것을 느낌으로써 자신의 인식능력의 한계를 인정하고 항상 겸손한 자세를 가져야 함을 배울 수 있습니다.

준비하기

'미완성 작품' 활동지 1, 2, 원래의 전체 그림, 그림 도구

놀기

① 그림이나 사진의 일부분만이 그려져 있는 '미완성 작품' 활동지 1을 아이들에게 나누어준다.

② 일부분의 사진만 보고 전체 사진이 어떠했을지를 추측하여 미완성 작품 1을 완성해 본다.

> TIP 원래의 사진과 가장 똑같이 그리는 사람에게 보상을 준다고 하여 아이들이 마음대로 생각없이 그리지 않고 원래의 사진과 똑같이 그리려고 노력하도록 한다. 시간이 가능하다면 왜 그렇게 추측을 하였는지에 대한 설명을 들으면 아이들의 창의성도 함께 길러줄 수 있는 시간이 될 수 있다.

③ 활동이 끝나면 교사는 원래의 전체 사진을 보여주면서 아이들 자신의 그림과 비교해보게 한다.

> TIP 원래의 사진을 화면으로 크게 띄워놓고 자신의 그림과 비교해보고, 친구들의 그림도 서로서로 나누어 비교해본다.

④ 원래의 사진과도 각자의 그림들도 모두 다르고 똑같은 것이 없다는 것을

확인하고 왜 그런지를 이야기 나눠본다.

> TIP 사진에 대한 아무런 정보가 없는 상황에서 사진의 일부분만을 보고는 원래 사진과 똑같이 그릴 수 없다는 것을 이야기를 나누는 과정에서 알 수 있도록 한다.

⑤ 이번에는 조금의 정보가 들어있는 '미완성 작품' 활동지 2를 나누어주고 완성해보게 한다.

> TIP 이 활동지의 그림은 아이들이 평소에 많이 본 애니메이션 주인공의 한 부분의 그림이여서 정보를 어느 정도 알고 있다고 생각할 수 있다. 그림은 요즈음 아이들의 수준이나 관심사에 맞게 교사가 재구성하면 더욱 좋겠다.

⑥ 활동이 끝나면 원래의 그림과 서로 비교해 본다.

⑦ 왜 이런 결과가 나왔는지를 이야기 나눈다.

> TIP 어떤 그림인지도 알고 평소에 그 그림을 본 경험이 있기 때문에 비슷한 그림들이 많이 그려졌다. 그림에 대한 정보를 많이 알고 있을수록 그림이 비슷하게 나오는 것을 경험할 수 있다. 하지만 완벽하게 똑같이는 그릴 수 없다는 것을 볼 수 있다. 이를 통해 아무리 자신의 지식이 많다고 하더라도 완벽할 수는 없으니 더욱 겸손해야 한다는 것을 지도한다.

생각하고 글쓰기

그림을 그리고 그 결과를 보면서 어떤 생각이 들었나요? 겸손에 대해서 생각해봅시다.

소리치기

"나는 항상 겸손하게 행동한다."

"내가 항상 옳은 것이 아니기에 나는 항상 겸손한다."

미완성 작품 1

아래에는 사진의 일부분이 나와 있습니다. 그것을 이용하여 원래의 사진은 어떤 풍경의 사진일지를 추측하여 완성하여 봅시다.

원래의 사진 1

미완성 작품 2

아래 그림은 만화영화 뽀로로의 일부분이 나와 있습니다. 그것을 이용하여 원래의 그림은 어떤 그림일지를 추측하여 완성하여 봅시다.

원래의 그림 2

그림 출처: http://imgnews.naver.net/image/144/2016/07/18/l_2016071802000850200193931_99_20160718200103.jpg?type=w540

〈저학년 적용〉

놀이의 실제

● 미완성 작품 완성하기.
일부만 있는 풍경이 어떠했을지 생각해보고 그림을 완성했다.

● 친구와 만나서 그림 비교하는 모습.
친구와 만나서 나머지를 그림을 어떻게 완성했는지 왜 그렇게 그렸는지 설명하고 있다.

● 완성된 그림 정답 확인하기.
완성된 그림을 보고 정답에 가깝게 그린 학생들은 환호를 지르고 다르게 그린 학생들은 실망한 모습이었다.

● 미완성 작품 놀이 참여 소감 나누기.
"똑같이 완성을 못해서 아쉬웠다. 다음에는 더 잘하고 싶다."
"두 번째 그림은 알고 있는 것이라 잘 할 수 있다고 생각했는데 생각처럼 되지 않아서 실망스러웠다."

〈고학년 적용〉

놀이의 실제

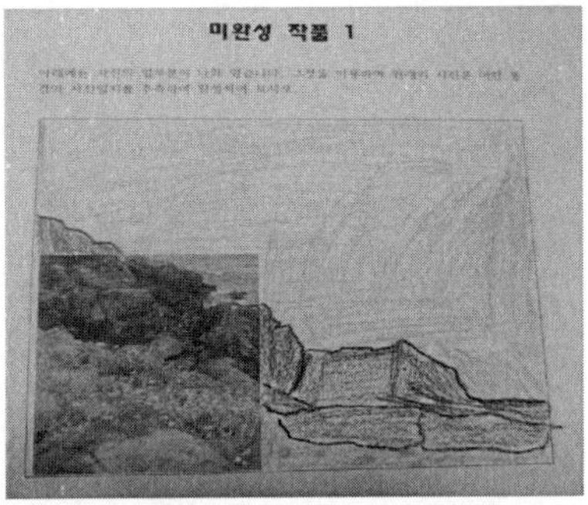

미완성 작품 1 결과물.
일부만 있는 풍경이 어떠했을지 생각해보고 그림을 완성했다. 학생들이 뽑은 원래 그림과 가장 비슷했던 그림이다.

완성한 그림을 원래 그림과 비교하기.
자신이 완성한 그림을 원래 그림과 비교하고 그림을 그릴 때 힘들었던 점이 무엇이었는지 이야기를 나눴다.

놀이를 하고 나서

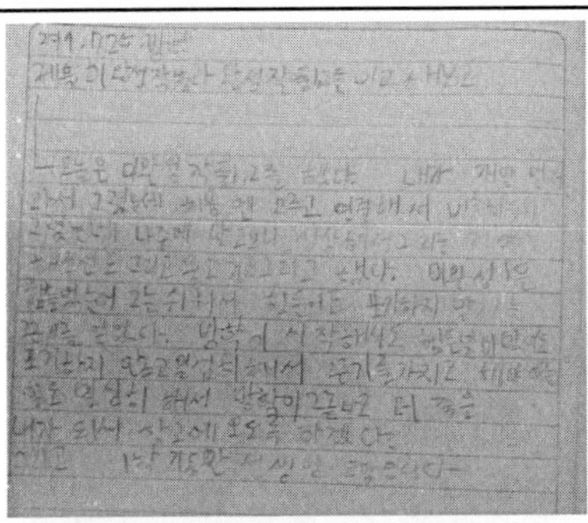

➤ 생각하고 글쓰기

활동을 하면서 힘든 부분도 있었지만 힘들어도 포기하지 말자는 끈기를 얻었다. 여름방학 동안 힘든 일이 있어도 포기하지 않고, 끈기를 가지고 해야 하는 일을 열심히 해서, 방학이 끝나고 더 좋은 내가 되어서 학교에 오도록 하겠다.

➤ 소리치기

교사멘트: “잘 할 수 있을 것이라 생각했지만 마음대로 되지 않을 때 실망스러울 것입니다. 이때 우리에게 필요한 마음이 있습니다. 바로 겸손입니다. 나는 부족하고 실수할 수 있으니 최선을 다하겠다는 마음가짐입니다.”

⇒ 나는 항상 겸손하게 행동한다!

⇒ 내가 항상 옳은 것이 아니기에 나는 항상 겸손하다!

거짓 타파

놀이 의도

'가림막 안에서'라는 놀이를 통해서 정직과 용기에 대해 느끼고 정직한 사람이 되어야겠다는 다짐을 하게 됩니다. 그 다짐을 실천하기 위해 이번 놀이에서는 지금까지 살면서 정직하지 못했던 행동들을 솔직하게 이야기하고 반성하여 밝고 새로운 양심으로 돌아가는 활동입니다.

준비하기

정직 쪽지, 바구니, 신문지, 유성펜

놀기

① 지금까지 나 자신이나 다른 사람들에게 정직하지 못했던 행동을 한 경험을 떠올려본다.

② 정직 쪽지에 그 중 1가지만 적고 쪽지를 두 번 접어 바구니 안에 넣는다.

③ 반 아이들의 쪽지가 모두 담긴 바구니를 교실 앞에 두고 한 사람씩 나와서 쪽지를 뽑아서 큰소리로 읽는다.

> TIP 익명의 쪽지를 읽으므로 자신이 드러나지 않아 정직하게 쪽지를 적을 수 있다. 다른 사람의 경험을 읽으므로 당당하게 발표할 수 있다. 또한 다른 사람도 나와 같은 거짓말을 했다는 것을 알고 나에 대한 지나친 죄책감에서 벗어나고 더 정직해 질 수 있다.

④ 각자 신문지 1장을 넓게 펼쳐놓고 아이들의 발표를 들으면서 쪽지의 경험이 자신에게도 있으면 유성펜으로 신문지에 "나도 ~한 적이 있다."라고 적는다.

⑤ 신문지에 여러 개의 경험을 적어도 상관없다. 신문지에 적을 곳이 없으면 새로운 신문지를 가지고 와서 이어 적는다.

⑥ 모두의 쪽지를 다 읽은 후, 자신이 가진 신문지를 확인하며 자신의 정직하지 못했던 행동들이 얼마나 많은지 생각해본다.

⑦ 3명이 한 모둠을 만든다.

⑧ 2명은 양쪽에서 신문지를 팽팽하게 잡아주고 1명은 자신이 적은 거짓 신문지를 손으로 격파한다.

⑨ 격파할 때는 "거짓 타파!"라고 외치면서 격파한다.

⑩ 자신의 거짓 신문지를 모두 격파했으면 순서를 바꾸어 돌아가면서 한다.

⑪ 격파한 신문지를 모둠원이 모두 "거짓은 가라!" 등으로 외치며 함께 찢고 날린다.

⑫ 충분히 활동을 한 후, 버려져 있는 신문지를 모아 '거짓 눈덩이'를 만든다.

> TIP 눈덩이는 눈싸움을 할 수 있는 정도로 너무 크지는 않게 한다. 거짓은 눈덩이처럼 점점 커질 수 있다는 것을 활동이 끝난 후 아이들에게 멘트로 알려준다.

⑬ 가운데 책상으로 경계를 만들고, 책상 양쪽으로 나누어 선 후 들고 있는 '거짓 눈덩이'로 눈싸움을 한다.

> TIP 교사는 아이들에게 거짓은 이렇게 다른 사람들을 아프게 할 수도 있다는 것을 말하며 정직의 중요함을 이야기해 준다.

⑭ 활동이 모두 끝나면 거짓을 깨끗이 없애버린 밝고 새로운 양심을 가지고 교실을 깨끗하게 청소한다.

> TIP 교사멘트: 여러분들은 정직하지 못했던 행동들을 용기 있게 밝히고 모두 날려버려서 여러분이 처음부터 가지고 있었지만 거짓으로 어두워졌던 밝고 깨끗한 양심을 되찾았습니다. 우리들은 본래 선하고 양심적인 사람입니다. 이제 새롭게 태어났으니 밝은 양심의 소리에 귀 기울여 알맞게 행동해봅시다. 지금 교실을 어떻게 해야 하나요?

생각하고 글쓰기

이번 놀이를 처음부터 끝까지 잘 되돌아보면서 자신의 마음변화나 느낌을 적어봅시다. 정직, 거짓, 양심에 대해서 생각해 봅시다.

소리치기

"나는 나의 정직하지 못했던 행동을 용기 내어 고백하고 반성한다."

"나는 정직하다."

"나는 앞으로 밝고 깨끗한 양심의 소리대로 행동한다."

정직쪽지

정직쪽지에 지금까지 자신이 정직하지 못했던 행동을 한 가지만 적어봅시다.

정직쪽지	정직쪽지
정직쪽지	정직쪽지
정직쪽지	정직쪽지
정직쪽지	정직쪽지
정직쪽지	정직쪽지

〈고학년 적용〉

놀이의 실제

● 친구들이 적은 정직쪽지를 뽑아서 크게 읽는다.

● 다른 친구들은 자신도 같은 거짓을 한 적이 있으면 신문지에 똑같이 적는다.

● "거짓 타파!"라고 외치면서 신문지를 격파한다.

● 신문지를 찢고 "거짓은 가라!"라고 외치면서 신문지를 실컷 날린다.

● 버려진 신문지들을 모아 '거짓 눈덩이'를 만든다. 아이들이 신문지에 물을 부어 둥그렇게 만들었다. 그냥은 잘 뭉쳐지지 않으므로 커다른 신문지에 조각들을 모아서 담고 감싸서 테이프로 붙이는 것이 공을 만들기에 더 낫겠다.

● '거짓 눈덩이'로 눈싸움을 하려고 했지만, 공이 너무 단단하게 뭉쳐져서 맞으면 아플 것 같아서 페트병 쓰러뜨리기로 놀이를 바꿨다.
● 페트병에 '거짓'이라고 적어놓고 거짓을 맞쳐 쓰러뜨리는 놀이이다.

놀이를 하고 나서

➤ 찢은 종이를 모아서 물을 묻혔다. 그러니까 우리의 거짓말이 물로 씻겨나가는 것 같았다. ... 이 게임을 하면서 앞으로는 거짓말을 안하기로 생각했다.

⇒ 나는 거짓말을 안하는 정직한 사람입니다!

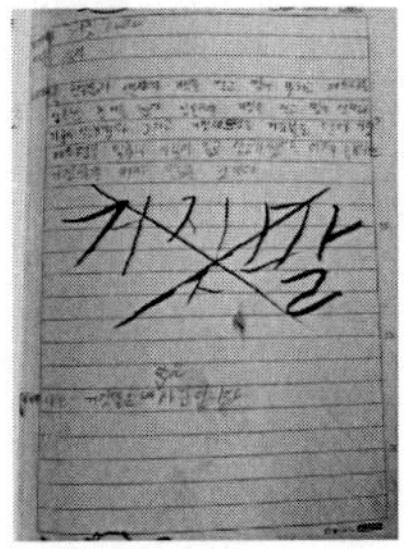

➤ 페트병을 맞추니 기분이 좋고 상쾌했다. 이제부터는 거짓말을 하지 않을 것이다.

⇒ 나는 거짓말을 하지 않는 사람입니다.

➤ 나는 엄마 몰래 게임을 한 것을 없애려고 페트병이 거짓이라고 생각해서 온 힘을 대해서 페트병을 맞추었다. ... 앞으로도 거짓말을 안치고 엄마 몰래 게임을 안 하겠다.

⇒ 나는 정직한 사람입니다.

➤ 앞으로는 할아버지가 될 때까지 즐겁고 행복하고 정직하게 살아야겠다. 놀이로 나쁜 행동을 고친 것이 보람차고 기뻤다.

⇒ 친구들아, 우리 모두 정직하게 살자!!

➤ 정직하려면 용기가 있어야 한다. 왜냐하면 용기가 없으면 거짓말을 하여서 정직하지 못하다. 나의 거짓말을 적을 때 나는 사소한거라도 적으려고 했다. 나는 다짐을 했다. 정직하기로. 잘 될진 모르겠지만 앞으로 노력해야겠다.

⇒ 나는 정직한 사람입니다!

〈저학년 적용〉

놀이의 실제

● 정직하지 못했던 경험 적기.
그동안 정직하지 못했던 일 한 가지를 정직 쪽지에 적어 바구니에 넣었다. 넣을 때 학생들이 부끄러워했다.

● 바구니에 있는 정직 쪽지의 내용 읽는 모습.
"엄마 핸드폰을 만지고 안 만졌다고 했다, 동생을 때렸는데 안 때렸다고 했다, 교실에서 놀이할 때 가위 바위 보를 속였다." 등의 내용이었다.

● 쪽지의 내용처럼 거짓된 행동을 할 때 어떤 생각이나 느낌이 드는지 마음 나누기.
"들킬까봐 걱정되고 마음이 무겁다, 혼날까봐 걱정된다, 하지 말껄 하는 후회되는 마음이 든다." 등의 무거운 마음을 나누었다.

● 거짓행동이 표시된 신문지 격파하기.
1학년 학생들은 문장을 적는 것이 힘들어 신문지 위에 친구가 읽어 주는 내용과 비슷한 경험이 있으면 o 표시를 하라고 안내하였다.
신문에 표시한 나의 거짓된 마음을 없애 버리기 위해 신문지를 격파하였다.

도미노 게임

놀이 의도

우리가 잘 알고 있는 도미노 게임은 쓰러뜨리기 위해 도미노를 세우는 과정에서 정성이 들고 인내가 필요합니다. 도미노를 잘못 건드려 하나가 쓰러지기라도 하면 지금까지 세운 도미노는 다 쓰러져버립니다. 이때 쉽게 포기하지 않고 인내해야 다시 도미노를 시작할 수 있습니다. 도미노 게임을 통해 성실의 하위 요소인 인내를 배우게 됩니다. 더불어 절제도 배우게 됩니다.

준비하기

개인당 도미노 50개 이상

놀기

① 책상 위에 도미노를 일정한 간격을 두고 띄워 세운다.

> TIP 책상 위에 50개의 도미노를 세우려면 지그재그 모양이 되어야 할 것이다. 교실의 어디에서 해도 상관없다. 좁은 교실에서 많은 아이들과 함께 도미노를 세우다보면 중간 중간에 자주 쓰러지는 경험을 할 것이다. 도미노를 세우는 과정에서 자주 실패하지 않는다면 실패하도록 교사의 조작이 필요하다.

② 50개의 도미노를 다 세웠으면, 처음의 도미노를 쓰러뜨려 끝까지 쓰러지게 한다.

> TIP 모두 세운 도미노를 밀어서 한 번에 쓰러지는 통쾌함을 경험해봄으로써 성실하게 인내하며 도미노를 세운 보람을 느낄 수 있다. 인내했을 때 긍정 결과를 얻는 경험이 되어 인내의 필요성을 느끼게 된다.

바꿔 놀기

➤ 도미노를 세울 때 여러 가지 모양(지그재그, 동그라미, 하트, 세모 등)으로 만들어 본다.

➤ 모둠별로 하나의 도미노 작품을 만들어 본다.

> **TIP** 전체 모양을 모둠원의 수로 나누어 각자 자신의 모양을 완성한 후 서로 연결해야 한 사람이 실수를 하여도 전체가 다 쓰러지지 않는다. 한 사람 한 사람이 성실하게 자신의 역할을 완수했을 때 하나의 임무를 완수할 수 있다는 것을 깨닫는 좋은 기회가 된다. 교사는 이것을 아이들에게 인지시켜줄 필요가 있다(아이들에게 이 방법을 미리 가르쳐주기보다는 몇 번 실수를 하는 과정에서 스스로 깨닫게 하는 것도 좋은 방법이다).

➤ 강당이나 교실의 책상을 뒤로 보내고 반 전체의 아이들이 하나의 도미노 작품을 만들어 본다.

> **TIP** 교사는 자신이 아니라 다른 친구 때문에 도미노가 쓰러지는 경우에라도 다른 친구를 미워하지 않고 참고 다시 끝까지 시도하는 것이 성실한 자세임을 지도하고, 성실하게 하는 것이 이번 놀이에서 중요한 것임을 인지시켜서, 성실하게 도미노를 세울 수 있도록 계속 아이들을 격려한다.

생각하고 글쓰기

도미노가 중간에 쓰러졌을 때 기분이 어떠했나요? 포기하지 않고 도미노를 모두 세우고 한 번에 쓰러뜨렸을 때 기분은 어떠했나요? 활동을 하면서 느낀 점과 성실에 대해서 생각해봅시다.

소리치기

"나는 어떤 일이든 포기하지 않고 도전하여 해낸다."
"나는 성실하다."

〈저학년 적용〉

놀이의 실제

● 다양한 쌓기 재료 선택하기. 스타트랙스, 젠가, 수블럭 등 교실에서 구할 수 있는 재료 중 모둠별로 각자 10개씩 고르고 어떻게 하면 높이 쌓을 수 있을지 토의를 했다.	● 모둠 친구들끼리 힘을 모아서 가장 높이 쌓기. 친구들과 협의를 통해 제한시간 3분 동안 최선을 다해서 쌓아 올렸다. 쌓아 올린 구조물이 5분 동안 무너지지 않도록 튼튼하게 쌓아야 했다.

● 높이 쌓으려고 노력했지만 구조물이 무너진 모습. 높이만 쌓으려고 하다 보니 튼튼하게 쌓지 못해 다시 쌓고 있다.	● 높이 쌓기를 하면서 어떤 생각이나 느낌이 들었는지 이야기 나누기. "열심히 쌓았는데 무너져버려서 힘들었다." "다른 모둠이 높이 쌓아있는 모습 보니까 부러웠다." "높이 쌓지 않았지만 끝까지 포기하지 않아서 친구들이 자랑스러웠다."

놀이를 하고 나서

<table>
<tr>
<td></td>
<td>➤ 소리치기
높이 쌓기 놀이를 성공하지 못한 모둠 친구들도 끝까지 최선을 다했다. 또한 무너진 모둠에게 어떻게 하면 높이 쌓을 수 있는지 설명해주면서 서로 격려하는 의미 있는 시간이었다.
⇒ 나는 어떤 일이든 포기하지 않고 도전하여 해낸다!
⇒ 나는 성실하다!</td>
</tr>
</table>

9월

소중한 너와 나,
하나되는 마음

9월 추천 인성놀이

예절	**고구마도 느껴요** 고구마 실험에서 긍정적인 말과 부정적인 말이 고구마를 어떻게 자라게 하는지를 직접 보면서 말씨가 얼마나 중요한지를 직접 체험하게 됩니다.
협동	**풍선 배구** 자기의 제한된 위치에서 풍선을 땅에 떨어뜨리지 않게 손으로 쳐서 상대편으로 넘기는 놀이를 통해 협동의 의미와 중요성을 느낄 수 있습니다.
협동	**징검다리를 놓아라** 징검다리를 밟으며 릴레이로 경주하는 놀이로 협동의 의미와 중요성을 몸소 체험해 볼 수 있는 놀이입니다.
배려(공감)	**배려 퍼즐** 모둠 안에서 퍼즐이 서로에게 섞여 있어서 친구들의 퍼즐을 잘 살펴보고 내가 가지고 있는 퍼즐을 필요한 친구에게 주어야 되는 놀이로 배려를 체험합니다.

9월

인성놀이 스케줄러

일	월	화	수	목	금	토
	■ 고구마도 느껴요					
	■ 고구마도 느껴요					
	■ 풍선 배구					
	■ 징검다리를 놓아라					
	■ 배려 퍼즐					

고구마도 느껴요

놀이 의도

예절의 기본적인 것이 바른 말씨를 사용하는 것입니다. 고구마 실험에서 긍정적인 말과 부정적인 말이 고구마를 어떻게 자라게 하는지를 직접 보면서 말씨가 얼마나 중요한지를 직접 체험하게 됩니다. 이번 활동에서는 말에도 에너지가 담겨있으므로 조심하고 긍정적인 말을 사용해야함을 느낄 수 있습니다.

준비하기

물의 결정 사진, 고구마 3개, 투명한 컵 3개, '고구마도 느껴요' 활동지

놀기

① 두 가지 물의 결정 사진을 보여준다.

> TIP 교사멘트: 이 두 가지 사진은 물을 확대하여 찍은 물의 결정 사진입니다. 첫번째 사진은 "감사합니다."라는 말을 항상 들려준 물의 결정 사진이고, 두번째 사진은 "짜증나네, 죽어버려."라는 말을 항상 들려준 물의 결정 사진입니다. 두 사진의 결정의 모양이 어떠하나요? 첫 번째 사진은 육각형의 보석 모양이지만 두 번째 사진은 모양을 알아 볼 수도 없이 흩어져있습니다. 똑같은 환경에서 똑같은 물에게 말만 다르게 들려주고 관심만 다르게 준 것 뿐인데 왜 이렇게 서로 물의 결정 모양이 다르게 변했을까요? 무엇이 물에게 영향을 주었을까요?
> 그렇습니다. 우리의 에너지가 우리의 말이나 행동을 통해서 물에게 전달된 것입니다. 사랑한다 말하고 긍정 관심을 보여줄 때는 긍정정인 사랑의 에너지가 전달되어 그 에너지에 물이 반응하여 물분자의 결정구조가 아름답게 변합니다. 미워한다 말하고 부정 관심을 보여줄 때는 부정적인 미움의 에너지가 전달되어 그 에너지에 물이 반응하여 물분자의 결정구조가 파괴된 것입니다. 즐거운 사람 옆에 있으면 즐거운 에너지를 받아서 함께 기분이 좋아지고 화난 사람 옆에 있으면 화난 에너지를 받아서 함께 기분이 나빠지는 것과 같습니다. 사랑한다고 말하면 사랑하는 에너지가, 미워한다고 말하면 미워하는 에너지가 상대방에게 전달되는 것입니다. 물의 결정 사진을 통해서 눈에 보이지 않지만, 우리가 하는 말, 생각, 마음에는 모두 에너지가 담겨 있다는 것을 알 수 있습니다. 말, 생각, 행동이 담고 있는 에너지가 어떤 영향을 미치는지 고구마 실험을 통해서 다시 알아봅시다.

② 비슷한 크기의 고구마를 3개 준비하여 투명한 유리컵에 물을 붓고 고구마를 담은 다음 예쁜 고구마, 미운 고구마, 무관심 고구마라고 써 붙인다.
③ 교실 한 쪽 면에 간격을 두고 떨어뜨려 각각의 고구마를 가져다 놓는다.
④ 예쁜 고구마에게는 칭찬과 사랑의 말을 자주 해주고, 미운 고구마에게는 비난과 듣기 싫은 말을 자주 해주고, 무관심 고구마에게는 아무런 관심을 주지도 않는다.

TIP 고구마를 놓아둔 벽에 '고구마에게 말해주세요'를 붙여 두면 학생들이 실험 방법을 잊지 않고 더 잘 참여할 수 있다.

⑤ 2주일 이상 계속 활동을 하면서 고구마의 변화를 관찰한다.

바꿔 놀기

➤ 고구마 대신 밥을 뚜껑이 있는 3개의 통에 나눠담고 예쁜 밥, 미운 밥, 무관심 밥으로 정하고 고구마와 똑같이 활동을 하면서 통 안의 밥에 어떤 변화가 나타나는지 관찰한다.
➤ 고구마 대신 양파를 3개의 컵에 나눠담고 예쁜 양파, 미운 양파, 무관심 양파로 정하고 고구마와 똑같이 활동을 하면서 양파에 어떤 변화가 나타나는지 관찰한다.

생각하고 글쓰기

고구마 실험을 하는 과정이 어땠나요? 고구마 실험을 하고 난 후의 느낌과 생각은 어떤가요? 바른 말씨를 사용하고 사랑을 주는 것에 대해서 생각해 봅시다.

소리치기

"나는 언제나 예쁘고 바른 말씨만 사용하는 사람이다."
"나는 누구에게나 사랑을 주고 예쁜 말만 사용한다."
"나는 항상 긍정적인 생각을 한다."
"나는 상대방에게 긍정적인 관심을 가지고 행동한다."

물의 결정 사진

1. "고맙습니다."라는 말을 들은 물의 결정 사진

2. "짜증나네. 죽여버릴 거야."라는 말을 들은 물의 결정 사진

출처: 에모토 마사루, 양억관 옮김, 물은 답을 알고 있다.

[고구마에게 말해주세요]

예쁜 고구마에게는 “사랑해”, “예쁘구나.”, “난 네가 참 좋아.”, “쑥쑥 자라렴.”, “내가 보살펴줄게.” 등 칭찬과 사랑의 말을 해 주세요.

미운 고구마에게는 “미워.”, “난 네가 싫어.”, “못생겼구나.” 등 비난과 듣기 싫은 말을 해 주세요.

무관심 고구마에게는 아무런 말도, 관심도, 바라보지도 마세요.

고구마도 느껴요

1. 하루에 1번 이상은 고구마에게 가서 '고구마에게 말해주세요'에 따라 말을 해 봅시다. 그리고 고구마의 변화를 기록해 봅시다.

		예쁜 고구마	미운 고구마	무관심 고구마
처음	그림			
	설명			
1 주일	그림			
	설명			
2 주일	그림			
	설명			

2. 2주일 후 3개의 고구마에 어떤 변화가 일어났나요? 왜 그렇게 되었다고 생각이 드나요?

풍선 배구

놀이 의도

이 놀이는 배구를 응용한 놀이로, 자기의 제한된 위치에서 풍선을 땅에 떨어뜨리지 않게 손으로 쳐서 상대편으로 넘기는 놀이입니다. 자신이 움직일 수 있는 위치가 고정되어 있기 때문에 각자 역할을 다하고 서로 힘을 모아 노력해야 이길 수 있으므로 협동의 의미와 중요성을 느낄 수 있습니다.

준비하기

풍선, 운동장, 라인기

놀기

① 교사는 라인기로 풍선배구장을 아래 그림과 같이 그린다. 양쪽 정사각형 한 변의 길이는 2m이고, 가운데 직사각형의 짧은 변의 길이는 1m이다. 동그라미는 지름 30cm 이내로 한 학생이 두발로 설 수 있는 크기면 적당하다.

> **TIP** 풍선배구장의 크기와 학생수는 학생들의 수준과 놀이의 재미를 생각하여 적절하게 조절하여 놀이할 수 있다.

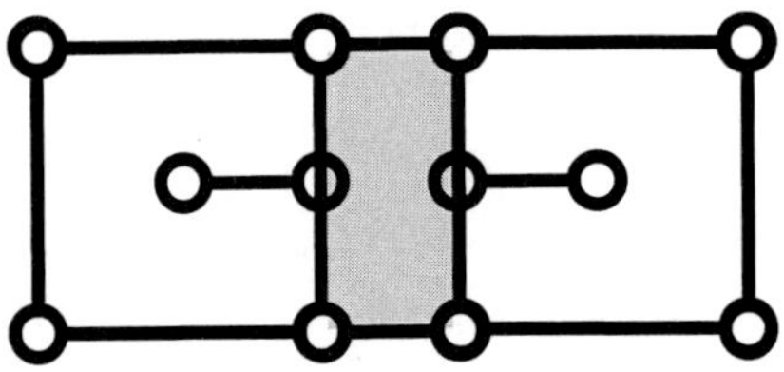

② 6명이 한 모둠이 되어 풍선배구장의 동그라미 부분에 선다. 정사각형의 꼭지점에 선 학생들은 한쪽발은 동그라미 안에서 나올 수 없다. 가운데 동그라미 안에 선 학생들은 두 발 모두 동그라미 안에서 나올 수 없다. 발의 규칙을 어기면 점수를 잃고 서브권이 넘어간다.

> TIP 발이 원 안에서 나올 수 없기 때문에 서로 협동하지 않으면 안된다. 따라서 이 규칙을 반드시 지켜야한다.

③ 자기 편 정사각형 영역에 풍선을 떨어뜨리지 않고 손으로 쳐서 상대편으로 풍선을 넘겨야 한다. 풍선은 3번만에 쳐서 넘겨야한다.

> TIP 풍선을 몇 번만에 쳐서 넘겨야 하는지는 학생들의 실력이나 놀이의 재미를 고려하여 조정할 수 있다.

④ 노란색 부분은 공동구역으로 풍선이 떨어졌을 때 마지막으로 건드린 팀이 점수를 잃는다.

> TIP 노란색 부분을 없애고 네트를 쳐서 놀이할 수도 있다.

⑤ 10점을 먼저 얻는 팀이 이긴다.

생각하고 글쓰기

풍선배구를 하면서 힘든 점은 무엇이었나요? 어떤 생각과 느낌이 들었나요? 협동에 대해서 생각해봅시다.

소리치기

"나는 우리 편을 위해 협동할 수 있다."

〈고학년 적용〉

놀이의 실제

● 풍선 배구 놀이는 교실 상황에 맞게 다양한 규칙을 만들어 놀이해 보았다. 교실에 앉아서도 해보고, 세번만에 넘기기, 한번만에 넘기기, 움직여도 되기 등 다양하게 해 보았다. 규칙은 상관없이 어떤 규칙이든지 아이들이 규칙을 지키면서 협동을 하는 것이 중요하다.

놀이를 하고 나서

➤ 우리 팀이 협동을 잘하여서 정말 잘했다고 느꼈다. 잘되지 않으면 다시 협동을 한 것 같다. 하지만 나는 공이 나한테 오면 그냥 무작정 치기만 하였다. 그 점은 협동이 잘 안된 것 같다. 모두에게 치게 해 주어야 하는데... 그렇게 무작정 치다가 잘 안 되어서 3번치다가 넘겨 주기도 했었다. 협동을 못한 점이 후회되긴 하지만 그래도 조금이라도 협동을 하여서 다행인 것 같다. 다음에는 협동을 열심히 해야겠다.

⇒ 나는 협동을 하는 사람이다!

징검다리를 놓아라

놀이 의도

징검다리를 밟으며 릴레이로 경주하는 놀이입니다. 징검다리를 놓아주는 친구는 친구가 잘 밟을 수 있도록 적당한 간격으로 재빨리 놓아야하고, 징검다리를 밟는 친구는 발이 밖으로 나가지 않게 징검다리를 놓아주는 친구의 속도를 맞추어야 합니다. 이 놀이도 협동의 의미와 중요성을 몸소 체험해 볼 수 있는 놀이입니다.

준비하기

검은색 B5 도화지 4장, 흰색 B5 도화지 4장, 청테이프

놀기

① 두 모둠을 만든다.

② 청테이프를 이용하여 교실 양쪽으로 선을 그린다.

③ 각 모둠을 반으로 나누어 양쪽 선 바깥쪽에 줄을 선다.

④ 한 모둠은 검은색 도화지, 다른 모둠은 흰색 도화지를 정하여 출발선 맨 앞사람이 도화지를 가진다.

⑤ 출발 신호와 함께 도화지를 가진 맨 앞 사람이 도화지를 내려놓으면서 징검다리를 만들면 두 번째 사람이 그 징검다리를 밟아가면서 건너편 출발선까지 간다.

⑥ 건너편 출발선에 들어가면 징검다리를 만든 사람은 밟는 사람이 되고 건너편에 서있던 사람이 도화지로 징검다리를 만들어 다시 반대편으로 간다.

⑦ 릴레이로 왔다 갔다 하다가 처음에 징검다리를 밟은 사람이 징검다리를 만들어 주면서 도착선으로 먼저 들어오는 모둠이 승리한다.

※ 참고자료: 놀이교육연구회 '같이 놀자'(2016). 초등 수업을 살리는 놀이 레시피 101. 천재교육.

생각하고 글쓰기

징검다리를 놓을 때, 징검다리를 밟을 때 각각 어떤 생각과 느낌이 들었나요? 협동에 대해 생각해봅시다.

소리치기

"나는 우리 모둠을 위해 협동을 잘한다."

〈고학년 적용〉

놀이의 실제

● 친구들과 정말 신나게 놀이를 했다. 교실이라서 고학년 학생들이 왔다갔다 하기에는 길이가 짧아서 너무 쉽게 왔다갔다 했다. 고학년 학생들은 체육관이나 운동장에서 긴 거리로 놀이를 하는 것이 좋겠다.

놀이를 하고 나서

➤ 이 놀이를 하면서 협동심이 늘어난 것 같다. 그리고 협동을 하면서 우리반은 협동이 많다는 것을 알게 되었다. 그리고 앞으로도 협동을 하겠다.

⇒ 나는 협동을 잘한다.

➤ 징검다리를 놓을 때 친구가 이걸 뛸 수 있을지 의문이였고 친구가 놓아줄 때 고마웠다.

⇒ 나는 협동과 배려를 잘한다.

배려 퍼즐

놀이 의도

모둠 안에서 퍼즐이 서로에게 섞여 있어서 친구들의 퍼즐을 잘 살펴보고 내가 가지고 있는 퍼즐을 필요한 친구에게 주어야 되는 놀이입니다. 배려는 다른 사람이 요구하기 전에 무엇이 필요한지 살펴보고 도와주는 것이므로 이 놀이에서 배려하는 태도를 기를 수 있습니다.

준비하기

모둠별로 다르고 모둠 인원 수만큼의 같은 색 색종이, 가위, 바구니

놀기

① 한 모둠원들은 모두 같은 색 색종이를 한 장씩 나누어 가진다.
② 색종이를 6조각으로 나누고 가위로 자른다.
③ 바구니에 모둠원들의 퍼즐을 뒤섞어 담는다.
④ 다른 모둠과 바구니를 바꾸고 한 명당 6조각씩 나누어 가진다.
⑤ 원래의 색종이 모양이 나오게 각자 가지고 있는 조각으로 퍼즐을 맞춘다.
⑥ 절대 친구에게 색종이 조각을 달라고 말과 행동은 할 수 없지만, 친구에게 필요한 조각이 나에게 있다면 그 조각을 친구에게 줄 수는 있다.

> TIP 교사멘트: 자신의 퍼즐만 맞추려고 하면 모둠 전체가 퍼즐을 다 맞추기가 어렵습니다. 우리 모둠이 승리하려면 친구의 퍼즐을 눈여겨보면서 친구가 필요한 조각이 무엇인지 살펴보고 친구가 요구하지 않아도 내 조각을 주어야 합니다. 내가 조각을 주어서 친구의 퍼즐이 맞춰질 때 얼마나 기쁜지 느껴보세요. 배려하면 모두가 기분이 좋아집니다.

⑦ 모둠원 모두가 색종이 퍼즐을 다 맞추면 다같이 "배려!"라고 구호를 외친다.
⑧ 바구니에 다시 퍼즐을 섞고 다른 모둠과 바꾸어 다시 해본다.

※ 참고자료: 김진희 외(2009). 뇌교육 성찰놀이로 만드는 신나는 도덕수업. 2009 수업개선교과교육연구팀 개발자료.

생각하고 글쓰기

배려 퍼즐을 하면서 어려웠던 점이나 어떤 기분이 들었는지 느낀 점을 적어 봅시다. 배려에 대해 생각해봅시다.

소리치기

"나는 다른 사람을 배려하는 사람이다."

"다른 사람을 배려하면 나도 기분이 좋다."

〈고학년 적용〉

놀이의 실제

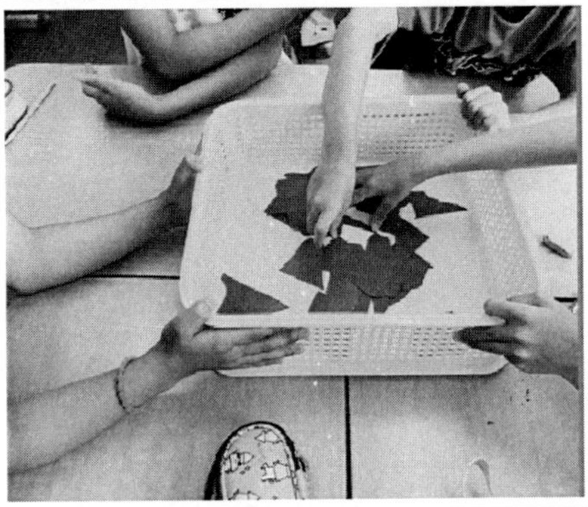

● 각자 만든 퍼즐을 뒤섞어 바구니에 담아서 모둠끼리 교환한다. 처음에는 퍼즐을 단순한 모양으로 만들어서 해보는 것이 좋다.

● 6조각씩 나누어 가지고 각자 규칙을 지키며 퍼즐을 맞춘다.

● 모둠원이 모두 다 맞추면 함께 "배려!"라고 소리치며 손을 든다.

● 처음에는 잘 안되던 퍼즐 맞추기가 두번, 세번 놀이를 해 보면서 성공을 하니 아이들도 성취감도 느끼고 놀이 규칙을 잘 지켜 퍼즐을 맞추면서 배려를 체험했다.

놀이를 하고 나서

➤ 나머지 5조각을 다 맞추었다. 그런데 나머지 1조각인 세모가 친구한테 있었다. 하지만 말을 못하니 답답했다. ... 우리 모둠원이 배려하며 맞춘 것이니 뿌듯하고 더 기쁜 것 같다.

⇒ 나는 배려를 많이 하겠습니다.

➤ 내꺼는 다 친구한테 있는데 얘가 안주니까 기다리는 시간 때문에 "배려!" 라고 1등으로 말하지 못했다. 그런데 이 배려 퍼즐 놀이를 통해서 친구와 텔레파시도 통하는 것 같고 배려심이 좋아지는 것 같아서 내 스스로 뿌듯했다.

⇒ 나는 배려심이 많은 사람이다.

➤ 그런데 친구가 하나를 주면되는데 계속 자기 것만 보고 다른 것을 주니까 와~ 진짜 답답했다. 그리고 나는 다른 친구 것을 보고 맞출 수 있는데 못 맞추니까 그것도 답답했다. 그만큼 내것만 보지 말고 남의 것도 보면서 퍼즐을 주고 받아야 하는 것처럼 정말 배려를 해야겠다고 생각했다.

⇒ 우리 모두 배려하자!

10월

풍요로운 결실,
칭찬의 열매

10월 추천 인성놀이

자아존중	**무조건 칭찬합시다.** 모두가 소중하고 그 속에서 나 또한 소중함을 알 수 있도록 무조건 칭찬합시다.
배려(공감)	**아~ 그랬구나~** 역할 놀이를 통해 인물의 감정을 살펴보면서 다른 사람을 공감해주는 태도를 길러봅시다.
소통	**달팽이 미로** 눈을 가리고 상대방이 이야기하는 대로 따라 연필을 움직여 달팽이 미로를 빠져나오는 놀이를 통해 경청을 경험해 봅시다.
소통	**복제화가** 상대방의 이야기를 듣고 멋진 그림을 완성하며 소통의 중요성을 체험해 봅시다.

인성놀이 스케줄러 10월

일	월	화	수	목	금	토
	무조건 칭찬합시다.					
	무조건 칭찬합시다.					
	아~ 그랬구나~					
	달팽이 미로					
	복제화가					

무조건 칭찬합시다

놀이 의도

자아존중감은 동료·교사·부모로부터 인정 또는 칭찬을 받아봄으로써 형성됩니다. 하지만 실생활에서는 칭찬을 받을 기회가 많지 않습니다. '무조건 칭찬합시다.' 놀이는 학생들이 친구들을 무조건 칭찬해보기도 하고 칭찬을 받기도 하면서 자기에 대한 긍정적인 마음을 키우는 놀이입니다. 더불어 칭찬하는 습관을 기르기도 하고, 친구들에게 무조건 칭찬하다보면 이 세상에서 장점이 없는 친구는 없다는 것을 알아 개개인 모두가 소중한 사람임을 느끼게 됩니다. 또한 자신의 장점을 찾는 과정에서 자신에 대해 이해하고 자신을 소중하게 생각하게 됩니다.

준비하기

'무조건 칭찬합시다.' 활동지

놀기

① 주위에서 흔히 볼 수 있는 '돌멩이' 사진을 보여주고 '돌멩이'의 좋은 점을 찾아 활동지에 적어보고 발표해본다.

> TIP 돌멩이의 겉모습이나 쓰임새 등 어떤 좋은 점이라도 다 허용하여 최대한 좋은 점을 많이 찾게 한다.

② 교사는 학생들의 발표를 들으며 칠판에 '돌멩이'의 좋은 점을 정리하면서 하찮은 돌멩이에게도 좋은 점이 많다는 것을 인지시킨다.

> TIP 돌멩이의 좋은 점을 찾아봄으로써 세상에 하찮고 쓸모없는 것은 없다는 것을 인지하게 한다. 이 과정에서 장점을 찾는 눈을 키울 수 있다.

③ '돌멩이'보다 훨씬 더 소중한 친구들의 좋은 점을 찾아 칭찬해 주도록 한다.

> TIP 교사도 함께 참여해서 학생들이 생각하지 못한 점을 칭찬해주면 학생들의 칭찬하는 눈을 키울 수 있다.

모두 일어서 활동지를 들고 돌아다니면서 만나는 친구들에게 활동지를 건네준다. 활동지를 받은 친구는 활동지 주인을 칭찬하는 내용을 적고 활동지를 돌려주면서 칭찬 내용을 반드시 말로 칭찬해준다. 한칸에 한명씩 적는다.

> **TIP** 활동지에 칭찬 내용을 적어만 주지 않고 말로 칭찬하게 하는 활동을 하게 하여 친구들 사이에 화기애애한 분위기를 만들고 칭찬하는 습관을 기를 수 있다. 활동지는 칭찬을 생각하기 쉽고 구체적으로 다양하게 하기위해 겉모습 칭찬(너는 입이 예뻐), 마음씨 칭찬(너는 동물을 사랑하는 마음이 고와), 행동 칭찬(복도에서 뛰지 않는 모습이 좋아보여)으로 나누어 놓았다. 교사가 예를 들어 설명해주면 좋겠다. 하지만 구체적이고 다양한 칭찬이 나온다면 너무 분류에 집착하지 않고 적어도 좋다.

④ 다음 활동으로 자신의 장점을 자신이 찾아 칭찬해보는 활동을 해본다. 친구들이 칭찬해 준 장점과 더불어 자신의 장점을 찾아 정리하고 빈칸을 채워 한 문장으로 발표해본다.

> **TIP** 친구들의 칭찬을 받은 다음이라 자신있게 자신의 장점을 찾을 수 있다. 모든 학생들이 발표하도록 한다. 재미있는 발표 방식은 아래 '더 재밌게 놀기'를 참고하면 좋겠다.

더 재밌게 놀기

➤ 활동지 2번의 '돌아다니면서 친구들을 만나는 활동'을 더 재미있게 변형해 보자.

① 음악이 나오는 동안에는 교실을 돌아다니다가, 음악이 멈추면 만나는 친구나 가까이 있는 친구와 칭찬을 주고받는다.

② 교실을 돌아다니다가 만나는 친구나 가까이 있는 친구와 '가위, 바위, 보'를 하여 진 사람이 이긴 사람을 칭찬해주고 헤어진다. '가위, 바위, 보'에서 많이 이길수록 칭찬을 많이 받아 학습지를 빨리 채울 수 있고, 학습지를 다 채운 학생은 마음대로 돌아다니면서 누구든지 칭찬을 해 줄 수 있다.

➤ 활동지 3번의 발표 방식을 더 재미있게 변형해 보자.

① 한 사람씩 앞으로 나와 큰 소리로 외쳐본다.

② 문장의 단어에 알맞은 제스처를 꾸며서 행동으로 표현하면서 발표한다.

③ 짝과 함께 나와서 서로 손바닥으로 가리키며 "당신은 ~한 멋진 사람입니다."라고 말해준다.

④ 각자가 정리한 문장을 미리 교사에게 제출하고 교사가 그것을 큰 화면으로 보여준다. 순서대로 나와 앞에 서면 반 친구들 모두 양손 엄지를 들어 올리면서 한 목소리로 "○○○은 ~한 멋진 사람입니다."라고 소리쳐준다.

생각하고 글쓰기

칭찬받고 칭찬하는 활동을 해보고 난 후의 느낀 점, 나의 장점을 찾아 본 후의 느낀 점을 적어봅니다.

소리치기

"나는 장점이 많은 소중한 사람입니다."

"나의 장점을 찾아 더 발전시켜 나가겠습니다."

"나는 다른 사람의 좋은 점을 찾아 칭찬하는 사람이 되겠습니다."

무조건 칭찬합시다

1. 주위의 길가나 화단에 있는 '돌멩이'를 떠올려봅시다. '돌멩이'의 좋은 점을 찾아 칭찬해봅시다.

2. 친구들을 만나서 나에 대한 칭찬을 들어봅시다.

겉모습 칭찬	마음씨 칭찬	행동 칭찬

3. 친구들의 칭찬을 바탕으로 내가 나의 장점을 찾아 칭찬해봅시다.

나는 ____________고, ____________며,

____________한 멋진 사람입니다.

놀이의 실제

〈저학년 적용〉

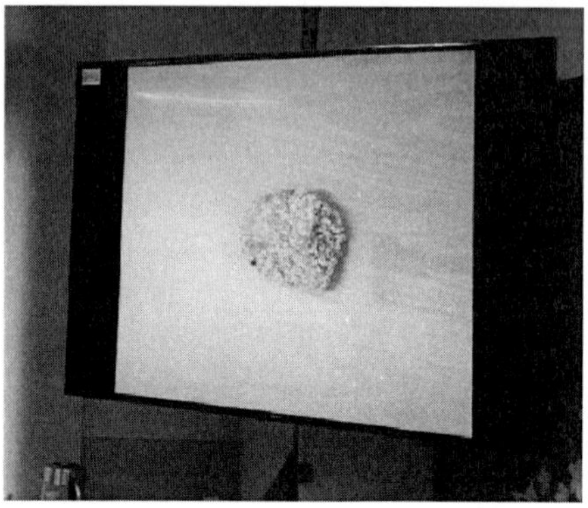

● 무엇인지 퀴즈 맞추기.
힌트: 우리 학교에서 매우 오래 되었다. 매우 튼튼하다: 교장선생님, 나무 등의 답과 함께 돌멩이라는 답도 나왔다.

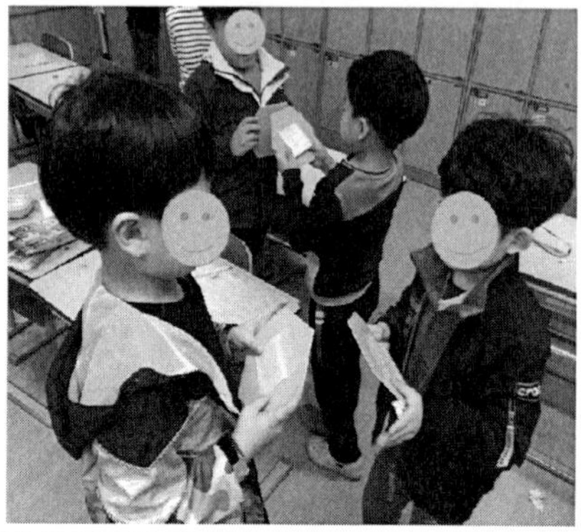

● 돌멩이의 좋은 점 생각해서 적어보고 친구들과 생각나누기.
친구들이 생각하는 돌멩이의 좋은 점에 대하여 생각을 나누어 보았다.

● 돌멩이의 좋은 점에 대하여 생각 나누기를 한 후 생각 그물을 만드는 모습.
"돌멩이는 집을 만들 수 있어요."
"돌멩이는 장수말벌 집 보다 단단하다." 등 다양한 생각들이 있었다.

● 칭찬하고 싶은 친구 칭찬 릴레이 하기.
친구의 이름을 부르고 칭찬한 다음 더 칭찬할 친구가 칭찬을 보탠다. 칭찬을 받은 친구가 다른 친구의 이름을 부르고 칭찬을 이어 나간다.

〈고학년 적용〉

● 무조건 칭찬합시다 학습지 결과물1.
돌멩이의 좋은 점은 내가 조부모님 집에 가서 심심할 때 돌멩이와 놀 수 있어서 좋다. 그리고 차가 오르막길에 주차했을 때 차가 안 내려가게 도와주었다.

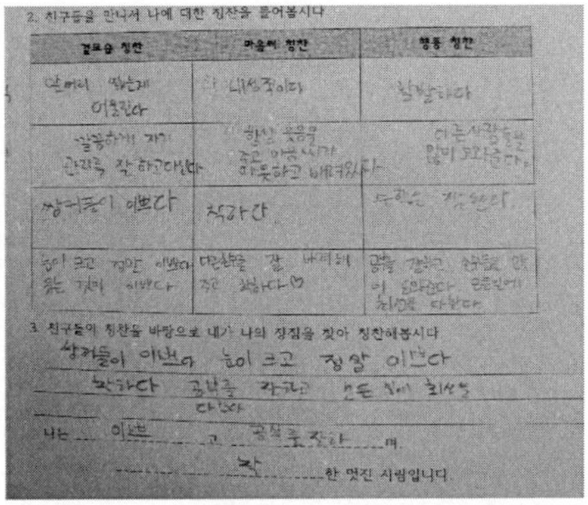

● 무조건 칭찬합시다 학습지 결과물2.
친구들의 칭찬을 바탕으로 내가 나의 장점 찾기: 쌍꺼풀이 예쁘고 눈이 크고 정말 예쁘다. 착하고 공부를 잘하고 모든 일에 최선을 다한다.

생각하고 글쓰기

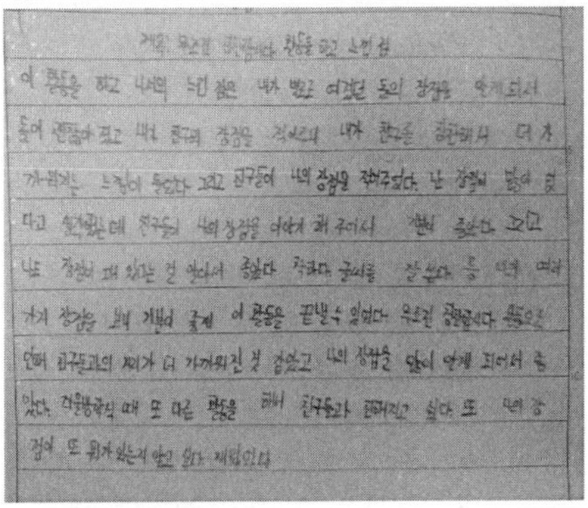

● 나는 장점이 없다고 생각했는데 친구들이 나의 장점을 이야기해주어서 기분이 좋았다. '무조건 칭찬합시다.'라는 활동으로 친구들과 사이가 더 가까워진 것 같고 나의 장점을 많이 알게 되어 기분이 좋았다.

놀이를 하고 나서

➤ 돌멩이 하나라도 소중하게 다루어야 할 것 같다는 생각이 들었어요.

➤ 친구들에게 칭찬을 받으니까 기분이 정말 날아가는 것 같았어요.

➤ 친구들을 소중하게 생각하고 좋은 점을 보려고 노력해야 할 것 같아요.

아~ 그랬구나~

놀이 의도

이 놀이는 배려의 정의 속에 포함된 공감에 대한 놀이입니다. 주어진 상황에서 주어진 역할에 맞는 인물이 되어 그 인물의 감정을 표현해보고 받아들여보는 놀이를 통해, 다른 사람의 입장이 되어 다른 사람을 공감해주는 태도를 기를 수 있습니다.

준비하기

'아~ 그랬구나~' 활동지

놀기

① '아~ 그랬구나~' 활동지에 있는 여러 가지 상황 속의 인물이 되어 그 인물의 감정을 적어본다.

② 모둠에서 상황에 따라 역할을 정한다.

③ 역할을 맡아 감정을 이야기하는 사람을 제외하고 나머지 사람들은 감정을 공감하며 받아주는 사람이 되어 역할극을 해본다.

④ 감정을 받아주는 사람은 무조건 "아~ 그랬구나~ 그래서 그랬구나~ ○○○했겠구나~"하고 그 감정을 그대로 공감해준다.

> TIP 놀이이긴 하지만 친구들의 감정이 드러나는 것이므로 장난으로 하지 말고 진심으로 공감하도록 지도한다.

⑤ 서로 역할을 바꾸어서 역할극을 해본다.

바꿔 놀기

① 다른 사람이 나의 감정을 공감해 주었으면 좋았겠다고 생각했던 경험을 적어본다.

② 그때의 나의 입장과 감정을 적는다.

③ 친구들 앞에서 그 상황과 그때의 자신의 감정을 발표한다.

> TIP 같은 반 친구들 사이에서 있었던 일이었다면 그때의 친구가 직접 나와서 그 앞에서 발표하고 그 친구가 공감하고 받아주도록 한다.

④ 친구들은 모두 "아~ 그랬구나~ 그래서 그랬구나~ ○○○했겠구나~"하고 진심으로 공감해준다.

생각하고 글쓰기

이번 놀이는 여러 가지 입장이나 감정을 받아들여주고 느껴보는 것이 중요한 놀이입니다. 공감하거나 다른 사람이 나를 공감해줄 때 어떠했나요? 공감에 대해 생각해 봅시다.

소리치기

"나는 다른 사람의 마음을 함께 느낄 수 있다."
"나는 다른 사람을 잘 공감해줄 수 있다."
"나는 항상 다른 사람의 입장에서 생각한다."

아~ 그랬구나~

다음 상황들 속의 인물이 되어 그때 왜 그랬는지 상상하여 그 마음을 이야기해 봅시다. 최대한 그 인물의 편에 서서 마음을 생각하고 감정을 이야기 합니다.

상황 1) 오늘은 엄마의 생신날입니다. 동생과 나는 아침에는 모른척하고 있다가 저녁에 엄마가 퇴근하실 때 깜짝 파티를 해 드렸습니다.

엄마의 마음:

상황 2) 동생과 장난감을 가지고 재미있게 놀았습니다. 그런데 동생이 나의 기차 장난감을 빼앗아서 나는 동생을 때렸습니다. 동생은 울었고 엄마는 화가 나셨습니다.

동생의 마음:

나의 마음:

엄마의 마음:

상황 3) 점심시간입니다. 민서가 나에게 놀이터에 가서 놀자고 했습니다. 하지만 나는 예림이랑 도서관에 가기로 약속이 되어 있어서 민서에게 싫다고 했습니다. 민서는 다시는 나랑 안 논다며 가버렸습니다.

민서의 마음: ____________________

____

____

____

나의 마음: ____________________

____

____

____

상황 4) 문구점에 갔습니다. 아주 마음에 드는 예쁜 지우개를 발견했습니다. 하지만 문제집을 사고 나니 남은 돈이 없었습니다. 그래서 주인아주머니께서 안보는 사이에 몰래 주머니에 넣고 나왔습니다.

나의 마음: ____________________

____

____

____

주인아주머니의 마음: ____________________

____

____

____

상황 5) 길을 가고 있는데, 자동차 경적소리가 "빵빵"하고 울립니다. 뒤를 돌아보니 무단횡단하고 있는 한 아저씨에게 자동차들이 울려대고 있었습니다. 길가던 사람들이 시끄러워서 다 쳐다보니 아저씨는 얼굴을 숙이며 급히 어디론가 가셨습니다.

아저씨의 마음:

자동차 운전자의 마음:

길가던 사람들의 마음:

나의 상황)

나의 마음:

〈저학년 적용〉

놀이의 실제

● 상황을 골라 상황 속 인물 되어보기. 자신과 비슷한 상황이거나 궁금한 상황을 골라서 인물의 마음이 어떨지 적어보았다.	● 서로 역할을 바꾸어 역할 놀이 해보기. 상황 속 인물이 되어서 역할 놀이를 해보았다. "역할 놀이를 할 때 친구가 '아~ 그랬구나~' 라고 말해주니 마음이 편안해졌어요."

놀이를 하고 나서

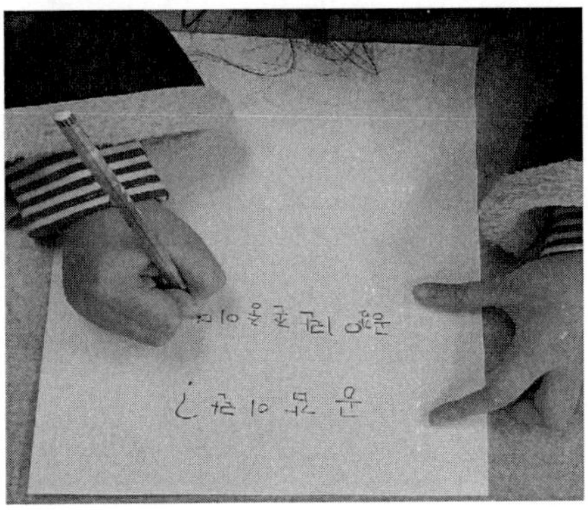	➤ "공감이란 서로 존중하는 것이라고 생각합니다. 서로 존중하면 기분이 상하지도 않고 서로 기분이 좋아지기 때문입니다. 어떤 상황이 생겼을 때 상대방의 마음을 좀 더 존중해야겠다고 다짐했습니다."

〈고학년 적용〉

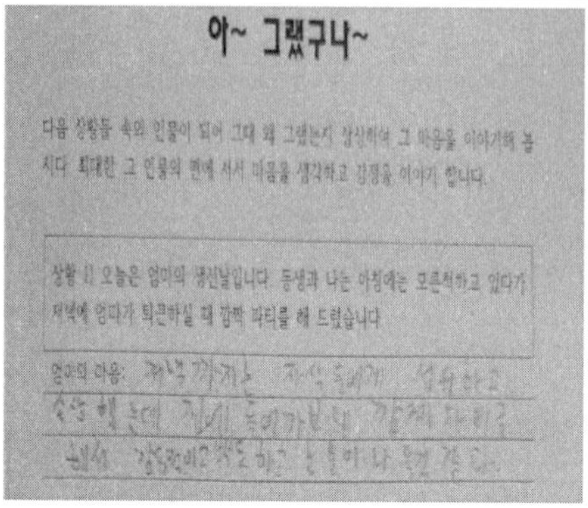

● 아~ 그랬구나~ 학습지 결과물 1.
상황1에서 엄마의 마음은 저녁까지는 자식들에게 섭섭하고 속상했는데 집에 들어가 보니 깜짝 파티를 해서 감동적이고 뿌듯하고 눈물이 나올 것 같다.

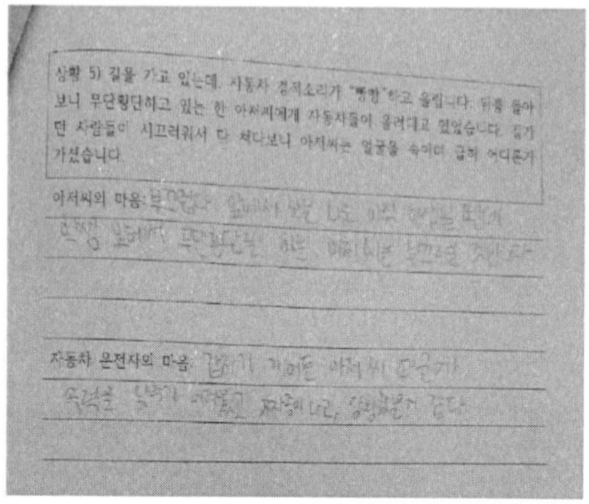

● 아~ 그랬구나~ 학습지 결과물 2.
상황5에서 아저씨의 마음은 부끄러울 것이다. 앞에서 보는 나도 아직 학생일 텐데 무단 횡단하는 아저씨의 마음은 부끄러울 것이다.

생각하고 글쓰기

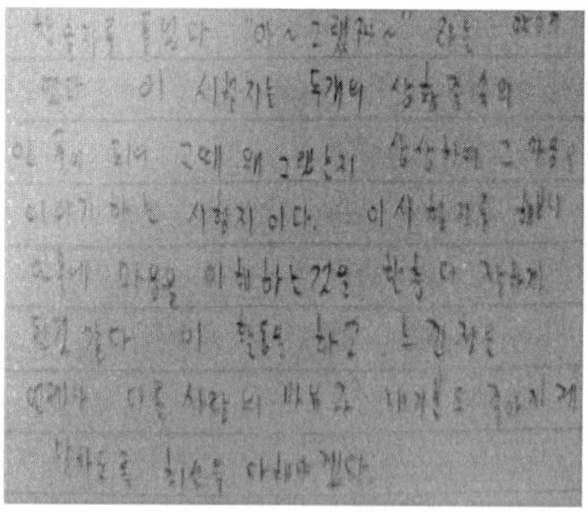

● 이 활동을 통해 인물의 마음을 이해하는 것을 한층 더 잘하게 된 것 같다. 언제나 다른 사람의 마음과 내 기분이 좋아지게 말하도록 최선을 다해야겠다.

복제 화가

놀이 의도

이 놀이는 친구가 이야기하는 것을 듣고 친구가 그린 그림과 똑같게 그림을 그리는 놀이입니다. 그림을 말로 설명하는 친구는 상대방이 잘 알아듣고 그릴 수 있도록 표현을 잘 해야 하고, 그림을 그리는 친구는 친구의 설명을 집중하여 듣고 그 의미를 잘 파악하여 그려야 합니다. 자신의 의사를 효과적이고 적절하게 전달하고 받아들여야 소통이 이루어짐을 체험할 수 있습니다.

준비하기

'복제 화가' 활동지 (1, 2, 3단계), A4 클립보드판(또는 종이를 대고 쓸 수 있는 두께의 책)

놀기

① 두 명씩 짝을 이루고 마주보고 앉는다.

② 클립보드판에 활동지를 놓고 서로 활동지가 보이지 않도록 가리고 활동지를 작성한다.

③ 절대로 보여주지 않으면서 한 명이 먼저 자신의 그림을 설명하면 상대방이 그림을 그린다.

④ 그림을 설명하는 사람은 말로만 할 수 있고, 그리는 사람은 절대로 질문을 할 수 없고 그림만 그린다.

⑤ 역할을 바꾸어서 그림을 그린다.

⑥ 서로의 그림이 정확한지 비교해본다.

⑦ 새로운 짝을 만나 두 명이 마주보고 앉아 2단계 '복제 화가' 활동지로 놀이를 계속한다.

⑧ 2단계가 끝나면 다시 새로운 짝을 만들어 3단계 '복제 화가' 활동지로 놀이를 계속한다.

생각하고 글쓰기

친구가 설명해 준 그림과 내가 그린 그림은 얼마나 똑같은가요? 다르다면 왜 다르게 그려졌을까요?

놀이의 단계가 올라가면서 설명하는 것과 그리는 것이 쉬워졌나요? 어려워졌나요? 왜 그럴까요? 활동지 단계마다의 느낀 점도 적어보고 소통에 대해서 생각해봅시다.

소리치기

"나는 다른 사람의 말에 집중하여 귀 기울이는 사람이다."

"나는 다른 사람과 소통하기 위해 효과적으로 내 의사를 전달하기 위해 노력한다."

복제 화가 (1단계)

1. 3가지 도형으로만 이루어진 기하학적인 그림을 아래에 그리고 친구에게 말로만 설명해 봅시다.

2. 친구의 설명을 잘 들으며 친구의 그림을 아래에 그려봅시다. 절대로 질문을 할 수 없습니다.

복제 화가 (2단계)

1. 6가지 도형으로만 이루어진 기하학적인 그림을 아래에 그리고 친구에게 말로만 설명해 봅시다.

2. 친구의 설명을 잘 들으며 친구의 그림을 아래에 그려봅시다. 절대로 질문을 할 수 없습니다.

복제 화가 (3단계)

1. 자신에게 행복했던 순간을 떠올려 그림을 아래에 그리고 친구에게 말로만 설명해 봅시다.

2. 친구의 설명을 잘 들으며 친구의 그림을 아래에 그려봅시다. 절대로 질문을 할 수 없습니다.

〈고학년 적용〉

놀이의 실제

● 보지 않고 친구의 설명만을 들으며 친구의 그림과 똑같이 그리려고 노력하고 있다. 그런 다음 서로의 그림을 비교해 본다.

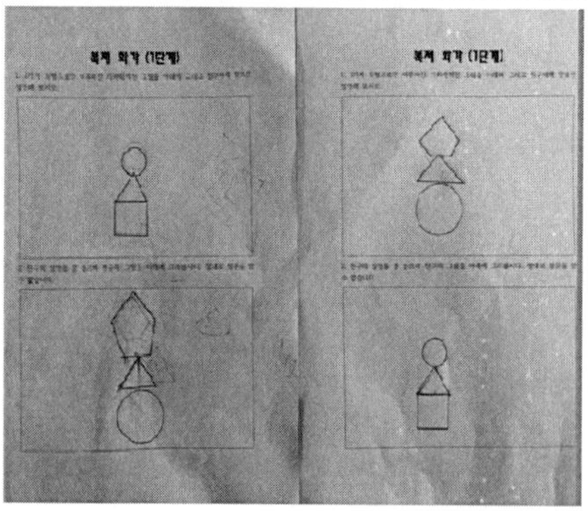

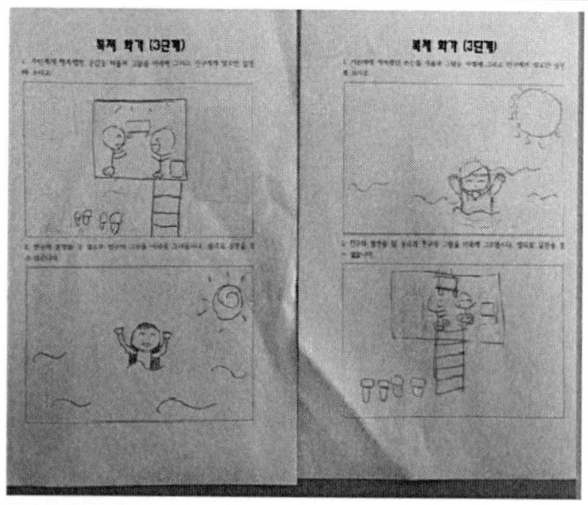

● 왼쪽 윗부분의 그림을 설명해 준대로 오른쪽 아랫부분의 그림을 그린 것이고, 오른쪽 윗부분의 그림을 설명해 준대로 왼쪽 아랫부분의 그림을 그린 것이다.
● 1단계는 3가지 도형만으로 이루어진 그림을 그리는 것이고 3단계는 일상적인 그림을 그리는 것이다. 3단계에서 학생들은 친구들이 그림을 그리기 쉽게 하기 위해서 평소 자신이 그리는 그림들보다 더 단순하게 그리는 경향이 있었다.

놀이를 하고 나서

➤ 마지막으로 3단계를 하였다. 솔직히 나는 바닷가에 간 것, ○○이는 나랑 귀걸이 바꾸러 간 것을 했는데 마지막에 확인해보니 완전히 둘다 뒤죽박죽이었다. 나도, ○○이도 조금만 더 귀기울였으면 잘 할 수 있었을텐데..

나는 아직 소통력이 부족한 것 같다. 그래도 소통실력을 확인해보는 좋은 시간이었고 재미있었다.

⇒ 나는 소통을 잘 하는 사람입니다!

➤ 1단계 할 때는 쉬울줄 알았는데 해보니까 마음대로 안됐다. 그리고 2단계 할 때는 1단계보다 훨씬 어려워서 맞는 도형이 하나도 없었다. 이때 소통이라는 것이 어려운 것이라고 느꼈다. 그리고 3단계 할 때는 의외로 쉬웠다. 왜냐하면 ○○이가 3단계 설명을 잘해줬기 때문이다. 그리고 나도 설명을 잘해줘서 ○○이도 쉽게 맞혔다. 그리고 다음에도 이런 소통 놀이를 하고 싶다.

⇒ 나는 소통을 잘 한다!

➤ 나는 평소에 소통을 할 때 잘 집중을 안해서 3단계가 좀 어려웠다. ○○이랑 나는 설명을 잘해서 우리 둘다 잘할 수 있었던 것 같다. 다음에 할 때는 더욱 잘할 것 같다.

⇒ 나는 남의 말을 잘 듣는 사람입니다!

달팽이 미로

놀이 의도

이 놀이는 눈을 가리고 상대방이 이야기하는 대로 따라 연필을 움직여 달팽이 미로를 빠져나오는 놀이입니다. 설명을 하는 사람은 상대방이 잘 알아들을 수 있게 말로 표현해야 하고, 이야기를 듣고 연필을 움직이는 사람은 설명하는 사람의 말을 잘 들어야 합니다. 의사소통능력 중에서 자신의 의견을 말로 표현하는 능력과 다른 사람의 이야기를 경청하는 능력을 기를 수 있습니다.

준비하기

'달팽이 미로' 활동지, 연필, 안대

놀기

① 두 사람이 짝을 이룬다.
② 한 사람이 안대를 착용한다.
③ 안대를 낀 사람은 연필을 '달팽이 미로' 출발지에 놓고 출발준비를 한다.
④ 다른 사람은 안대를 낀 짝꿍이 연필로 선을 그려 달팽이 미로를 빠져나와 도착지에 도착할 수 있도록 말로 안내한다.
⑤ 안대를 낀 사람은 설명을 잘 듣고 그대로 연필로 선을 그려 달팽이 미로를 빠져나온다. 이때 달팽이 선을 건드려서는 안된다.
⑥ 역할을 바꾸어 계속해본다.

생각하고 글쓰기

이 놀이는 쉬울 것 같지만 짝의 이야기를 듣지 않고 자신의 생각대로 가면 잘 풀리지 않습니다. 놀이를 하면서 느낀 점을 적어봅시다.

소리치기

"나는 상대방의 입장을 생각해서 잘 알아듣도록 나의 의견을 말할 수 있다."
"나는 내 생각만을 주장하지 않고 다른 사람의 이야기에 귀 기울일 줄 안다."

달팽이 미로

아래 그림은 달팽이 미로입니다. 눈을 안대로 가리고 상대방의 안내에 따라 출발지인 ★에서 도착지인 ☺까지 빠져나오는 길을 연필로 그려보시오. 달팽이 선을 건드려서는 안됩니다.

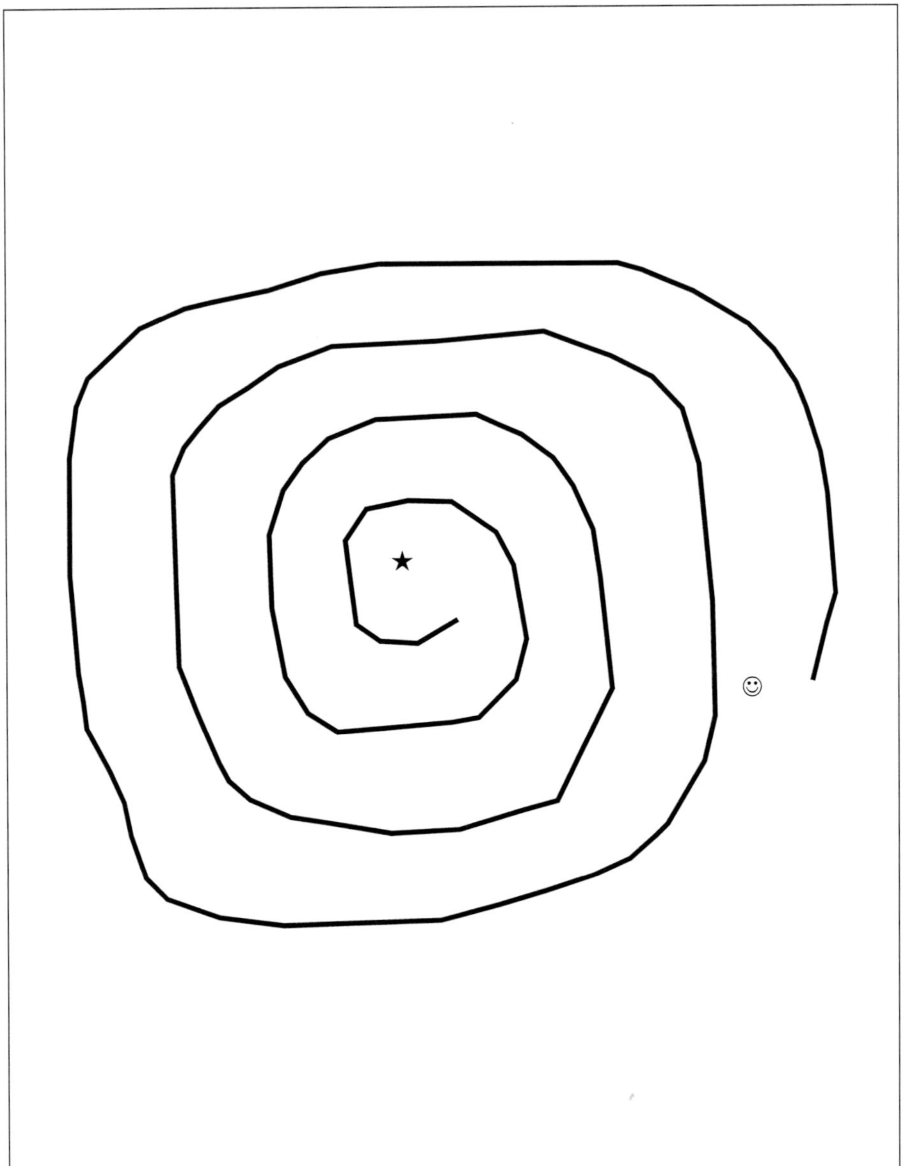

<고학년 적용>

놀이의 실제

● 보지 않고 친구의 설명만을 들으며 미로를 빠져나오기 위해서 모두 열심히 하고 있다.

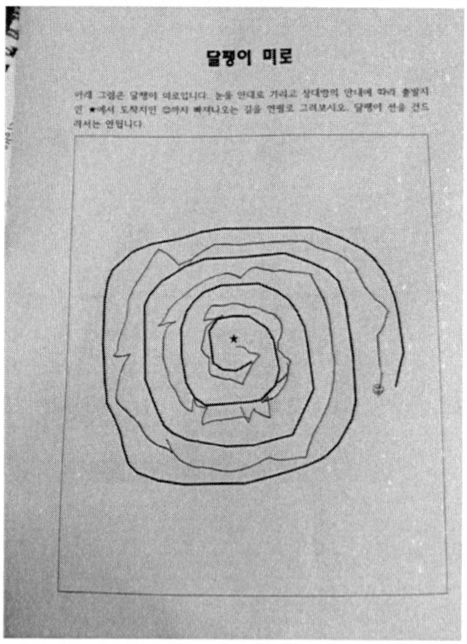

● 처음이지만 차근차근 성공한 달팽이 미로

● 여기저기 돌아다니며 마지막에는 마음대로 움직여 실패한 달팽이 미로

놀이를 하고 나서

➤ 나는 안 듣고 조금 마음대로 해서 선에서 나간 것 같다. 그리고 내가 설명할 때는 왼쪽을 오른쪽, 오른쪽을 왼쪽이라고 해서 많이 틀렸는 것 같다. 소통은 듣는 것도 말하는 것도 모두 중요하다고 느꼈다.

⇒ 나는 남의 말을 잘 듣습니다.

➤ 내가 친구에게 설명할 때 좀 잘 못알아 듣는 것을 보니 내가 설명하는 것이 좀 부족한 것 같다. 아무래도 나는 소통을 좀 잘하려고 노력해야겠다. 나는 다른 사람의 말을 이제부터 잘 들어야겠다.

⇒ 나는 다른 사람의 말에 귀를 잘 귀울인다.

➤ 소리치기

다같이 자기 자리에서 일어서서 손을 높이 들며 소리쳐 보았다.

⇒ 나는 상대방의 입장을 헤아린다.

⇒ 나는 다른 사람의 말에 귀기울이는 사람이다.

11월

드넓은 세상으로 함께

11월 추천 인성놀이

인류애	**우리나라로 오세요!** 여러 나라의 다양한 생활 모습의 이해를 통해 다름을 존중하는 마음을 길러 봅시다.
배려(공감)	**1분의 배려** 1분의 배려 광고 만들기를 통해 일상생활에서 배려를 실천해봅시다.
준법	**무인매점** 무인매점 운영을 통해 스스로 규칙이나 법을 지켜 나가 봅시다.

11월

인성놀이 스케줄러

일	월	화	수	목	금	토
	■ 우리나라로 오세요!					
	■ 우리나라로 오세요!					
	■ 1분의 배려					
	■ 1분의 배려					
	■ 무인매점					

우리나라로 오세요!

놀이 의도

인류애를 느끼기 위해서는 타문화를 이해하는 것이 필요합니다. 지구촌 안에서 생김새와 내용은 다르지만 우리처럼 문화를 가지고 비슷하게 살아가는 사람들을 알게 되면서, 친근해지고 모두가 다 같은 인간으로 배려하고 존중하는 마음이 생깁니다. 이번 활동으로 여러 나라의 생활 모습을 이해할 수 있고 그 필요성도 느낄 수 있습니다.

준비하기

'○○ 나라 보고서' 활동지, 모둠별 발표자료, 나라이름이 적힌 큰 주사위

놀기

① 한 반의 인원수에 따라 4~6모둠을 만든다.

② 각 모둠은 자신들이 조사하고 싶은 나라를 하나씩 정하고 '○○ 나라 보고서' 활동지를 작성한다.

> TIP 나라별 보고서는 미리 모둠을 만들고 과제를 주어 조사하게 하는 것이 좋다.

③ 모둠을 대표할 외교관을 한 명 뽑아 그 나라 사람처럼 분장하고 발표할 자료를 준비한다.

> TIP 발표할 자료는 프린터로 크게 뽑거나 파일자료나 동영상을 컴퓨터로 보여도 된다. 외교관은 전통 옷을 입거나 화장을 해 그 나라 국민처럼 보이게 꾸미고 간단한 인사말은 그 나라의 언어를 사용하도록 한다.

④ 발표준비가 끝나면 모둠 중 외교관과 외교관의 비서, 이렇게 2명만 남고 나머지는 여행가가 된다.

⑤ 각 나라별 외교관과 비서는 교실 앞쪽으로 나란히 앉고 여행가들은 맞은편에 앉아 외교관과 비서의 나라 소개를 잘 듣는다.

칠 판

미국	인도	중국	대한민국	일본	이탈리아

여행가들

> TIP 외교관이 나라를 소개할 때, 한 나라씩 소개가 모두 끝나면 다른 나라로 넘어가면서 소개를 할 수도 있지만, 항목별로 한 나라씩 돌아가면서 소개하면 서로 비교하기 편리해서 더 재미있고 이해가 잘 된다. 여행가들은 나라 소개를 할 때 주의 깊게 잘 듣거나 메모해 두는 것이 좋다. 소개가 끝난 다음에는 여행가들이 그 나라로 여행가기 위해서는 외교관들의 질문에 답을 해야 하기 때문이다.

⑥ 외교관들의 발표가 끝난 후 여행가는 순서대로 한명씩 나와서 자신이 여행할 나라를 주사위를 던져서 뽑는다.

⑦ 나라가 뽑히면, 여행가는 뽑힌 나라 외교관과 인사를 주고받고 외교관의 2가지 질문에 답한다.

> TIP 인사는 그 나라 언어로 주고받는다. 외교관은 자신이 소개한 내용 중에 2가지를 질문한다. 질문할 때에는 "이 나라의 전통 음식은 무엇입니까?"라고 물어도 좋지만, "이 나라의 전통 음식을 먹는 모습을 몸으로 표현해 보세요."와 같이 다양한 답이 나올 수 있도록 질문을 다양하게 하도록 한다.

⑧ 여행가의 대답이 모두 마음에 들면 "당신이 우리나라를 여행하는 것을 허락합니다. 환영합니다!"라고 말하고, 대답이 마음에 들지 않으면 "죄송합니다. 다른 나라를 여행하세요."라고 말한다.

⑨ 탈락된 여행가는 맨 뒤로 가서 다시 자신의 차례가 오면 주사위를 던지고 질문에 답한다.

⑩ 여행가와 외교관과 비서의 역할을 서로 바꾸어서 다시 활동해본다.

⑪ 모둠별 나라를 바꾸어서 조사하고 다시 활동해본다.

생각하고 글쓰기

이번 놀이를 하면서 다른 나라에 대해서 알고 이해해 볼 수 있는 시간이 되었나요? 놀이를 하면서 느낀 점을 적어봅시다. 타문화에 대해 이해하는 것에 대한 필요성에 대해서도 생각하고 이야기해 봅시다.

소리치기

"나는 다른 나라의 문화에 대해서 알고 존중한다."
"나는 다른 생김새의 사람들도 나와 똑같은 사람으로 사랑한다."
"우리는 모두 지구촌의 구성원이다."

(　　　　　　　) 나라 보고서

우리는 (　　　) 나라의 외교관입니다. 우리 (　　　) 나라를 다른 나라 사람들에게 소개해봅시다.

위치 및 지형		
기후		
인사말	안녕하세요.	
	고맙습니다.	
	미안합니다.	
전통 옷		
전통 음식		
대표적인 문화재		
전통 노래나 춤		
기타(자랑거리)		

〈고학년 적용〉

놀이의 실제

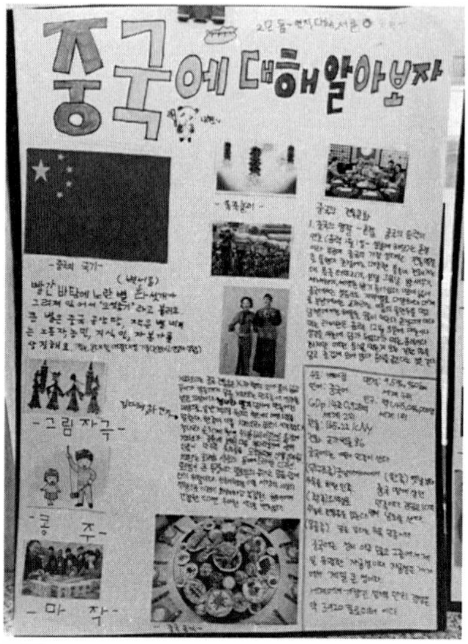

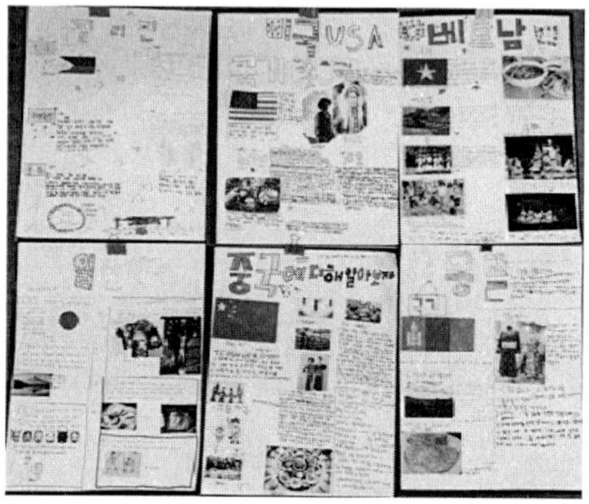

● 모둠별로 원하는 나라를 정해서 조사를 하고 보고서를 만들고 발표를 했다. 교육과정에서 다문화교육과 연계해서 활동할 수 있다.

놀이를 하고 나서

➤ 다른 모둠의 조사한 나라를 보았더니 더 다른 나라를 알게 되었다. 자료를 보니 다른 나라의 전통을 더 알아보고 싶었다.

⇒ 나는 다른 나라를 사랑한다.

➤ 사람들은 앞으로 다문화 사람들을 차별하지 않으면 좋겠다. 다문화에 대해 많이 알게 되고 소중하게 생각해야겠다고 생각했다.

⇒ 나는 다른 나라 사람을 차별하지 않습니다.

1분의 배려

놀이 의도

공익광고 중에 '1분의 배려'라는 광고가 있습니다. 일상생활 속에서 배려를 실천하는 방법을 몇 가지 보여주면서 그것을 실천하는 데에는 1분의 시간도 채 걸리지 않는 쉬운 일이라는 것을 강조합니다. 이 광고를 보고 학교에서 실천할 수 있는 배려를 생각하고 사진으로 만들어 게시해 꾸준히 실천하여 배려를 몸에 밸 수 있게 하는 놀이입니다.

준비하기

'1분의 배려' 활동지, 카메라

놀기

① 교사가 1분의 시간을 재고 학생들은 눈을 감고 1분을 느껴본다.

② 공익광고 '1분의 배려'를 시청한다.

> TIP 검색창에 '1분의 배려'라고 치면 공익광고가 검색되어 손쉽게 볼 수 있다.

③ 이 공익광고에서 이야기하려는 의도가 무엇인지 서로 이야기 나누어본다.

④ 우리 학교에서 할 수 있는 아름다운 행동들을 생각해보고 '1분의 배려' 활동지를 작성한다.

⑤ 모둠에서 자신의 의견을 발표하고 가장 실천 가능하고 좋은 의견 3가지만 뽑는다.

⑥ 모둠원들이 함께 그 상황을 한컷으로 연출하고 사진을 찍어 게시물로 만든다.

> TIP 교사는 각 모둠에서 만든 사진들을 모아 우리 반의 '1분의 배려' 공익광고 동영상을 만들어 학급홈페이지에 게시한다.

⑦ 서로 발표하며 실천 의지를 다진다.

생각하고 글쓰기

'1분의 배려' 활동을 하면서 어떤 생각이 들었나요? 나의 작은 배려 실천으로 우리 사회를 아름답게 할 수 있다는 것에 대해 생각해 봅시다.

소리치기

"작은 나의 배려가 세상을 아름답게 한다."
"나는 1분의 배려를 실천하는 사람이다."
"나는 항상 배려하는 활동을 찾아보고 실천한다."

1분의 배려

여러분은 1분을 느껴보았나요? 1분은 그냥 흘려보낸다면 짧은 시간이지만 '1분의 배려'라는 공익광고를 보면 1분 동안 다른 사람들을 위해 많은 일을 해낼 수 있습니다. 짧은 투자로 서로가 즐거운 기분은 오래갑니다. 우리도 학교생활 속에서 1분을 투자해 모두가 행복해지는 행동들을 찾아서 실천해봅시다.

모두가 행복해지는 행동	시간(초)

모둠 친구들과 서로의 의견을 교환하고 가장 좋고 실천 가능한 의견을 3가지만 뽑습니다. 그 행동이 가장 잘 드러나게 한 컷의 카메라에 담아 게시물을 만들어 발표해봅시다.

1분의 배려

우리 모두 실천해 봅시다.

한 컷 사진 넣기
◯◯하는 시간 ◯◯초

〈고학년 적용〉

놀이의 실제

● 모둠별로 1분 동안 배려할 수 있는 행동을 2가지씩만 정한다.

● 정해진 행동을 어떤 사진을 찍어서 표현할 것인지를 의논한다.

● 상황과 역할에 맞게 연기를 하면서 사진을 찍는다. 찍은 사진에 알맞은 글을 넣어 편집한다.

● 모둠별로 선생님께 편집한 사진을 보내면 모두 합쳐서 하나의 동영상을 완성한다.

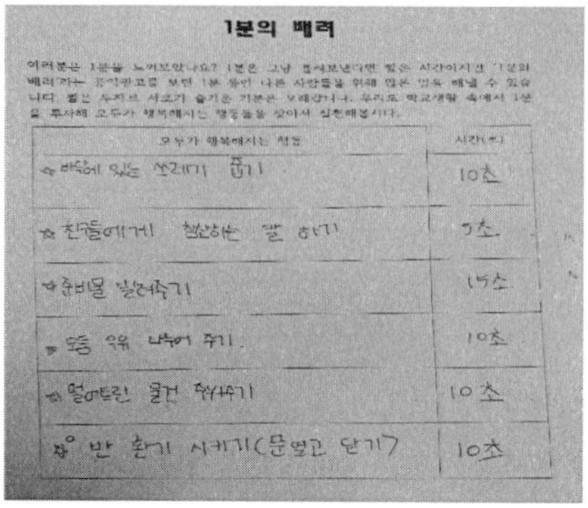

1분의 배려

모두가 행복해지는 행동	시간(초)
☆바닥에 있는 쓰레기 줍기	10초
☆친구들에게 칭찬하는 말 하기	5초
☆준비물 빌려주기	15초
☆모둠 우유 나누어 주기	10초
☆떨어트린 물건 줘워주기	10초
☆반 환기 시키기(문열고 닫기)	10초

● 1분의 배려 학습지 결과물.
바닥에 있는 쓰레기 줍기 10초, 친구에게 칭찬하는 말하기 5초, 준비물 빌려주기 15초, 모둠 우유 나누어 주기 10초, 떨어뜨린 물건 주워주기 10초, 반 환기시키기 10초

생각하고 글쓰기

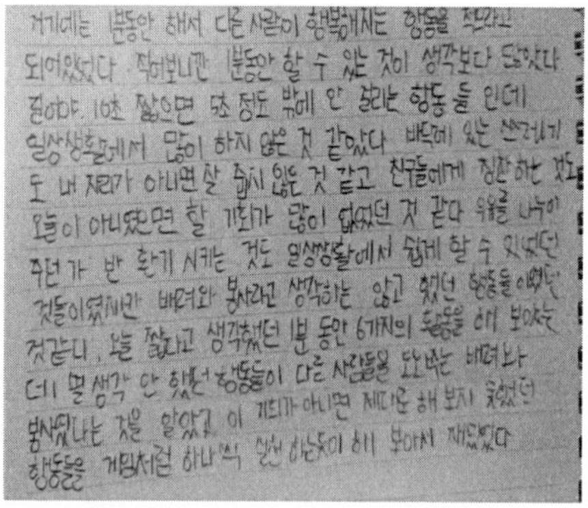

● 1분 동안 할 수 있는 것이 생각보다 많았다. 길어야 10초, 짧으면 5초 밖에 안 걸리는 행동들인데 일상생활에서 많이 하지 않는 것 같았다... 별 생각 안했던 행동들이 다른 사람들을 도와주는 배려와 봉사였다는 것을 알았다.... 제대로 해보지 못했던 행동들을 게임처럼 하나씩 실천하듯이 해보아서 재밌었다.

놀이를 하고 나서

➤ 지금까지 1분이 짧은 줄 알았다. 근데 그게 아니었다. 1분동안 다른 사람을 배려할 수 있다는 걸 알았다.

⇒ 나는 다른 사람에게 배려를 잘합니다.

➤ 1분의 배려를 하면서 1분이 얼마나 긴 시간인지 알게 되었다. ... 이렇게 하면 1분도 안 되는데 그만큼이라도 배려를 해야겠다고 생각했다. 만약 나는 나만 생각하며 살아가면 살아가는데 어려운 문제가 생길 수 있고 힘들어진다. 그래서 다른 사람들도 나만큼은 아니지만 생각하는 면을 가져야겠다.

⇒ 나는 사람들도 생각해주는 사람이다.

➤ 사진을 찍으면서 느낀 점이 많았다. 친구를 이렇게 도와준적이 많았는데 시간이 그렇게 많이 걸리지도 않고 그래서 '배려는 이렇게 짧은 시간에 할 수 있구나'라는 생각이 들었다. 나는 앞으로도 친구를 많이 도와야겠다는 것을 다시 한번 느꼈다. 그리고 오늘 완성된 영상을 보았는데 정말 잘 찍은 것 같아 뿌듯하였다. 나는 앞으로 친구를 잘 돕고 남에게 배려를 잘할 거라는 생각이 들었다.

⇒ 나는 항상 배려하는 사람이다.

무인매점

놀이 의도

사회 공동체가 안정되고 질서 있게 유지되기 위해서는 법과 규칙을 지키는 것이 무엇보다 필요합니다. 준법은 이러한 법과 규칙을 타인의 강제가 아니라 자율적으로 지키는 것을 말합니다. 따라서 주인은 없고 매점의 판매 규칙만 있는 '무인매점'의 운영은 학생들에게 스스로 규칙이나 법을 지켜나가는 것을 몸소 체험해 볼 수 있는 놀이 활동입니다. 더불어 정직의 덕목도 실천할 수 있습니다.

준비하기

무인매점 이용법 안내지, 무인매점 장부, 무인매점 물건, 돈 상자, 거스름돈으로 사용할 100원짜리 10개

놀기

① 교사는 교실 뒤편 사물함 위에 무인매점을 차린다.

> TIP 무인매점에서 판매하는 물건은 각 교실에서 학생들이 자주 사용하는 물건 위주로 교사가 적절히 바꾸어 사용하는 것이 좋다. 그래야 학생들이 자주 매점을 이용할 것이다. 물건의 가격은 교사가 사온 가격 그대로를 판매하면 된다. 무인매점에는 무인매점 이용법 안내지를 붙이고 물건을 놓고, 사가지고 가는 물건의 가격을 적을 수 있도록 장부도 놓는다. 돈을 넣고 거스름돈을 가져갈 수 있도록 돈 상자 안에 거스름돈을 넣어 둔다.

② 학생들에게 무인매점은 주인이 없이 물건을 판매하는 가게이며, 물건을 사고 돈을 내고 거스름돈을 받아가는 모든 것을 손님이 해야 함을 알려준다.

③ 1주일 동안 무인매점을 운영하고 결산해보기로 한다.

> TIP 무인매점 운영시간에 맞춰 매점의 물건과 돈을 잠금장치가 되는 캐비넷에 넣었다가 꺼내야 분실우려를 막을 수 있다. 결산을 위해서 처음의 물건의 개수와 거스름돈을 반드시 적어놓아야 한다. 1주일이 지난 후 장부를 보면서 학생들과 함께 결산해본다. 물건이 모두 떨어지면 결산을 해 볼 수도 있다. 아니면 교사가 채워 넣으면서 매점 운영을 1주일동안 계속 할 수 있다.

④ 무인매점 운영 결과에 대해 서로 토의하고 매점을 계속 운영할지를 결정한다.

> TIP 무인매점 운영 결과를 보면서 준법(더불어 정직)에 대해 생각해보는 시간을 가진다. 결과가 좋다면 모두를 칭찬해주고, 결과가 나쁘다면 왜 그렇게 되었는지를 생각해보고 매점 이용 규칙을 스스로 잘 지킬 것을 다짐한 후 다시 1주일 동안 더 운영해본다.

생각하고 글쓰기

무인매점을 이용하면서 어떤 느낌이 들었나요? 규칙이나 법을 스스로 지켜나가는 것에 대해 생각해 봅시다.

소리치기

“나는 누가 보지 않아도 법을 잘 지킨다.”
“나는 규칙이나 법을 스스로 잘 지킨다.”

무인매점 이용법

운영시간

09:00 ~ 15:00

가격표

물건	가격	물건	가격
딱풀	500원	막대사탕	200원
공책	500원	젤리	100원
연필	100원	초콜릿	100원

이용법

필요한 물건을 고른다.

장부에 물건 값을 적으며 계산한다.

금고에 물건 값을 내고 거스름돈을 스스로 가지고 간다.

판매 처음 물건의 개수

물건	개수	물건	개수
딱풀	5개	막대사탕	10개
공책	5권	젤리	10개
연필	10자루	초콜릿	4개

판매 처음 거스름돈

100원 동전 10개

무인매점 장부

물건이름	가격	×	개수	=	합계	총액	낸 돈	거스름돈
예시) 젤리	100원	×	2개	=	200원			
딱풀	500원	×	1개	=	500원			
연필	100원	×	1개	=	100원	800원	1000원	200원
		×		=				
		×		=				
		×		=				
		×		=				
		×		=				
		×		=				
		×		=				
		×		=				
		×		=				
		×		=				
		×		=				
		×		=				
		×		=				
		×		=				
		×		=				
		×		=				
		×		=				
		×		=				
		×		=				
		×		=				
		×		=				
		×		=				
		×		=				

〈고학년 적용〉

놀이의 실제

- 큰 바구니에는 무인매점에서 파는 물건을 넣고 작은 바구니는 금고로 만들어 거스름돈을 가져 갈 수 있게 기본 자금으로 천원을 넣어 두었다.

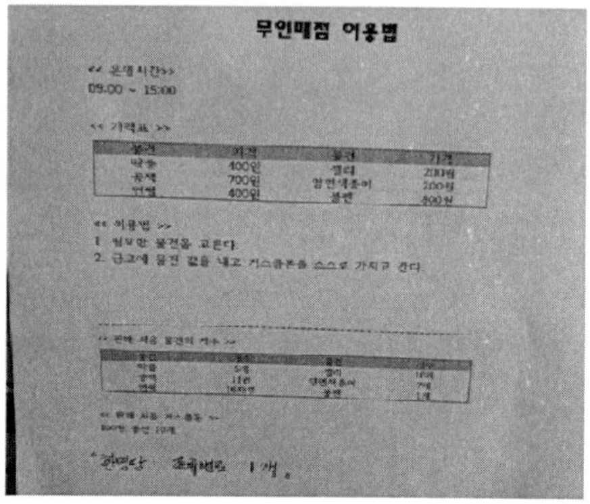

- 판매 물건은 현재 교사가 준비할 수 있는 물건으로 정했고 가격은 산 가격보다 100원정도 싸게 했다. 젤리를 다 사겠다는 아이들이 있어서 “한명 당 종류별로 1개씩”만 살 수 있다는 조건을 추가했다.

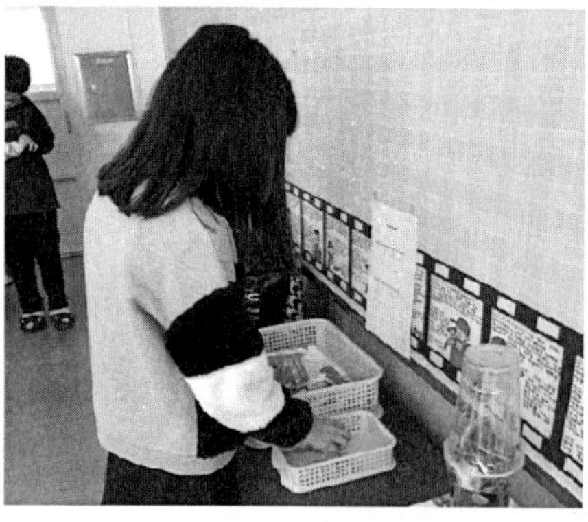

- 학생들은 이 놀이의 설명을 듣자마자 재미있어 하고 서로 사려고 해서 뽑기로 사는 순서를 정하여 사게 했다.

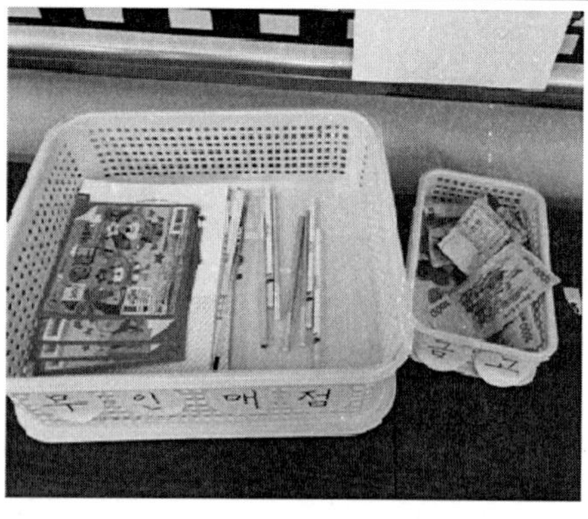

- 정산을 해보니 800원이 더 남았다. 거스름돈을 잘못 가져간 듯 싶었다. 하지만 돈이 부족한 건 아니어서 우리 반 학생들 모두 규칙(법)을 잘 지킨 것으로 하였다.

놀이를 하고 나서

➤ 이 무인매점을 하면서 돈을 보고 제대로 내야 한다고 생각했고 준법은 사람이 없을 때만 하는 것이 아니라 있을 때도 해야 한다는 것을 이 놀이를 통해 깨달았다.

⇒ 나는 준법을 잘 지킨다!

➤ 만약 돈이 적게 나오면 그것이 문제일 것이다. 우리 반은 준법(규칙)을 잘 지킬 것이라는 예상도 하였다. 하지만 나는 준법이 안 지켜지면 어쩌지라는 걱정도 하였다. 다행이도 우리반은 준법(규칙)을 잘 지켰다. 나는 다음에 해도 준법(규칙)이 잘 지켜졌으면 좋겠다.

⇒ 나는 규칙을 잘 지키는 사람이다!

12월

아름다운 끝맺음, 따뜻한 세상

12월 추천 인성놀이

생명존중, 자연애	**쓰레기도 예술 작품** 버려지는 쓰레기들을 재활용하여 멋진 예술 작품을 만드는 놀이를 하면서 이 세상에는 쓸모없는 것들은 없다는 것을 느껴 봅시다.
책임	**비밀임무 수행** 자신이 맡은 비밀임무를 아무도 모르게 수행하는 놀이를 하면서 책임의 의미를 체득해 봅시다.
성실(자율, 인내)	**색칠 놀이** 주어진 도안에 자기 마음대로 자기 스스로의 원칙에 따라 색칠을 해보는 놀이를 하면서 성실과 자율의 능력을 길러봅시다.

12월

인성놀이 스케줄러

일	월	화	수	목	금	토
	■ 쓰레기도 예술 작품					
	■ 쓰레기도 예술 작품					
	■ 비밀임무 수행					
	■ 색칠 놀이					

쓰레기도 예술 작품

놀이 의도

이번 놀이는 버려지는 쓰레기들을 재활용하여 멋진 예술 작품을 만드는 놀이입니다. 하찮고 쓸모없다고 생각되는 쓰레기들도 멋진 예술 작품으로 탄생되어 나의 생각을 표현하거나 우리 반의 환경을 꾸밀 수 있다는 것을 직접 느끼고 경험해봄으로써, 이 세상에는 쓸모없는 것들은 없다는 것을 느낍니다. 자원을 아끼고 쓰레기를 줄여야겠다는 생각을 할 수 있습니다. 이 생각을 더 확장하여 쓰레기도 가치가 있는데, 쓰레기보다 훨씬 가치 있는 모든 생명은 더욱 소중하다는 것을 배울 수 있습니다. 더불어 쓰레기가 자신의 손에서 예술 작품으로 탄생되는 경험은 아동에게 성취감, 자신감, 상상력, 창의력을 길러 줄 수 있습니다.

준비하기

음식물쓰레기(과일껍질, 채소껍질, 조개껍질 등) 말린 것, 꽃이나 나뭇잎 말린 것, 솔방울, 나뭇가지 등의 자연물, 생활쓰레기(페트병, 우유통, 요구르트통 등) 깨끗이 씻어 말린 것, 친환경 목공본드, 상품 포장용 재활용 종이상자, 철이 지난 탁상용 달력 등, 작품설명용지.

놀기

① 작품 활동을 하는데 필요할 것 같은 쓰레기들을 모은다. 쓰레기들은 모두 깨끗이 씻어서 햇빛에 말린다.

> TIP 이 놀이를 하기 위해서는 몇 달전부터 재료를 준비하는 시간이 필요하다. 가정과 연계하여 과제로 쓰레기를 모아오고, 아동들과 야외로 나가 길가에 떨어져 있는 자연물도 모아 놓는다.

② 종이상자나 달력 등에서 작품을 꾸밀 바탕이 되는 재료를 선택한다.

③ 준비된 재료를 잘 살펴 재료의 강점을 살리며 작품을 만든다.

TIP	작품의 주제는 상황에 맞게 다양한 주제를 줄 수도 있고, 자유롭게 생각나는 것을 표현하게 할 수도 있다. 교사멘트: 우리는 지금까지 모은 쓰레기들로 작품을 만들어 쓸모없어 버려진 쓰레기에게 예술적인 생명을 불어넣을 거예요. 이 세상에는 쓸모없는 것들은 없다는 것을 여러분들 손으로 직접 보여주세요.

④ 작품이 완성되면 작품설명용지에 자신의 작품의 제목과 무엇으로 어떻게 만들고, 어떤 의미가 있는지를 적고 발표 후 게시한다.

TIP	교사멘트: 여러분은 쓰레기에게 예술적인 생명을 불어넣은 정말 훌륭한 일을 해 냈습니다. 이 세상에는 쓸모없는 것은 없고 우리가 조금만 신경을 쓰면 그 것들이 더 가치 있게 만들어질 수 있어요. 쓰레기도 그런데 하물며 쓰레기보다 훨씬 더 가치 있는 생명은 말할 필요도 없겠죠? 개미의 생명이 쓰레기보다 못할까요? 강아지의 생명이 쓰레기보다 못할까요? 길가에 핀 꽃, 동물, 사람까지 모든 생명은 소중하고 가치 있는 것이예요. 하찮고 쓸모없는 생명은 없답니다. 우리는 생명을 소중히 여기는 자세를 가져야겠습니다.

※ 참고자료: 강명순(2016). 마음놀이 생각놀이 함께하기 업 싸이클링 힐링 아트 함께하기. (주) 학지사.

생각하고 글쓰기

쓰레기로 작품을 만들어보니 어떤 마음이 들었습니까? 쓰레기보다 훨씬 더 가치 있는 생명에 대해서 생각해봅시다. 생명 존중에 대해 생각해보고 자신의 생각을 적어봅시다.

소리치기

"이 세상에 쓸모없는 물건이나 생명은 없다."

"나는 모든 생명을 소중하게 여긴다."

작품 설명 용지

작품제목	
만든이	
작품설명	

작품제목	
만든이	
작품설명	

작품제목	
만든이	
작품설명	

작품제목	
만든이	
작품설명	

작품제목	
만든이	
작품설명	

작품제목	
만든이	
작품설명	

〈저학년 적용〉

놀이의 실제

● 일주일 동안 버리지 않고 싶은 쓰레기를 모아 온 모습.
서로 모아온 쓰레기를 친구들과 나누어 갖고 교환하고 있다. 준비를 못해 온 학생들은 친구들의 도움을 받는 것도 좋겠다.

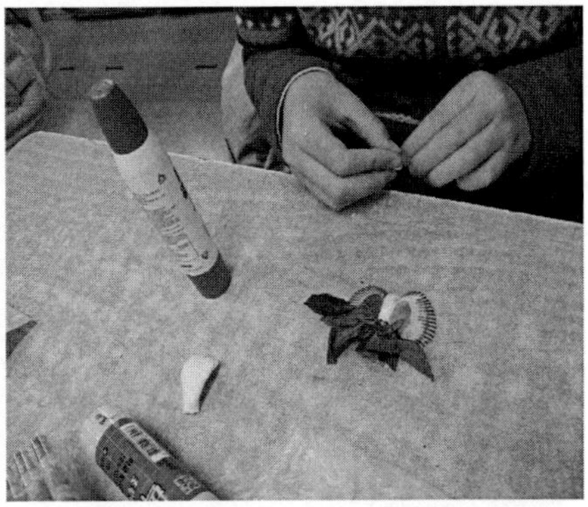

● 각자의 예술작품을 만드는 모습.
딸기 꼭지도 깨끗하게 씻어 온 꼬막 껍질도 아이들에게는 예술 작품을 만들기 위한 소중한 재료이다.

● 크리스마스 분위기에 맞는 꼬마 눈사람.
터진 고무풍선과 요구르트 병, 딸기 껍질과 남은 아이클레이로 멋진 꼬마 눈사람을 완성하였다.

● 세상에 하나 밖에 없는 우리 반 크리스마스 트리 완성.
각자 만든 예술작품을 모아서 우드락에 붙여서 크리스마스 크리를 만들었다.

놀이를 하고 나서

➤ 쓰레기가 예술 작품이 될 수 있다는 것이 신기했습니다. 작은 것도 소중히 여기는 사람이 되고 싶습니다.

⇒ 이 세상에 쓸모없는 물건이나 생명은 없다!

⇒ 나는 모든 생명을 소중하게 여긴다!

● 활동 후 일기쓰기 활동.
선생님과 친구들이 다양한 쓰레기를 모아와서 재료가 많았다. 나는 조개껍질과 딸기 꼭지로 눈사람을 만들었다. 친구들이 귀엽다고 칭찬해 줬다. 우리가 만들 크리스마스 장식을 크리에 붙였다. 트리가 완성되었는데 예쁘고 아름다웠다........ 우리 모두 최선을 다해서 멋진 트리를 완성할 수 있었다. 뿌듯한 마음이 들었고 나도 작은 것을 소중히 생각하는 사람이 되겠다.

비밀임무 수행

놀이 의도

책임은 자신이 맡아서 해야 하는 임무입니다. 책임은 자신에 대한 책임뿐만 아니라 공동체에 대한 책임도 있습니다. 자신이 맡은 비밀임무를 수행하는 이번 활동을 해봄으로써 책임의 기본적인 의미를 체득할 수 있습니다. 그런 다음 자신과 친구들이 수행한 임무가 어떤 책임의 범위에 들어가는지를 짚어주면서 책임의 범위를 확장해서 이해할 수 있습니다.

준비하기

비밀임무쪽지, 쪽지함, 명예의 온도계판, 온도계용 빨간색 이름판, 비밀임무 수행일지

놀기

① 2명씩 팀을 이루어 하루씩 돌아가면서 활동한다.

> TIP 함께 비밀임무를 수행하는 짝이므로 남자끼리, 여자끼리 하는 것이 좋겠다. 남, 여가 함께 했을 때 서로 협조가 잘 안될 수도 있기 때문이다.

② 교실에 쪽지함을 만들고 비밀임무쪽지를 넣어놓는다.

> TIP 교사는 교실 상황에 맞게 학생들이 책임질 수 있는 역할로 비밀임무쪽지를 만들 수 있다. 단, 책임의 범위에 자신, 교실, 학교, 집 등 여러 가지가 들어갈 수 있도록 하여 활동 후에 자신뿐만 아니라 공동체에 대한 책임에 대해 이야기할 수 있도록 한다.

③ 매일 아침 9시에 한 팀씩 나와 비밀임무쪽지를 뽑는다.

④ 교사에게 뽑은 쪽지를 건네주고, 하루 동안 비밀임무를 다른 친구들에게 말하지 않고 둘이서 성실히 수행한다.

> **TIP** 교사는 비밀임무 수행을 잘하는지 수시로 관찰하고 기록해둔다. 다른 친구들은 비밀임무 수행팀이 어떤 임무를 맡았는지 알아맞히기 위해 친구들의 행동을 잘 관찰한다. 임무를 수행하면서 자신이 한 일을 비밀임무 수행일지에 적도록 한다.

⑤ 다음날 아침 9시에 새로운 팀이 비밀임무쪽지를 뽑기 전에 자신들의 비밀임무를 친구들에게 발표한다.

> **TIP** 비밀임무 수행팀이 임무를 발표하기 전에 다른 친구들이 맞춰보는 시간을 가져도 좋다. 임무에 따라 다르겠지만 임무를 성실히 수행했다면 친구들의 눈에 많이 띄어 쉽게 맞출 수 있을 것이다.

⑥ 교사와 친구들이 임무 수행을 잘 했는지 평가하고, 완수했으면 명예의 온도계 판에 빨간색 이름판을 붙여 온도를 올린다. 완수하지 못했으면 한번 더 기회를 주어 완수할 수 있도록 한다.

> **TIP** 명예의 온도계판은 팀의 개수에 맞게 눈금을 조정해서 크게 인쇄하여 게시해 둔다. 온도가 100℃가 되어 온도계 전체가 빨갛게 되면 따뜻한 세상이 되어 학생들에게 주는 보상도 미리 활동 전에 정하여 적어둔다. 빨간색 이름판은 빨간색 시트지나 색지를 이용하여 온도계에 맞게 붙일 수 있도록 학생들의 이름을 써서 미리 준비한다.

⑦ 다음 팀이 나와서 쪽지를 뽑고 하루 동안 비밀임무를 수행한다.

생각하고 글쓰기

비밀임무 수행을 하면서 어떤 생각과 느낌이 들었나요? 책임지는 행동에 대해서 어떻게 생각하나요? 나 자신에 대한 책임뿐만 아니라 공동체에 대한 책임에 대해서도 생각해봅시다.

소리치기

"나는 내가 맡은 책임은 잘 수행한다."
"나는 여러 공동체에서 나의 책임에 대해 알고 실천한다."
"나는 나 자신에 대해 책임질 줄 안다."
"나는 내가 하지 않은 행동에도 책임감을 느낀다."

비밀임무쪽지

쉬는 시간마다 교실을 돌아보면서 떨어져 있는 쓰레기를 주워 버리기 (학교에 대한 책임)
쉬는 시간마다 책꽂이에 있는 책 정리를 하기 (학교에 대한 책임)
반 친구들 한명 한명과 이야기를 주고받고 그 내용을 기록해 두기 (이웃에 대한 책임)
쉬는 시간에 뒷문이 자동문이 될 수 있도록 뒷문의 안과 밖에 서서 친구들 대신 문을 열어주고 닫아 주기 (이웃에 대한 책임)
수시로 교실의 물건들을 가지런히 정리하기 (학교에 대한 책임)
매 수업시간마다 발표를 한 가지 이상씩 꼭 하고 기록해 두기 (개인에 대한 책임)
집안일을 한 가지 이상 돕고 그 증거(사진이나 동영상, 어머니의 싸인 등)를 가지고 오기 (가정에 대한 책임)
수시로 교실이나 복도, 화장실 등에서 전기를 아끼고 물을 아껴 보기 (자연에 대한 책임)
음식물 쓰레기가 남지 않게 아침, 점심, 저녁을 남기지 말고 다 먹기 (자연에 대한 책임)
수시로 도움이 필요한 친구들을 찾아 도와주기 (이웃에 대한 책임)
우리나라를 위해 희생하신 분에 대해 조사하여 친구들에게 발표하고 감사하는 마음을 갖기 (나라에 대한 책임)
우리들이 잘 지키지 않는 공공질서를 몇 가지 정하여 쉬는 시간마다 공공질서 지키기 캠페인을 하기 (사회에 대한 책임)
아침에 자고 일어나서 이부자리를 정리하고 책가방과 준비물은 자신이 챙기기 (개인에 대한 책임)
독도에 대해 바르게 조사하여 친구들에게 알려주기 (나라에 대한 책임)
쉬는 시간에 저학년 복도에 가서 복도통행을 지도하기 (사회에 대한 책임)

명예의 온도계

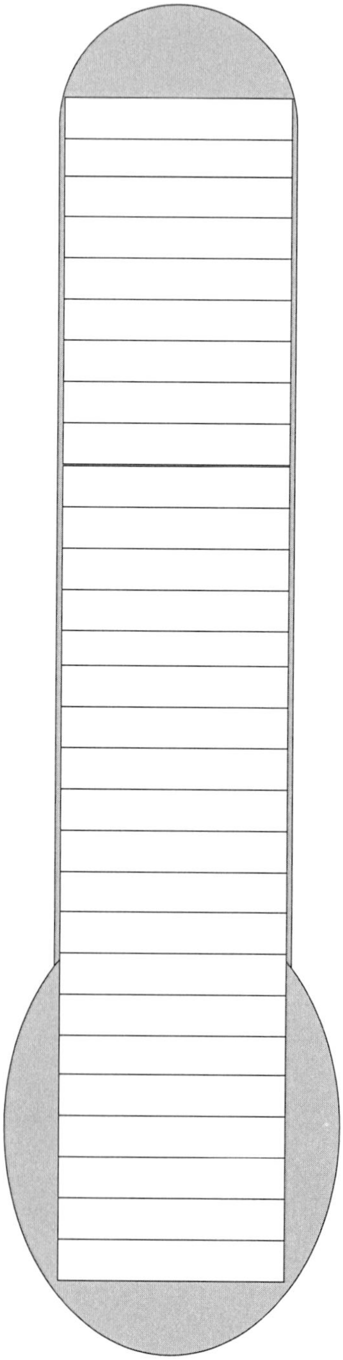

비밀임무 수행일지

자신이 수행한 임무를 자세히 기록해둡시다.

날짜 및 시간	임무 수행한 일	반응 및 결과

〈저학년 적용〉

놀이의 실제

● 일주일 동안 도와줄 비밀친구 뽑기.
비밀친구를 위해 도와주고 싶은 일을 생각해보기(준비물 빌려주기, 편지쓰기, 청소 도와주기, 어려움이 있을 때 해결해주기 등)

● 비밀친구가 어려워하는 문제를 도와주는 모습.
비밀친구가 어려워하는 국어 문제를 직접 와서 도와주고 있다(비밀친구에게 도움을 줄뿐만 아니라 일주일동안 다른 사람들을 도와주는 비밀임무도 할 수 있다).

● 비밀친구를 공개하고 편지주기.
1주일이 지난 후 비밀친구를 공개하고 비밀친구에게 쓴 편지를 주고 있다.

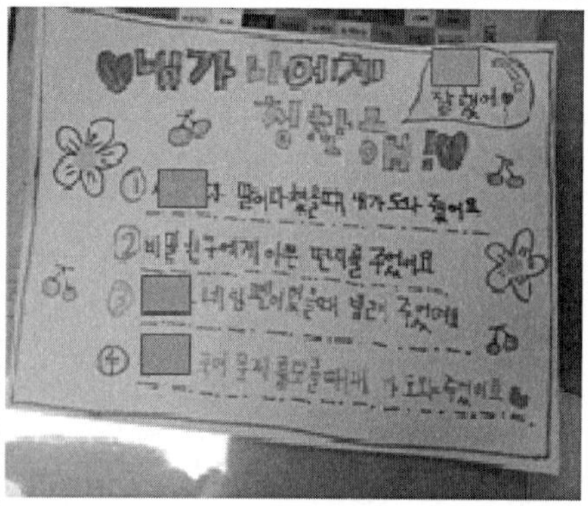

● 비밀임무 수행한 일들을 나누기.
비밀친구에게 한 일 뿐만 아니라 1주일동안 수행했던 비밀임무들을 적어서 친구들과 공유한다.

색칠 놀이

놀이 의도

성실한 사람은 상황에 따라 일관되게 판단하고 행위하는 즉, 성실한 사람은 근면하고, 인내하며, 자율적이라는 것을 앞의 성실의 개념에서 언급했습니다. 이 중 자율은 남의 지배나 구속을 받지 않고, 자기 스스로의 원칙에 따라 어떠한 일을 추진하거나, 자기 스스로 자신을 통제하여 절제할 수 있는 능력을 말한다고 합니다. 이번 놀이에서는 주어진 도안에 자기 마음대로 자기 스스로의 원칙에 따라 색칠을 해보는 활동을 통해 성실의 하위요소인 자율의 능력을 길러보고자 합니다.

준비하기

'색칠 놀이' 활동지, 색연필

> TIP 아래 사이트에서는 다양한 그림 도안들을 프린트 할 수 있다. 교사가 학생들의 수준이나 시대 유행에 알맞은 도안을 프린트하거나 학생들이 가정에서도 프린트하여 사용할 수 있다.
>
> - 디즈니 컬러링 도안을 받을 수 있는 사이트
>   http://www.hellokids.com/r_416/coloring-pages/disney-coloring-pages
> - 알파벳부터 다양한 이미지가 카테고리로 나눠져 있는 사이트
>   http://www.coloring.ws/christian.htm
> - 아이들이 좋아하는 캐릭터 컬러링 도안을 받을 수 있는 사이트
>   http://www.coloring-book.info/coloring/
> - 어른부터 아이까지 즐길 수 있는 다양한 도안을 받을 수 있는 사이트
>   http://www.crayola.com/free-coloring-pages/

출처: 색칠 공부 놀이 컬러링북 색칠 방법 컬러링 북 도안 프린트|작성자 천재이야기 일등쌤

놀기

① 그림 도안에 색연필로 색칠을 해 본다.

② 실제 물건이나 캐릭터의 색깔에 구애받지 않고 자신만의 색을 칠해본다.

> **TIP** 굳이 실제와 똑같은 색을 칠하려고 고민하는 학생들이 있다. 실제의 색깔에 구애받지 말고 자율적으로 색칠할 수 있도록 지도한다.

③ 색칠로 자신만의 그림을 완성해본다.

> **TIP** 진하게 색칠하려고 손에 힘을 주고 색연필을 꽉 눌러 힘을 들여 색칠하는 학생들이 있다. 이런 경우는 얼마 칠하지 못하고 힘이 들고 손이 아파서 포기하는 학생들이 나오게 된다. 교사는 색을 진하게 칠하려면 연하게 여러 번 덧칠하여 칠하면 된다는 것을 알려 준다.

생각하고 글쓰기

자신의 생각대로 색을 칠하여 그림을 완성하고 나니 기분이 어떠합니까? 활동을 하고 난 후의 느낀 점을 적어봅시다.

소리치기

"나는 나 스스로의 원칙에 따라 활동할 수 있다."
"나는 내 생각대로 그림을 색칠하고 완성한다."
"나는 성실하다."

《고학년 적용》

놀이의 실제

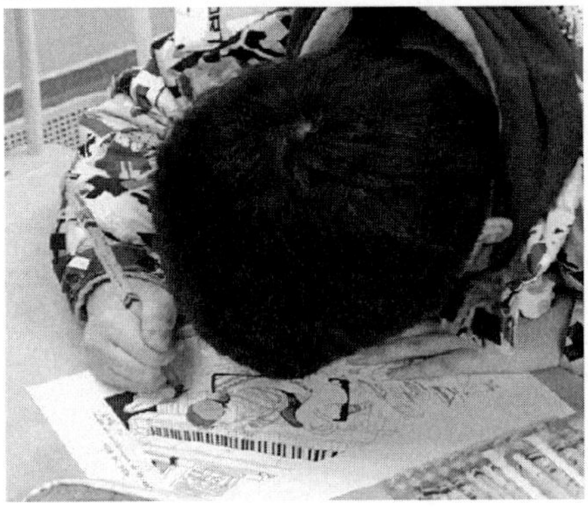	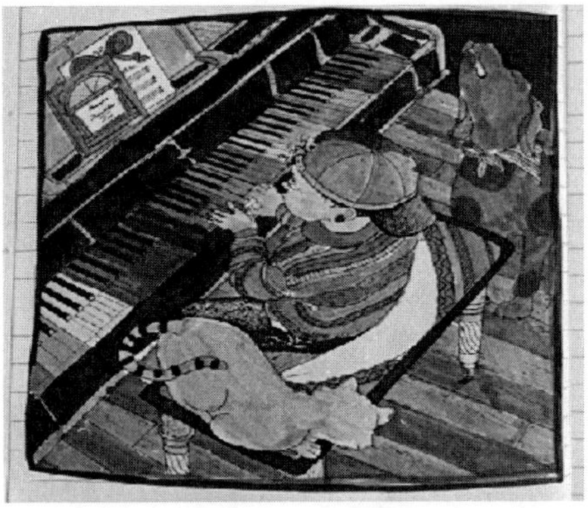
● 영어 단어가 적혀있는 숨은그림찾기 활동을 한 후에 색칠을 하는 학습지를 사용하였다.	● 색칠놀이 학습지는 학생들의 수준보다 조금 더 힘든 학습지를 교사가 적절하게 구해서 사용하면 좋겠다.

놀이를 하고 나서

➤ 처음에는 재미있어서 알록달록하게 색칠하였고, 빈틈없이 꼼꼼히 칠했는데.. 갈수록 점점 귀찮아지고 대충대충 하게 되었다. ... 나는 항상 열심히 하다가 조금이라도 힘들면 금방 지치는 것 같다. 나는 이제부터라도 성실하게 해 보도록 노력해야겠다.

⇒ 나는 성실한 사람입니다!

참 고 문 헌

계보경·박태정·차현진(2016). 4차 산업혁명 시대 it 융합 신기술의 교육적 활용 방안 연구. 연구보고 RR 2016-7. 한국교육학술정보원.

고문숙·임영심·황정숙(2008). 어린이 놀이지도. 양서원.

고영실·부정민(2009). 부모의 놀이참여수준과 유아의 사회적 능력과의 관계. 한국가족복지학, 14(1), pp.95-112.

교육부(2016). 지능정보사회에 대응한 중장기 교육정책의 방향과 전략(시안). 2016년 1월 발표자료. 교육부.

교육부(2002). 중등학교 교육과정 해설. 교육부. p.18.

김광웅(1975). 유아교육 방법의 탐색. 한국행동과학연구소. 연구노트, 4(7), pp.57-58.

김동위(1993). 청소년의 인간화 교육. 교육과학사.

김보현(1999). 2세 유아의 상상놀이에 관한 일 연구. 석사학위논문. 성신여자대학교 대학원.

김봉섭·김현철·박선아·임상수(2017). 4차 산업혁명시대, 지능정보사회의 '디지털 시민성(Digital Citizenship)'에 대한 탐색. 2017 KERIS 이슈리포트 연구자료 RM 2017-6. 한국교육학술정보원.

김수영·김수임·김현아·정정희(2007). 놀이지도. 양서원.

김숙이(2008). 부모의 사회경제적인 위치가 유아들의 가상놀이 수행력 및 인지능력에 미치는 효과. 2008년 한국아동학회 춘계학술대회 포스터 발표 논문.

김온기(1983). 유아의 상상놀이에 관한 일 연구. 석사학위논문. 이화여자대학교 교육대학원.

김용희(1991). 유아의 기질에 따른 놀이영역 선택 및 놀이형태: 4세아를 중심으로. 석사학위논문. 이화여자대학교 대학원.

김진숙(2017). 4차 산업혁명 대응 미래교육 방향. 4차 산업혁명 대응 미래교육을 말하다. 2017 KERIS 이슈리포트. 연구자료 RM 2017-7. 한국교육학술정보원.

김형미(1998). 유아의 기질에 따른 실외놀이 형태. 석사학위논문. 이화여자대학교 대학원.

남궁달화(2003). 교과를 통한 인성교육. 한국실과교육학회 하계학술대회논문집.

pp.1－28.
문용린(2011). 배려와 나눔을 실천하는 창의인재육성을 위한 창의·인성교육 활성 방안 연구, 과학창의재단.
문현주(1996). 20－35개월 유아의 가상놀이 발달에 관한 연구. 박사학위논문. 숙명 여자대학교 대학원.
미교육부(2008). Partnerships in characrer education state pliot projects, 1995－2001. lesson learned.
박남기(2017). 제4차 산업혁명기의 교육개혁 새패러다임 탐색. 교육학연구, 55(1), pp.211－240.
박민서(2015). 초등학교 교사들이 생각하는 창의·인성교육에 대한 암묵적 이론 탐색 연구. 성균관대학교 석사학위논문.
박창언 외(2013). 인성교육중심수업강화를 위한 교수학습 자료 개발 － 초·중·고 기본인성덕목 －. 교육부.
박찬옥·정남미·임경애(2005). 유아놀이지도. 학문사.
서혜숙(2017). 디지털교과서의 현재와 미래. 4차 산업혁명 대응 미래교육을 말하다. 2017 KERIS 이슈리포트. 연구자료 RM 2017－7. 한국교육학술정보원.
성태제(2017). 제4차 산업혁명시대의 인간상과 교육의 방향 및 제언. 교육학연구, 55(2), pp.1－21.
신동훈(2017). 제4차 산업혁명과 뇌－기반 교육. 교육비평, (39), pp.386－421.
신수경·지성애(2008). 놀이유형과 성별에 따른 유아의 사회적 행동 비교. 유아교육 연구, 28(5), pp.223－245.
신은수(1997). 상호작용에 의한 유아교육 프로그램이 5세 유아의 놀이발달에 미치는 효과에 관한 연구. 유아교육연구, 17(1), pp.145－161.
신재한(2016). 뇌과학적 고찰을 통한 뇌교육 기반 인성교육 방향 탐색. 아동교육, 25(2), pp.365－381.
안종배(2017). 4차 산업혁명에서의 교육 패러다임의 변화. 미디어와 교육, 7(1), pp.21－34.
우수경(2008). 유아의 성, 기질, 정서능력 및 사회적 능력이 놀이성에 미치는 영향. 미래유아교육학회지, 15(1), pp.259－280.
유병열 외(2012). 인성교육의 체계화 연구. 2012 교육정책 연구과제 보고서. 서교연

2012－43. 서울특별시교육연구정보원.
유애열(1994). 유아의 상상놀이와 교사 개입에 관한 관찰 연구. 박사학위논문. 연세대학교 대학원.
이귀숙 · 이성한 · 하진희(2009). 놀이지도. 동문사.
이명준 외(2011). 교과교육과 창의적 체험활동을 통한 인성교육 활성화 방안. 연구보고 RRC 2011－7－1. 한국교육과정평가원.
이봉선(1998). 어린이집 실외 놀이터 질적 수준에 따른 유아의 놀이 행동 비교. 석사학위논문. 성신여자대학교 대학원.
이상금(1987). 한국유아교육의 본질. 사단법인 새세대육영회. 11.
이숙재(2008). 유아를 위한 놀이의 이론과 실제(제3판). 창지사.
이숙재(1987). 소꿉놀이의 활용 방안: 소꿉, 적목 영역에서의 자유놀이 운영. 제 2회 회원을 위한 워크 자료집.
이영자 · 이종숙 · 신은수 · 곽향림 · 이종욱(2001). 탐색 및 놀이활동 중심의 1, 2세 영아 프로그램의 개발 및 그 효과에 대한 연구. 유아교육연구, 21(2), pp.133－154.
이은해 · 이기숙(1983). 아동교육 프로그램 유형에 따른 효율성에 관한 연구. 교육학연구, 21(2), pp.84－104.
이지현(1998). 놀이 환경에 대한 어린이의 환경 지각에 관한 연구. 석사학위논문. 서울대학교 환경대학원.
이채호 · 최인수(2008). 유아의 놀이와 기질 및 다중지능간의 관계. 아동학회지, 29(6), pp.121－133.
임종헌 · 유경훈 · 김병찬(2017). 4차 산업혁명사회에서 교육의 방향과 교원의 역량에 관한 탐색적 연구. 한국교육, 44(2), pp.5－32.
장영은(2011). 유아 · 초등교육 내에서의 인성교육 활성화 방안. 교육부.
전국재 · 우영숙(2008). 놀이로 여는 집단 상담 기법. 시그마프레스.
전남련 · 최진원 · 권경미(2007). 놀이지도. 학현사.
전풍자(1981), 놀이교육론. 유아교육연구, 3, 62.
정금자(2001). 유아 놀이 지도의 이론과 실제. 교육과학사.
정진 · 성원경(2007). 유아놀이지도 이론과 실제. 학지사.
조난심(1997). 한국 교육의 신세기적 구성. 한국교육개발원.

조부경·장선화(1995). 유아의 장 독립성–장 의존성 인지양식에 따른 사회·인지적 놀이 형태에 관한 연구. 아동학회지, 16(1), pp.49–64.

조선민(2000). 기질에 따른 유아의 놀이 스타일에 관한 연구. 석사학위논문 성신여자대학교 대학원.

조안나(2009). 극놀이에서 유아의 성별과 놀이주제에 따른 언어 사용에 관한 연구. 미래유아교육학회지, 16(2), pp.415–441.

조정자(1994). 전쟁놀이에 대한 부모·교사·유아의 인식 및 놀이 양상. 박사학위논문. 이화여자대학교 대학원.

조현국(2017). 4차 산업혁명에 따른 대학교육의 변화와 교양교육의 과제. 교양교육연구, 11(2), pp.53–89.

지은림·도승이·이윤선·박소연·주언희·김해경(2013). 인성지수 개발 연구. 교육부.

진흥섭(2003). 인성교육을 위한 인성 덕목의 요인분석. 인천교육대학교 교육대학원 석사학위논문.

채종옥·이경화·김소양(2008). 유아와 놀이 이론과 실제. 양서원.

천혜경(1987). 유아의 인지양식과 놀이행동 간의 관계: 장 독립성–장 의존성 차원을 중심으로. 석사학위논문. 이화여자대학교 대학원.

최미숙(1992). 유아놀이행동에 관한 연구. 박사학위논문. 전남대학교 대학원.

최석란·이경희·이상화·서원경(2009). 놀이지도. 공동체.

최석란·이경희·이상화·서원경(2006). 놀이지도. 양서원.

한경호(2016). 제4차 산업혁명과 교육. “제4차 산업혁명 시대와 여성인재 양성. 2016 추계학술세미나집. (사)전국여교수연합회, pp.128–146.

한국교육개발원(2004). 인성교육. 문음사. p.8.

한동승(2016). 4차 산업 혁명 시대, 대학 교육과 콘텐츠. 인문콘텐츠, (42), pp.9–24.

한은미(2016). 제4차 산업혁명 시대, 노동시장의 위기와 기회. “제4차 산업혁명 시대와 여성인재 양성. 2016 추계학술세미나집. (사)전국여교수연합회, pp.112–124.

현주 외(2009). 학교 인성교육 실태분석 연구. – 중학교를 중심으로 –. 한국교육개발원.

홍선주·이명진·최영진·김진숙·이인수(2016). 지능정보사회 대비 학교 교육의 방향 탐색. 연구자료 ORM 2016-26-9. 한국교육과정평가원.

Bergen, D.(1987). Play as a medium for learning and development: A handbook of theory and practice. Portsmouth, NH: Heinemann.

Bruenr, J. S., & Sherwood, V.(1976). Peekaboo and the learning of rule structures. In J. S. Bruenr, A. Jolly, & K. Sylva (Eds.), Play: Its role in development and evolution, pp.277-285. New York: Basic Books.

Downes, L., & Nunes, P.(2014). Big bang disruption: Strategy in the age of devastating innovation. Penguin.

Dunn, J., & Wooding, C.(1977). Play in the Home and Its Implication for Learning. In B. Tizard and D. Harvey (Eds.), The Bilogy of Play. London: S. I. M. P./Heiemann Medical Books.

Erikson, E.(1950). Childhood and society. New York: Norton.

Frost, J. L., Wortham, S. C., & Reifel, S.(2005). Play and child development, Merrill Prentice Hall. NJ: Upper Saddle River.

Frost, J., & Campbell, S.(1985). The effects of playground type on the cognitive and social play behavior of grade two children. When Children Play, pp.81-88.

Garvey, C.(1977). Play with language and speech. In S. Ervin-Tripp & C. Mitchell-kernan (Eds.), Child discourses. New York: Academic Press.

Griffing, P.(1983). Encouraging dramatic play in early childhood. Young Children, 38(4), pp.13-22.

Hetherington, E. M., Cox, M., & Cox, R.(1979). Play and Social Interaction in Children following Divorce, J. of Social Issues, 35, pp.26-49.

Hoge, J.(2002). Character education, citizenship education, and the social studies. Social Studies, 93(3), pp.103-108.

Hurlock, E. B.(1978). Child Development. New York: McGraw-Hill.

Isenberg, J., & Quisenberry, N.(1988). Play: A necessity for multicultural education, 64(3), pp.138-145.

Jensen, E.(2007). Introduction to brain-compatible learning. Corwin Press.

Johnson, J. E. Ershler, J., & Bell, C.(1980). Play behavior in discovery−based and a formal education preschool program. Child development, 51, pp.271−274.

Johnson, J., Christie, J., & Yawkey, T.(1999). Play and early childhood development. Addison Wesley Longman, Inc.

Johnson, M. W.(1935). The effect on behavior of variation in the amount of play eqipment, Child Development, 6.

Kim, S. I.(2006). Brain−based Learning Science: What can the Brain Science Tell us about Education?. Korean Journal of Cognitive Science, 17.

Levy, J.(1978). Play beavior. New york: John wiley and Sons.

Lieberman, J.(1977). Playfulness: Its relationship to imagination and creativity. New York: Academic Press.

Majure, J.(1995). It's playtime. Arthritis Today, 9(1), pp.46−51.

Manosevitz, M., Prentice, N. M., & Wilson, F.(1973). Individual and Family Correlates of Imaginary Companions in Preschool Children. Developmental Psychology, 8, pp.72−79.

Nelson, K. & Seidman, S.(1984). Playing with scripts. In I. Bretherton (Ed.), Symbolic play: The development of social understanding, pp.45−72. New York: Academic Press.

Peck, J. & Goldman, T.(1978). The behaviors of kindergarten under selected condictions of the physical and social environment. Paper presented at the meeting of the american educational research association, Toronto, Canada.

Pepler, D. J., & Ross, H. S.(1981). The effects of play on convergent and divergent problem solving. Child Development, 52, pp.1202−1210.

Piaget, J.(1962). Play, dreams, and imitation in childhood. New York: Norton.

Pulaski, M. A.(1973). Toys and Imaginative Play. In J. L. Singer (Ed.), The Child's World of Make−Believe, pp.74−103. New York: Academic Press.

Rubin, K. H., Fein, G. & Vandenberg, B.(1983). Play. In H. Mussen & E. M. Hetherington(Eds.), Caimichaels's manual of child psychology: Social development. New york: John Wiley and Sons.

Schwab, K.(2016). The Fourth Industrial Revolution: what it means, how to respond. Paper Presented at World Economic Forum Annual Metting 2016.

Schwab, K.(2016). The Fourth Industrail Revolution. Colony/Geneva: World Economic Forum. 송경진(역). 제4차 산업혁명. (2016). 새로운 현재.

Seefeldt, C.(1987). The Early Childhood curriculum: A Review of Current Research. New York & London: Teachers College, Columbia University.

Shapiro, S.(1975). Preschool ecology: A Study of three environmental Variables, Reading Improvement, 12, pp.236－241.

Sheehan, R. & Day, D.(1975). Is open space just empty space?. Day Care and Early Education, 3, pp.10－13.

Singer, J. L.(1973). The Child's World of Make－Believe. New York: Academic Press.

Smith, P. K. & Connolly, K. J.(1976). Social and aggressive behavior in preschool children as a function of crowding. Social Science Information, 16, pp.601－620.

Sutton－Smith, B.(1985). Origins and development process of play. In C. Brown & A. Goggfried (Eds.), Play interactions: The role of toys and parental involvement in children's development, pp.61－66. Skillman, HJ: Jhonson & Johnson Baby Products.

Thomas, A., & Chess, S.(1977). Temperament and development. New York: Bruner/mazel.

Tizard, B., Philps, J., & Plewis, I.(1976). Play in preschool center: effects on play of the child's social class and of the educational orientation of the center. Journal of child psychology and psychiatry, 17, pp.265－274.

Truhon, S. A.(1982). Playfullness, play and creativity: A path－analytic model. Journal of Genetic Psychology, 143(1), pp.19－28.

Vander Ven, K.(1998). Play, proteus, and paradox: Education for a chaotic and supersymmetric world. In D. Fromberg & D. Bergen (Eds.). Play from birth to tweleve and beyond: Contexts, perspectives, and meanings (pp.119－132). New York: Garland.

Vygotsky, L. S.(1978). Mind and society. Cambridge, MA: Harvard University Press.

Waite-Stupiansky, S.(1997). Building understanding together: A constructivist approach to early childhood education. Albany, New York: Delmar.

Wing, L.(1995). Play is not the work of the child: Young children's perceptions of work and play. Early Childhood Research Quarterly, 10(2), pp.223-247.

Wolf, D., & Grollman, S. H.(1982). Ways of Playing : Individual differences in Imaginative Style. In D. J. Pepler and K. H. Rubin (Eds.), The play of Children: Current Theory and Research, pp.46-63. Basel, Switzerland: Karger, AG.

Wolfgang, C. H., & Sanders, T.(1982). Teacher's role: A construct for supporting the play of young children. Early Child Development and Care, 8, pp.107-120.

World Economic Forum.(2016). The Future of Jobs: Employment, Skills and Workforce Strategy for the Fourth Industrial Revolution. Colony/Geneva: World Economic Forum. January 2016.

신재한

경북대학교 교육공학 박사
한국교육개발원 연구위원
한국교육과정평가원 교수학습센터 운영위원
교육부 연구사
現 국제뇌교육종합대학원대학교 뇌교육학과
인성교육 전공 교수
인성교육연구원 원장

이성미

대구교육대학교 수학교육과 졸업
한국교원대학교대학원 초등수학교육전공 석사
現 원호초등학교 교사

백민아

부산교육대학교 사회교육과 졸업
경인교육대학교 교육전문대학원 초등학교 상담 석사
現 안동서부초등학교 교사

인성놀이의 이해와 실제

초판발행 2020년 3월 1일

공저자 신재한 · 이성미 · 백민아
펴낸이 노 현

편 집 조보나
기획/마케팅 오치웅
표지디자인 박현정
제 작 우인도 · 고철민

펴낸곳 ㈜ 피와이메이트
서울특별시 금천구 가산디지털2로 53 한라시그마밸리 210호(가산동)
등록 2014. 2. 12. 제2018-000080호
전 화 02)733-6771
f a x 02)736-4818
e-mail pys@pybook.co.kr
homepage www.pybook.co.kr
ISBN 979-11-6519-029-3 93370

정 가 20,000원